何止于教

黄春老师细说教语文

黄 春　王永涛 著

商务印书馆国际有限公司

图书在版编目（CIP）数据

何止于教：黄春老师细说教语文 / 黄春，王永涛著
. -- 北京：商务印书馆国际有限公司，2020.7
ISBN 978-7-5176-0731-1

Ⅰ. ①何… Ⅱ. ①黄… ②王… Ⅲ. ①语文教学—教学研究 Ⅳ. ① H19

中国版本图书馆 CIP 数据核字 (2020) 第 092062 号

何止于教：黄春老师细说教语文

著　　者　黄　春　王永涛
出版发行　商务印书馆国际有限公司
地　　址　北京市朝阳区吉庆里 14 号楼
　　　　　佳汇国际中心 A 座 12 层
邮　　编　100020
电　　话　010－65592876（编校部）
　　　　　010－65598498（市场营销部）
网　　址　www.cpi1993.com
经　　销　全国新华书店

开　　本　710mm × 1000mm　1/16
字　　数　300 千字
印　　张　18.5
版　　次　2020 年 7 月第 1 版第 1 次印刷
书　　号　ISBN 978-7-5176-0731-1
定　　价　39.80 元

序言

语文，何止于教

说不好是不是我的首创，但原创肯定是的："上辈子杀了人，这辈子教语文。"这是我在20世纪末跟同事闲聊，随口蹦出的一句顺口溜。当时聊的什么早都忘了，但是，那次聊天的背景，一定是几个语文老师由于自己的各种心酸苦闷而生起了群怨。然而，那个时候我才刚刚教了一两年语文，从高一到高二，还没带过学生参加语文高考。因此，这句愤言，肯定和高考没什么太大的关系，应该是冲着教语文本身这件事情来的。

照理说，年纪轻轻的小伙子，刚刚踏进京城，教书生涯也才刚刚起步，"一切都像刚睡醒的样子"，"从头到脚都是新的"，我怎么会不平而鸣呢？我不知道后来这句话流行于哪一个群体：老教师？年轻教师？还是都有？可见，教语文这件事情，是怎样地伤害了我，和我们。

语文伤害了我，还"一考而过"。统考一过，年复一年；高考一过，轮复一轮。到今天，我已教过五轮完整的高中语文，外加不到三轮，站在语文课堂的讲台上，前后近二十年。20世纪末每天所做的那些事情：备课、上课、作业、考试；字词、文言、诗歌、阅读、写作……二十年来，一直都在；然而，抱怨却日渐少了。待到我自己都快忘却了"上辈子杀了人，这辈子教语文"感叹的时候，这句话却正日渐流行。估计是后来的网络，尤其是朋友圈的扩散效应夸大了这份感叹，事实上，也许并没那么恐怖。

但是，面对语文，教书人的那种"无可奈何"的感慨还是有的。这个，在我这些年和为数不少的语文老师的接触中，还是能明显地感觉到。特别是在2011年，我参加了教育部组织的全国语文新课标落实情况调研专家组，走访了全国很多地方的很多学校。无论是北、上、广、深的一线大都市，还是中西部欠发达地区，语文老师们无不向我们倾诉过教语文的苦："这东西是挺好，可叫我们要怎么办呢？"

是啊，怎么办呢？我不是课程标准的制定者，不是语文研究的专家，不是教育行政的管理者，不是凤毛麟角的特级正高，都不是，我只是他们普普通通的同行，一同"奈何"在语文壕沟里的未曾谋面的友军战士。

我跟王永涛老师是差一点儿就能认识的，就是差这一点儿，我俩至今依旧未曾谋面。我俩有个约定，直到有人读到这本书，我们再"见个面，认识一下，喝杯茶，继续聊语文"。

我的二十年语文老师的生涯，全都在北京；而王老师，是深圳的语文老师。就像是深圳之于北京一样，王老师比我年轻，比我前卫，比我更欣欣然。由于生活的变迁，我刚刚离开了北京，离开了北京四中，离开了语文讲台。就像是和语文的一场失恋，很多时候会情不自禁地回忆，会眷念，会再现甚而美化那些过往中和语文相处的磕磕绊绊的日子。这个时候，有个素昧平生的王老师愿意陪着我"聊聊教语文的那些事儿"，我是很幸福的，我就像是在讲述一段曾经的热恋。

王老师谦逊得像个隐私探秘者，下课问，放学问，周末问，假期问，一有空就问，不停地问这问那；而我呢，就索性做一个有着严重自恋癖的人，滔滔不绝地讲着自己的陈年往事，也没管人家爱不爱听，一个字一个字地、一句又一句地，指肚子磨起的茧划得手机屏幕伤痕累累。感谢腾讯微信，成全了我俩的异地聊；这一聊就将近一年，三百多个日子，从一个开学季，聊到另一个开学季。

从语文教学之宏观理念，到诸如阅读怎么教、写作怎么教；再到语文课堂应该什么样儿，语文怎么考，语文活动如何开展，人文游学是怎么回事，技术能帮语文做些什么；最后还谈到了语文老师是怎样炼成的，几乎涉及语文老师专业和工作的各个领域。

寒来暑往，二十多万字，我们无非就是想聊聊：语文，到底怎么个教法？

我说：语文得教，得好好教，但不能仅止于教。

其一，我们不要老想着“教”。

我们往往太想好好教了，自从当上老师的那天起，就日日夜夜地琢磨怎么教，恨不得教出花来。结果呢，十八般武艺试遍，三十六计用全，都快把自己搞成万能全才了，终究还是觉得迷茫。因为我们大概忘记了在医生中很流行的一句话：有时治愈，常常帮助，总是安慰。不是什么病都能治好的，也不是什么病都需要治才能好的；提供帮助，给予安慰，才是每一位医生必须要做且都可以做好的事情。

老师也是，语文老师就更加是：你老是想着要“教”，总憋不住要动口，甚而还想手把手，那是不行的；相反，我们应该做的“帮助”“安慰”，却都被忽略了。更何况，来向我们学语文的孩子们，人家本来就没什么病，学生来到我们的语文课堂，并非只是想来受教，而更希望是遇见陪伴、寻取帮助、获得鼓舞。因此，语文老师对于语文教与学的设计和实施，首先要考虑的是如何创设学伴的协同，如何提供学业的帮助，如何给予学生以鼓舞。

其二，我们要理解何为“语文”。

这是最难的事情，我不是语文研究的专家，我很难从理论上来给语文下个定义或是做个诠释；我只能将语文学科和人的实际需要联系和对应起来，从需要来反推学科价值，即：不是语文本来是什么，而是语文应该是什么和可以是什么。

语文应该并可以教会人说话、识字，进而阅读、表达，进而发展思维、丰富情感，进而创造艺术、承续文化。这些事情，不是像我所写的这样，一步步地进阶，而是杂糅在一起的，互为表里、互为体用、互为目的和手段的。在看似无用的语文里，我们要教有用的语文。比如，学一首《静夜思》，这看似是无用的，即便你知道了作者、了解了背景、分析了手法、背下了全文；然而，说话、识字、阅读、表达、思维、情感、艺术、文化，都可以在这首小诗里头，小学有小学的教法，中学有中学的学法。

其三，我们要懂得如何“教与学”。

我不大爱说“教学”，总觉得这是一个偏义复词，其实就是“教”；我更习惯于将它说成“教与学”，硬生生地将其认定为一个并列结构：教与学，有着同等的地位和意义。教学效果好，是因为老师教得好，也是因为学生学得好；学得好不好要看老师怎么教，教得好不好也要看学生怎么学。因此，教学设计，其实应该是“教与学”的设计。

这样一来，语文的教学天地就宽多了：眼到了（看了），口到了（说了），手到了（写了），心到了（想了），就都是教，都是学。

其四，我们要舍得让学习“好玩儿”。

我们要打破语文一贯以来给人的“程式感”和“迂腐感”，赋予学习更生活、更鲜活的模样。“好玩儿”，是北京四中刘葵老师对语文教与学所立的标准，于是，我曾经和同事们就有了一句常常挂在嘴边的戏语：“不好玩，毋宁死。”

语文，是最关乎教授者和学习者情绪、情感的学科。你很难想象一位不喜欢诗歌的人在讲诗歌，也很难想象一位不爱妈妈的人在写《我爱我的妈妈》。教与学的事情，如果不好玩——学生不喜欢，老师自己都不喜欢——则其效果必定寥寥，语文学科尤甚。

我们之所以会感觉自己教语文教得“无可奈何”，大概就正是因为我们常常会将语文的教与学弄得很不好玩，久而久之，我们还笃定地以为语文原本就是如此不好玩的。这就糟糕了。

其五，我们自己要“语文地生活着”。

“语文地生活着”，这是我给学生寄语时最喜欢写的一句话。

教师即教材，教师即教法。做老师的，不要老想着换个更好的教材，不要老去向外寻求“一招鲜”；我们自己往讲台上一站，是否就应该站成一本最生动的教材，站成一种最直观的教法？也就是说，我们语文老师自身要会说话，要多阅读，要爱写作，要有诗意；要让我们自己所学的语文，改善和提升我们自己的生活品质。

因此，我们从不需要什么“几步法”“某招式”，我们只需要练就一个优秀的自己：老师自己做好了的事情，你的学生都能做好；反之，老师自己做不好的事情，即便你的学生有幸做好了，那也跟你无甚关联。

王老师在问我某个问题的时候，我总是喜欢用北京四中语文教学的案例来回答，这是因为我自己对于语文教学的比较自觉的思考，几乎全都发生于我在北京四中教书的那十几年里。

我教书的最初几年，是在北京的另一所学校（名气自然远不如北京四中）。我在那个地方和那些年间，在诸多老教师和老前辈的指导帮助下，完成了从新手、生手到熟手、老手的蜕变过程，好比是有了唱、念、做、打的基本功。这个过程很重要，它是你能够去进一步自觉思考的基础和前提；有了这个保障，你才不会惧怕任何尝试和开拓。

做老师，能够做到北京四中的讲台上去，真是莫大的幸福：你的学生会逼着你进步，你的同事会拽着你前行。你会发现，自己简直就是进到了一座梦工厂。在北京四中教书，我从试着主备一节课开始，从学着出一道试题开始；我从怯怯地上一门选修课开始，从带一个文学社团开始；我从学生评教排名倒数开始，从课堂里睡倒一片开始……一点一点地学着来，向同事学，向学生学，跟自己较劲儿。

我始终以在北京四中教书为骄傲，尤其是在这个最优秀（四中学生“吹捧”我们的时候，都要特别加一句“没有之一”）的语文组工作。因而，我愿意将四中语文的那些事儿——我做的，别人做的，和大家一起做的那些事儿——都一股脑儿说给王老师听；我知道北京四中老师一直都很愿意和同行分享，也就没有特意去征得他们的许可。这一年来，能鼓舞我并给我底气和王老师海阔天空地聊下去的，就是我曾经的同事们：顾德希老师、丁戈老师、李家声老师、刘葵老师、科建宇老师、肇玉梅老师、于鸿雁老师、杜蘋老师、谢超老师、徐冬杰老师、韩露老师、袁海萍老师，还有李雄、刘薇、硕棠、良柏、年年、志刚、强哥、肖勇、志彬、楚达、王迪、魏荣、黛薇、李博、小白、万珺、彦昭……还有始终给予我们最大的专业自由的刘长铭校长。谢谢你们！

此次将我和王永涛老师的聊天记录，整理成册，实属敝帚自珍，算作是对自己二十年语文教书生涯的一次断章式的回顾，毕竟，我从此大概要无缘讲台了。当然，前路还很长，无论我从事怎样的工作，对于语文教学的关注和思考，将无所息。

语文，何止于教。

感谢王老师不耻下问，我也是倚老卖老了一回。

愿我们的语文，和我们的语文老师，都是快乐的。

黄　春

于珠海

目录

CONTENTS

后　记

第一章 异地聊聊教语文
——这辈子教语文

（一）有朋自远方来

王永涛：黄校长您好，我是王永涛，深圳市大鹏新区华侨中学的一名初中语文老师。很冒昧地通过同事推荐加了您的微信，还以为您不会理我呢！真没想到，您居然通过了，我觉得像中了奖一样。

黄　春：你好，有朋自远方来，不亦乐乎！

王永涛：我是去年从深圳公派到北京学习的教师学员，原本分在北京四中房山校区跟岗学习，因为一些原因改换了小组，便与您擦肩而过。但在跟岗学习期间，我每天都能看到我的伙伴们分享在您学校跟岗学习的见闻和感受，读到最多的文字就是他们对您个人的钦佩和敬仰。这让我也成了您的粉丝——一个未曾谋面的粉丝。后来我就上网找关于您的所有资料，看过您很多讲课的视频，看过您的博客，读过您写的书。您不仅是一位优秀的校长，也是一位非常优秀的语文教师，所以我想向您请教，了解您的语文教学思想，学习您的语文教学方法，可以吗？

黄　春：啊，原来如此。我记得有一支从深圳来我学校跟岗学习的团队，队员年轻热情，虚心好学。感谢你们的团队，也让我从深圳的教育中学到了很多。不要说什么学习，欢迎交流讨论，互相促进。

王永涛：黄校长，我 2008 年从西南大学毕业后到深圳工作，目前为止从教十一年。我刚入职时听一些培训专家说，一个老师成长最快的是前五年，五年后如果还很平庸，估计没可能有多优秀了。我常常觉得很惶恐，自己教了十一年书，也还是业务平平啊！尽管这一路从没放弃过学习和成长，但我的业务能力和水平远没达到自己期望的样子。

黄　春：懂得终身学习的人，何时成长都不晚。教书十一年，多年轻啊。不愿学习的人，会自我感觉已经是老教师了；对于想进步的人来说，一切才刚刚开始呢。况且，有了一些经历和经验，也有了一些疑难和困惑，这恰好是最好的自我反思和提升的时候。一个有追求的人，是永远也不可能达成自己期望的样子的。追求的快乐，正是在这里。

王永涛：谢谢黄校长的鼓励。这十一年来，我除积累了一些教学管理、课堂组织的经验，常常觉得业务能力进步不大，我在想业务能力学习和提升是不是也有一定的路径，或者说需要明确的规划？

黄　春：我记得我在北京四中工作的时候，当时的校长刘长铭给我们讲过一个关于教育的观点。他说教育是一门科学，也是一门艺术，我深深认同。科学的部分，是可以习得的；而艺术的部分，是要去自我修为的。所以，你说的路径或规划，大致也应该分这两个层面来思考。你不能看别人教得很好，非常厉害，然后就去学，去仿，就去听从别人所谓的“成长秘笈”，这未必可行。我以为，好教师的成长，就好比“长寿者”的养成。所有长寿的背后，都有其共同的科学原因。但是，每一个长寿者的自我经验，都极具个性，甚至相互迥异。好教师的养成，多读书，当然可以；多搞教研，自然也行；学历高是资本，见识广也是能耐；更有甚者，一口伶牙俐齿还远胜你满腹经纶呢：条条道路通罗马。

换句话说，教育，它不是一个技术活。现在有很多人，骨子里面是将教育视为一种技术活的，他们才会那么欣赏“智能机器”，以为机器很快就要替代教师，然后很快就要超过教师。然而，可能吗？你说教师有基本功，又是板书，又是普通话，又是计算机应用。可是，多少优秀教师，字并不好看，还往往满口方言，连个 PPT 都不太会弄，照样很优秀，你怎么说？教育，就不是个技术活嘛。

王永涛：这么说，您认为每个人都有自己的专业成长路径，要自己去摸索。这当中，坚持学习和成长的心最重要。那么，我完全可以按照自己的想法去成长，不能自满也不必自卑。

黄　春：是啊，尤其是我们语文老师。

王永涛：那在您心里，优秀的语文教师应该具备些什么素质和能力？我指的是共性的部分，个性暂且不论。

黄　春：我以为，可以勉强套用一下课堂教学的三维目标来表达这个问题：知识与能力，过程与方法，情感态度价值观。语文教师，要具备基本的和语文相关的知识与能力，这个自不必说；然后要懂得语文学习的基本过程和基本方法，这属于一个老师对于自己所教学科属性的基本理解，应该也不是一件很难的事情；再就是要拥有基本的情感态度价值观，这个很重要，因为语文是最直接、最全面地承载了人类普遍的情感态度与价值观的学科。

有这些，就够了吧。如果还能“说话好”“写字好”“文章好”“长得好”，还能“心善面和”，那就了不得了。

王永涛：看来优秀是无止境的，业务精进不能停止，但我们也没有必要做超出自己能力的不现实的追求。

黄　春：你我也做不出什么“超出自己能力”的事情来。

王永涛：哈哈。当然！苛求不了，平和待之。您是校长，但听说您还亲自兼语文课?

黄　春：是的，闲不住，兼任过高中两个班的语文老师。其实我不是一个职业校长，骨子里还是个语文老师，毕竟从师范大学中文系毕业起，就一直教书。教到第十七八年的时候，因为筹建分校之需，又担任校长，忽然就离了一年讲台。哎，后来还是想念课堂，想得不行，就又当起语文老师来了。

王永涛：听我的同伴们说，您不仅教书，还办文学社团，出校刊，还开选修课，开讲座。我觉得光是当校长就很辛苦了，您还兼顾这么多工作，忙得过来吗?

黄　春：学校的事情，就是那么多，看你怎么去处理。在北京四中教书的时候，尽管只教书不做校长，但是好像也挺忙的，甚至比我后来又做校长又教书还要忙乎。

（二）走过北京四中

王永涛：对了，我知道您原来是北京四中本部的语文教师。北京四中啊！那是无人不知无人不晓的偶像级的“别人家的学校”。能在四中教书的老师，都得是神人吧？

黄　春：哈哈，感谢北京四中这个耀眼的光环，照得我们每一个四中人都小脸红红的（害羞啊）。每个人都会也应该以自己的母校（包括自己奉职的学校）为荣，所以，我也会说：北京四中，天底下最好的学校啊。能在这里工作，的确是一件非常幸运和幸福的事情。我在北京四中工作了十五年，这是我职业生涯中最重要的阶段。

王永涛：我上网查了一下您的资料，您应该是在27岁的时候调入北京四中任教的。好年轻啊，您一定是在教学工作方面有什么突出的成就吧？

黄　春：大学毕业刚来北京的时候，在另一所学校教书，那是我学会“讲课”的地方；后来到了北京四中，这里教会了我“教书”。

那是我工作的第六年，二十七岁小伙子，不知道天高地厚，就闯到北京四中的校门里求职。那年北京闹非典，学校里没有学生，也就没有试讲。经过校长面试，就直接入职试用了。现在想来，倘若真来个进班试讲，我那水平，还真不一定能被看上。后来的事实也证明，起初学生对我的课也真并不买账。

一直感谢北京四中，让我头上始终顶着一个耀眼的光环。进到四中工作，和所有的应聘者一样，都有其偶然性，我算是个幸运儿。到四中之前的工作，也许是环境原因，也许是别的原因，总之，我从工作一开始就自我感觉良好。可能是年轻气盛的缘故，加上又拿了区里的奖、市里的奖，乃至全国的大奖，就觉得自己天下第一，不可一世，就觉得自己应该到天下第一的学校去教书，这才有了进四中的想法。但是，事实证明，我并不是一个好老师。进四中的第一年，我在学生评教的反馈中，得分就很低。各种领导找我谈话，我自己也找学生了解情况，才知道，自己本来还自以为是的教法，其实纯属胡闹。我第一次知道了自己这么些年实际上都是在瞎教。所以，我时常提醒比我更年轻的同事：我们自以为的好，究竟是真好，还是假好？会不会一直在误人子弟，自己坐井观天还为此而扬扬得意？

王永涛：瞎教也能获得全国大奖，我能不能说您是个“天才型”的教师？

黄　春：我当然不是天才——你见过天才愿意当老师的吗？哈哈。你提到获奖，我就说说这个事情。我后来一直想，教书这件事情，是能用来比用来赛的吗？当然不能。可是硬是要拿来比一比赛一赛，那怎么办？就只好人为地弄了几条标准——实际上根本没有标准，像选美一样，全凭感觉——能说会道的，能哭会演的，就都获奖了。我当时凭什么？我也不知道，大概我是少有的男老师吧，也可能不是。

就拿我在 1999 年那次参加全国教学大赛的事儿来说吧，我拿了一等奖（据说排名还是第一）。那个时候，我可是只教过一年半的书啊。这么看，你就知道很多教学比赛，其实并没有什么含金量。从现场的反馈来看，大家对我的课最大的兴趣点，好像都聚焦到了我所运用的电脑技术制作的课件上了。你要知道，在那个时候，大多数人都还没怎么能接触到电脑的时候，我就已经在使用当时很高级的制图工具 Authorware 来自己制作课件了。我估计，就是这个玩意儿，惊呆了评委，吓到了很多宝宝哈。一下课，一群人围着我问我这位语文老师是不是计算机系毕业的。

王永涛：虽然教书一年半，但能拿下全国一等奖，怎么说也得靠您的实力啊！

黄　春：呵呵，也许吧，年轻，气盛，比较好表现，“人来疯”。后来，除了在我教书第十五年的时候，还受命参加过一次北京市的教学大赛之外，就再也没有参加过任何的教学比赛。

王永涛：听说您又拿了一等奖。不得不佩服啊！但是为什么后来没有参加比赛了呢？多多参加，多多获奖，不是大家都梦寐以求的吗？

黄　春：其实，我不主张搞那些教学比赛，搞坏了风气，搞坏了师品。最重要的是，搞得学生们透过这个窗窟窿，看穿了我们，看到了作秀，看到了功利，甚至看到了虚假……

然而，经历都是财富。年轻教师通过一些比赛，来获得一些自我历练，也是一件好事。但是就像我前边所说的那样，赛事繁多，鱼龙混杂，那么，你自己就要把握准，特别要看这些比赛所倡导的理念是否正确。另外，每个年轻教师自身要葆有基本的教育者的修养，要以比较正确的价值观来武装赛场上的自己。比方说，不能有意造假，不能过于作秀，不能完全迎合评委，不能肆意折腾学生（有很多老师为了磨课，居然会就同一个内容在同一个班里模拟上课N遍，这就成了“彩排”）。

教学比赛这种事情，人生有一两次体验，就足矣。不能多，更不能热衷于此。我见过太多这样的老师，抽屉里锁了一大堆教学大赛的奖状，然而自己教的班却烂得不像话，赢得了赛场，输掉了讲台，这是不可以的。

王永涛：一直以来各级各类的教学竞赛多不胜数，学校和教育管理部门也会以此作为考核教师的标准。所以，年轻老师一进校门就被鼓励去参赛，一进校门就被前辈灌输教学竞赛的“伟大”意义。我觉得您的观点更客观，道出了这类教学竞赛对老师成长的真正意义。

黄　春：我这些年做校长，天天收到求职简历。你打开任何一份，都能看到每个来求职的老师都曾得过N多的奖，各种比赛、各种级别的奖。你要知道，凡是比赛，只要参加，都会有奖的。落榜者也有个“优秀奖”，听上去，比二等奖还好听呢。参赛能说明老师的一些能力，也能促进教师的成长，但是，作用有限，我们不能迷信，不能夸大。

王永涛：那您觉得一位老师如果没有在教学竞赛中获过奖，有可能是一位教学能力很好、很优秀的老师吗？

黄　春：完全可以啊。谁说美女一定需要哪家机构来特别认证一下，发个证书？

王永涛：啊，您这个回答给我吃了个定心丸。

黄　春：哈哈，赛场只是烟花。教师的光芒，永远在讲台上，在学生的心里。

王永涛：金句！我得铭刻在心！天才型的老师无疑了。您能简单跟我讲讲您在北京四中这些年的教学经历吗？

黄　春：北京四中的教书生涯，彻底改变了我的教学观和教育观。这大概就是名校的价值，它会在不经意之间，将你裹挟到正确的海洋里去。四中的百年传统，很容易改造一个新来的人。

记得2003年，不知天高地厚的我，忽然就想跳槽，一咬牙一跺脚：要换就换最好的学校，于是就奔到北京四中去了。那个年代的北京，说起“四中”，是会“吓到宝宝”的呢。我还记得刚入职的时候，最喜欢穿着四中校服，坐公交，坐地铁……那叫一个心里美啊。不过，虚荣归虚荣，你还得承认，一个好学校的光环，是可以反过来促进每个人的自律、自主、自强的。不能不说，这份荣耀，也是我不断自我进步的很重要的动力。

我到四中后，先是接手高二，带到高三，然后就是高一、高二、高三地循环。直到2013年我去筹建四中分校为止，在四中从头到尾教了十年语文，最多的时候同时教三个班呢；期间当班主任、备课组长、年级组长，又在教学处工作，带社团，上选修，带游学，演话剧，编教材，还牵头成立了北京四中人文教育工作室。我年轻的时候是一个闲不住的人，工作上喜欢“乱窜”。

对了，那十年，我从二十七岁到三十六岁，相亲，恋爱，结婚生子，买房，带孩子……一样也没少，主要的几件人生大事，也基本是在这个期间解决的呢。

王永涛：这样看来，在四中的这十年，不论是工作还是生活，都是您人生中非常重要的一段时光。您说四中彻底影响了您的教学观和教育观，您能具体谈一谈吗？或者说，是谁影响和改变了您呢？

黄　春：这个很难具体描述，我也从没细细地梳理过，到底都改变了我的哪些东西。但是，这种醍醐灌顶的感觉，这种改头换面的感觉，是真真切切的。

比如我们常常听到说到的“师不必贤于弟子，弟子不必不如师”“教学相长”“因材施教”……这些句子，从前只是个概念，只有在四中，这才是个事实。就是那句非常流行的“教育的本质就是一棵树摇动另一棵树，一朵云推动另一朵云，一个灵魂唤醒另一个灵魂”，我也是在北京四中，才真正听说、读懂并且深信不疑的。

你问到是谁影响和改变了我，我还真是很认真地搜索和梳理了一遍，好像是谁都给了我影响和改变。或者说是“环境”，由每一个“谁”组合成的这个环境。有校长，有同事，有学生，有家长，有我在四中这个平台上遇见的每一个人。

不过，我最想说的那个“谁”，还是“学生”。记得北京四中的顾德希老师在他自己的教学思想研讨会上说：“教师在四中的成长，首先要感谢我们的学生。”的确，四中的学生，是推动教师成长的最重要的力量：他们自身的努力和优秀，他们对老师的尊敬和苛责。老师优秀，会赢得热烈的掌声；相反，你站不住讲台，他们也会毫不客气。我为什么刚才会说到“教学相长”，就是这个道理。

王永涛：我还听到我的同事学员说，您自己在做学生的时候就是个天才型的学生。这会不会对您的教学有些影响呢？

黄　春：世上果真有天才，那也不会是我，哈哈。可能是他们听我在酒桌上神侃过我小时候上学时的八卦：一个贪玩贪睡的小男孩，还老考双百，老考第一。这个是事实，我承认。我做学生的时候，外人看上去，我就是班里最懒惰的那个“学渣”，不爱听讲，不爱写作业，不爱（是不敢）提问。那个年代的农村学校，更不可能有什么家教和补习班。然而，我却能考得很好，这的确是一件怪事儿。

我告诉你，每一个老师的教育理念和教学主张，都和他自己求学的成功经验或失败教训直接相关。因此，我后来做校长在招聘老师的面试中，就着重打听这位老师自己的求学经历，尤其是中学阶段的经历。一位老师的教育教学理念，很难超出他自己的阅历，并且，老师很容易拿自己的阅历来验证他所听到的理念。

我在北京四中教语文时那些和我同学科组的同事们，几乎个个都有着自己求学的特别经验。因而，四中语文组的教学，就很丰富多样，就很特别，很好玩，很有趣。我可能也算特别的一个，我自己不愿意死板地学习，不愿意拼了命地学习，所以，我也不希望我的学生这样。于是，做我的学生，可能就会比较像我，懒懒的，也能学得不太差。

你知道吗？懒人爱琢磨。是啊，不爱琢磨，凭什么能懒呢？所以，偷一偷懒，未必都是坏事。当一个语文老师，教两个班的语文课，还贼忙，贼累，那么，你就应该好好地反思一下了。我倒不是怕你累着，我是很怕学生累着。因为，老师的辛忙，传递到学生那里，都是要加倍的！

王永涛：听您这一路经历，感觉您不仅有天赋，更重要的是有自信，不怕挑战，善于钻研，在语文教学或者说在语文相关的事情上能积极为之。

黄　春：也许吧。

（三）做你办公室的邻桌

王永涛：我想这些观念早已经烙印在您的每一个教学行为中了，希望以后我能多多跟您请教，以便间接地接受一点名校教学理念的熏陶。我在网上找过您出版的书，发现都是语文教学方面的著作。今天您怎么看待您的这些著作？

黄　春：说不上是著作，就是在自己的教学过程中积累下来的一些经历和想法。比方说《笔尖上的成长》，那是一本关于写作的教学积累，主要内容都是我和我同事的学生们的优秀习作以及他们的习作体会，也有我自己的一点点关于写作教学的经验和思考，供教师同行和中学生们参考。

再比方说《北京四中语文课：何止文章》，那是我觉得在平常讲课中有些课准备得还比较认真，学生比较喜欢，于是就整理了一下，编写了一册。至于早些年出版的一些教学辅助方面的书，自认为都很幼稚。

王永涛：听说您现在已经离开北京四中房山分校，转身走进了民办教育的天地里。您现在还教语文课吗？

黄　春：是的，我希望自己能够体验更加丰富的教育生态。因为工作性质变了，目前还没有兼课。但我想，将来不久，大概又会的。毕竟还是喜欢教书，讲台好像真是个能让人上瘾的地方。

王永涛：像您这么钟爱教书的人真难得！此前，我听过很多名师热爱做班主任，甚至当了校长也还要做班主任，我知道这种热爱的背后，实际上是自己在这个工作上无尽的成就感、幸福感。而这，直接说明他们在这个岗位上的卓越。看来您也一样，是非常卓越的语文教师。作为一个一线语文老师，我很想向您请教一些关于语文教学的问题，请您不吝赐教。

黄　春：很高兴能有人跟我聊聊教语文的事情，这也会是我目前工作之外一个非常有意思的话题。随时欢迎，相互学习。

王永涛：谢谢黄校长。那我可不可以通过微信的方式，把自己的一些疑惑，向您提问请教？

黄　春：好呀，有什么问题，随时留言。我不一定能及时回复你，但我一定努力。

王永涛：跟您聊天，好像感觉您和别的专家不太一样，您从来不抖什么理论，都是大白话，像是随笔散文。这是您的一贯风格呢，还是为了让我能够更好地理解和接受？

黄　春：因为我不是专家。我做校长的时候就常常对着全校老师说："满座的硕士博士，就属我这个校长学历最低，学问最少。写不出论文，查不来文献，背不下书本，讲不来理论。"不是我不想弄点高深的东西，而是我真的不会。那么多"斯基"，我经常弄混了闹出笑话；那么多"主义"，在我这儿也是一塌糊涂。教了二十年的语文，有过很多惨痛的教训，走过很多弯路；也做过很多事情，有过很多想法并努力去尝试。所以，我只会聊点儿个人体会。比起撰写论文、论著，我更喜欢像这样跟同行随意地聊聊。我这个人本身就比较喜欢随性一些，不喜欢太刻板的东西。比如读书，也喜欢读一些随性一点的。所以我想，聊聊天，梳理梳理自己的一些想法，在沟通的过程中碰撞一点思想的火花，挺好。

无论是做演讲、报告，还是私聊，我都不希望给人留一个什么"专家"的印象。我只愿意做个同行朋友的办公室的邻桌，有什么想法，歪个头就能交流。我想，多年之后，你我都会非常怀念这一段"异地聊"。因为，大白话会比较真诚。

王永涛：非常荣幸！我把这样的"异地聊"看作是一段语文教学的探索之旅，我相信我能收获很多。特别感谢黄校长，您愿意跟我这么一个普通甚至平庸的、还未曾谋面的语文老师聊天，感谢您的厚爱！

黄　春：很高兴，因为这也能促我思考，催我学习。实际上我可能也给不了你什么多有用的东西。但我愿意，和你做个办公室的邻桌，与你一起探讨，进步。

王永涛：最近这几年，"得语文者得天下"的说法是越来越多了；还有"语文高考最后要实现让15%的人做不完""要用考试倒逼学生读书"等，也是热门话题，成了各大新闻媒体的头条；各种培训机构、自媒体也纷纷转载炒作，可谓是掀起了语文大讨论的热潮。不知道您是否也关注了这些内容？您怎么看这个现象呢？

黄　春：“语文要火”的舆论，很多年之前就已经点燃了。我记得好几年前，还传闻过“语文高考分值要提高到300”的消息，现在各界人士又纷纷在拿“读书”这件事儿大做文章。尤其是高考改革（比如理、化、生、史、地、政等科目开始“选考”和“等级赋分”，英语改成了一年两考取其高分）之后，其他学科变得很难拉开分数差距，更多的人便将目光聚焦到了语文学科上，才会有了你刚说的“得语文者得天下”的舆论。然后又是全民忽然间从上到下对于“阅读”的格外重视，且将这种重视直接反映到了高考试卷里，也就又有“得阅读者得语文”的说法了。

不管怎么说，有一点是肯定的，语文得到了越来越多的重视。这一点，当然是好事。几十年来，一直流行“学好数理化，走遍天下都不怕”，我们的教育是在潜意识里忽视了语文学科的。这个现象所造成的弊端，在社会上已经逐渐显露出来了，这才引起了社会各界的关注和重视。当然，我们不能说这些社会问题都完全是语文教育缺位造成的。但是，从语文教学入手，尤其是从抓阅读入手，试图去挽回一些东西，我看还是可以的，起码是办法之一。

不过，另一个问题就随之而来了。我们似乎习惯了一种做法，并且还笃信其收效，那就是用考试来做指挥棒——这回还想用考试做舵，做方向盘，来拉动教育，做一个大拐弯。这件事情，就很值得商榷。

王永涛：怎么讲？利用社会对于考试（特别是中高考）的重视，来推动一门学科的发展，难道不是一个好办法？

黄　春：理论上是可以的，听起来也是很不错的。我记得我和几位校长谈到语文地位飞升的话题时，最后得出的共同感慨是：毁掉一个学科的最好办法，就是把它放进高考。这话说得有些过激，我们也决不否认高考对于学科教学的推动和促进作用。但是，对于语文这样并不太好通过标准化测试来评价的学科，如果过度赋分、过度重视，一定不是什么好事儿。

哪里有考试，哪里就有应对考试的办法。并且，因此而生出的种种办法，很多都是坏招，至少是狠招，甚至还会有邪招。不管你承认不承认，这都是事实。

为了重视阅读，我都能够想象得到考试将会怎样考；为了获得阅读题的分，我也能够想象得到学生将会怎样学、老师将会怎样教。这样想下去，那是很可怕的场景。

王永涛：像您说的，有考试为指挥棒，就会有应试的策略和办法。重视语文的初衷没错，重视语文中的阅读更是牵住了语文学科的牛鼻子，但应试的策略也许就不那么乐观了。那我想问问，面对语文改革的现状，我们的老师、家长、学生应怎样对待，才能在这场改革中将语文教得更好、学得更好呢？

黄　春：要将好事办成好事，就要求干事的人乃至相关的人，都葆有一颗基本的专业良心。不要将考试视为目的，视为跳板，视为终点，甚至视为赌场，视为投机。分数只是一个人在求学过程中附带的收获，也是必然的收获。

语文长期以来受人诟病，我们只好托词“社会不重视”来进行自我安慰。那么，今天和未来，全社会都重视语文了，都不惜用高考试卷来证明其重视了，我们的语文如果还搞不好，那么，语文老师是肯定还要挨骂的，会被骂得更厉害。怎么个教法好，我也不知道，不过我们往后可以细细地聊聊，自己好好想想，至少是对我们自己的工作会有点儿启发。

你要是问家长怎么办、学生怎么办，这个其实比较简单。

家长，做好家长就是了，你又不是语文老师，不用瞎操心，着急也没什么大用。教育中，其实我们挺怕家长为学校、为学生太过操心的。如果真要做点什么，也很简单，家长自己也好好学学语文：好好读点书，好好写写字，好好说话，好好写总结……能做这些，就已经很好了。

学生，当然是学习的主体。但是，学生怎么学，归根结底还是取决于他的老师怎么教。所以，对学生的学习，并不好孤立地来提要求。

总之，面对学习要少一点功利心，对待考试要少一点邪念，要有起码的学科良心，这就很好。

第一章

像孩子一样读书

——阅读是件什么事儿

（一）李白也没读过四大名著

王永涛：新一轮的语文教学改革提倡学生“多读书，读好书，读整本的书”，您怎么看这种对课外阅读的重视？

黄　春：读书，肯定是好事；多读书，肯定是有益的。学校教育里的语文教学，当然应该承担起鼓励、引导和帮助学生开展课外阅读的任务。但是，我个人并不赞同把学生在课堂之外的阅读称作“课外阅读”，“课外”这个概念不好。

把学习分作课内课外，就意味着我们习惯于把教学的过程，割裂成一节一节的课，然后，才有了课内和课外的界限。实际上，教和学是一个连续的过程，所谓的“课”，其实就是这个连续过程中的“师生见面的现场教与学”的点。师生不见面的，甚至师生都不在校园的那些时间，教与学其实也都在发生和持续。我曾经将这样的现象称作为“非现场教与学”。因此，阅读就是阅读，无所谓课内课外。

王永涛：您的这个回答让我耳目一新。您是将老师的教和学生的学统一起来思考教学的。那么是不是应该这么说，既然教育行政部门开始倡导和鼓励“整本书阅读”，就说明长期以来，我们的语文教学（或说阅读教学）忽视了整本书阅读的指导，学生的学也忽视了整本书的阅读？

黄　春：我先想就“整本书”这个概念说说我的看法。我觉得这个世界上，其实没有哪本书是必须要从头到尾一字一句读完的。你觉得呢？读者要不要整本书读完，那得看人家自己是愿意还是不愿意。有些书写得很好，但我们却没有要读“完”的意愿；有些书实在引人入胜，搞得我们想不读完都不行，所谓欲罢不能。阅读就是阅读，你管它是整本书阅读，还是半本书阅读，这其中的阅读能力，是一样的。我看过一些所谓的整本书阅读的书目，无论是课标规定的，还是专家推荐的，大多都是长篇小说。这样的东西，大抵是需要进行“完”读的，前提是小说写得不错，惹人喜爱。对于中小学生的阅读，大部分的书，不见得都要“完”读，《论语》不需要，《呐喊》不需要，《唐诗三百首》也不需要。

王永涛：这么说好像也有道理，看来关键并不在是否“整本”地读。

黄　春：一本书，需不需要从头到尾地读，关键是看这本书对于读者的吸引力，而不是听谁的要求。说实话，我作为中文系的毕业生和一名语文教师，《红楼梦》这本书，我就没能够完成“整本书阅读”。我曾经因为很多人和一些课程的要求，无数次下决心要来一回“整本书阅读”，但都失败了。我读不下去，有时候读到一半，有时候读到三分之二，甚至有时候都很难翻看几页。不是我不愿意读书，是我不愿意读这样的书，这是关乎我个人好恶的事情，这没什么不正确的，什么错都没有。

每个人都有自己的阅读喜好，真喜欢的书，不用别人要求，不仅能“整本书阅读”，可能还会反反复复地“整本书多次阅读”，所谓“复”读。所以，我觉得语文教学对于阅读的引导，重要的不在于是否读“整本书”，关键在于是否愿意读点儿书，是为“愿”读。

世界上的很多书，我看，都是翻几页、看几眼就可以了。当然，如果你要做专业的研究，那就另说了。而中小学的语文教学和学习，没有这个任务。

王永涛：您这个回答很真诚，跟一般的语文老师使劲倡导读书，宣扬读书的伟大作用不太一样。您提到语文教学对于阅读的作用在于引导学生愿意读点儿书，那您觉得老师怎么做，才会让学生真正愿意读书，而不是被老师要求着读书？

黄　春：其实，人都有阅读的本能需求和本能欲望，不信你去幼儿园看看。如果你是妈妈，你回忆一下你孩子两三岁时对于读书的态度。我记得我女儿在四五岁的时候，我最头疼的事情，就是如何禁止她吃饭的时候一手拿筷子一手翻书，骂都不能阻止。可是，后来呢？自从到学校有了语文老师之后，自从阅读要被考试、被检查之后，每个孩子都不爱读书了，包括我女儿。

你看，有的事情是不能被要求的，至少不能被“常常要求”，更不能被带着检查和检测的压力而要求。但我们的教学，长期以来，干过也还正在干着不少这样的事情，并且，我发现有愈演愈烈之势。

不知道王老师你干过没有？哈哈哈，我自己是干过的，尤其是年轻时刚教书那会儿。我会要求学生读书，月月读，周周读，天天读；我会想出各种办法来检查督促，什么每天几页啦，课堂复述啦，隔周检测啦，读书笔记啦，读书交流会啦……更厉害的是，干脆直接告诉学生“期中考试要考”。

王永涛：哈哈哈，不怕告诉您，我刚走上这条您曾经走过的道路，不过离您这些做法还有一点距离，但已经有点沾沾自喜了呢！

黄　春：我去过很多学校听课，听老师介绍阅读教学的经验，无外乎我当年的这些招儿，当然也还有超出我当年的创造，比如画什么思维导图（其实就是个情节梳理和人物关系梳理），还有演课本剧等等。我不能说这些要求的招数都没有用，肯定会有它的用处。但是，真正的阅读，肯定不是能够靠这些外在的压力来真正推动的。

另外，我还有一个观点，不知道你能不能接受，说出来怕吓着你。

王永涛：哈哈，就想听这样的，您说。

黄　春：读书是好事，开卷总有益。然而，没读太多的书，其实也无所谓的。一个人知识的获得、思想与情感的培养等等，并不只有读书一种途径。换句话说，读书，可能还是最低效的一种。一个人倘若有获取足够的直接经验的途径和可能，那么，诸如读书这样的间接经验的方式，就不重要了。古人不是说过：“与君一席话，胜读十年书。”你看，读书的性价比，是很低的，读了十年书，还不如聊一会儿天。还有人说了，“纸上得来终觉浅，绝知此事要躬行”，能躬行，就不要啃书。今天的信息时代，有时刷刷朋友圈，上网搜一搜，已经成了我们获取信息和知识最廉价、最高效的方式。即便是想要获取一些更专业更系统的资讯，我们也完全可以订购几个在线课堂，或者直接去听某个大家的演讲报告。

我从来不把阅读当作产生实际可量化为学习成果的事情，我更喜欢将阅读当成是一种生活方式，和喝茶一样，其意义不在解渴，而在态度。要解渴，那直接喝凉白开来得更快，更直接，更经济实惠，但那不能构成一种生活方式，不能构成一种生活态度，不是生活和生命质量的提升。阅读也是如此，尤其是“整本书阅读”，我宁愿相信，其功能主要在于态度，在于造就一种优雅从容的学习态度和生活态度。

王永涛：您这么说，不会是主张“读书无用”吧？或者说语文教学里的“阅读教学无用”？

黄　春：当然不是，恰恰相反。在谈论阅读教学，尤其是你所说的“课外阅读教学”的时候，我先要说这些，是想替你也替我们所有的语文老师减减压。人们一旦在重压之下去思考和工作，就很容易被压力所压垮，然后我们的理念和手段就很容易发生偏斜，这个，很危险，会害人，会伤己。

社会舆论，包括政策导向，习惯于“想推动一件事情，就将那件事情的重要性进行夸大和神话”，总以为拿“重要性”就能产生“推动力”，以为越重视就越有效，事实上未必如此，有时候还可能事与愿违。说语文重要，就恨不能将语文高考从 150 分增加到 300 分（真有过这么一段提议，听说还差点实行）；说阅读重要，就恨不能将整个语文教学都变成阅读教学，就恨不能拿几本厚厚的所谓经典书籍占满孩子们的全部课余时间。

我的习惯是，客观看待一件事情的意义，不夸大，不神话。很多家长带着孩子来找我，说：“黄老师，我孩子语文成绩不好，怎么办呀？急死我了。”我回答说：“没关系，语文没那么重要，少考两分，不代表什么。”然后家长就急了：“啊？您还是语文老师呢，怎么您还说语文不重要？”正因为我是语文老师，我才不会拿“语文很重要，语文分数很要命”来吓唬孩子和家长。一个人只有在正常的压力下，只有怀着寻常的心态，才可能产生正常的合乎情理、合乎规律的教与学的方式。

以前有个家长跟我说：“我的孩子都上高中了，她自己还选了文科，可她连四大名著都没读过，怎么办啊？”我就告诉这位家长：“有什么关系？李白也没读过四大名著。”

（二）你只管自己读起来

王永涛：您说阅读是孩子的本能，可现实生活中，在我们老师接手以前，这种本能也可能已被电子产品等祸害了。所以，现在的孩子，实际上很多进入学校前压根儿没有阅读的习惯。这样，我们老师就不得不面临一个问题：将孩子引导进阅读的世界，建立阅读习惯。

黄　春：你说的非常对。我非常赞同在你话语里的一个关键词——引导。引导和要求，是完全不同的两种方式，是基于不同理念的教学行为。曾经，有一位校长跟我聊天，他也是教语文出身的，他就抱怨说他学校的孩子不爱读书，怎么要求都不读。我就问他几个问题：第一，孩子在你的学校里，如果想读书的话，方便吗？第二，你在学校的时候，你自己读书吗？你学校的语文老师在办公室里读书吗？这两个问题里所包含的行为，就是引导。我相信，如果孩子身边都是书（起码经常能看见书，常常遇见书，常常遇见读书的人），如果孩子的老师都是爱读书的人，就不愁这个学校的学生不读书。

你可能听说过，媒体曾炒作过“全世界第一个在楼道里办公的校长”，那说的就是我。不仅如此，我还给每一间教师办公室安装了整堵墙的书架。我之所以这么做，为的就是将校长和老师的阅读状态，呈现在校园里，呈现在学生的视野里。我那间在楼道里的开放办公室，主要部分就是书架，三个大书架，装上我自己的私人藏书，两千多册。我在那里办公，没什么工作的时候就坐在那里看书。我相信，这是能够唤醒孩子们的阅读天性的。同时，我给每一间教室也安装上了一整堵墙的书架，鼓励孩子们将自己喜欢的书带到学校来，放到书架上去，彼此交流，彼此激励。从这个意义上来说，教育，其实就是以人育人，以优秀育优秀，也就是你所说的“引导”。只要有人在读书，你就会看见他的身边会有越来越多的人开始读书。当老师，决不要一味地给别人提要求。

王永涛：也就是说教师的身教，就是很好的引导。

黄　春：是的。再给你讲一个我自己的例子。我年轻时刚教书的那些年里，也开设过阅读课，每周拿出一节课来，我什么都不讲，鼓励学生阅读。这个做法，和后来我到北京四中教书时看到的一样。北京四中的语文课里，也是每周一节阅读课。然而，大不同的事情发生了。之前，我相信你如果开过阅读课，也会和我一样遇到类似的问题——给了时间，但学生不读书，他们宁可写数学作业，也不愿意读小说，这就很奇怪了。然后我就紧紧地看着他们，不许他们做别的事情，只能读文学类的书，读我指定和推荐的那些书。我像一个警察一样，穿梭在学生之间，不停地督促，没收了好多“不该看的书”，威逼利诱过很多“不爱读书的学生”。可是，摁下葫芦起了瓢，这个阅读课上得那个糟心啊，有时候真想放弃，还不如讲两篇课文做点儿题呢。不知道你有没有这样的体验，但愿你比我幸运。可到了北京四中，看到同事们开的阅读课，课堂那个安静，孩子们都抱着自己带的书，津津有味地看，下课了都还不愿意放下，我就羡慕嫉妒恨。请教之后才知道，阅读课，不是老师盯着孩子读书，而是老师和学生一起读书。后来，阅读课时，我就不管了，我只顾我自己坐在讲台上（有时候在某个角落），读我自己喜欢的书。慢慢地，我的学生也开始读书了。你一定要相信，当一位老师，像一尊塑像一样，就在那里，旁若无人地在那里，痴迷于自己手上的书，建造了一个只属于他的阅读世界，这个时候，这尊塑像，一定充满了强烈的教育力量。建议你试试哈。最近几年，我去过一些阅读课的课堂，看到有的老师还是很喜欢穿梭在学生之间，时而提醒“别写作业”，时而问问“读什么呢”，忙得不亦乐乎。这个时候，我就会清晰地回忆起我自己当年的样子，就很期望他们来听听我的故事。

王永涛：我的阅读课上，学生也不太爱读，我一定要试试您的这个方法，省事还高效。另外，说的这个“身教”的引导作用甚于“被要求”的作用，让我想到了自己的经历。我有一个很好的朋友，也教语文。她说她的学生就很喜欢读书。据她说，有的学生上别的科目比较吃力，听不懂，他不干别的，就看书。我赶紧向她请教教学方法。她告诉我的方法就是大家都知道的那些，读书笔记啊，读书分享啊，但我都用了却没能达到她那样的效果。开读书分享会吧，不成个样子；写读书笔记吧，写得学生们叫苦连天。最重要的是，我发现他们依然不爱读书。我很困惑也很苦恼，不知道问题出在哪儿。因为我心里一直有一个观念，就是衡量一个语文老师的业务能力，起码先要看他的学生喜不喜欢读书。

然后，到了今年，我第一次使用部编新教材，研读教材时，我发现它非常重视阅读的积累。课本上推荐的很多书，说实话，我也没看过，但现在这么重视，不能再敷衍了。于是我决心要把这些要求学生看的书好好看一看。当我和学生一起看书，一起讨论，并且时不时讲一下我最近的读书心得时，我发现以前做不好的，现在都迎刃而解了。学生们很喜欢我跟他们一起聊他们看的书，或者我看的书。他们现在挺喜欢读书，读书笔记也有越来越多走心的内容。

刚才您这么一说，我一下想到，也许我的那位朋友的学生喜欢阅读是受老师喜欢阅读的影响，只是她可能是无意的，连她自己都没有意识到。现在我明白了，只要老师愿意读书，并且有意让学生知道老师爱读书，就是最好的阅读引导。

黄　春：是啊，真正理解“教学相长”不是一件容易的事情。教与学，是一个互相陪伴的过程。老师不能太把自己当回事，尤其是语文老师，我们很难说自己就比学生厉害。好的老师，就是能够和孩子一起学习、一起成长的老师，然后在这个“一起”的过程中，自己变得更好，学生也变得更好。如果你非要把自己看成先知先觉，然后觉得自己天生就是来“教”学生的，那你肯定不可能是一位好老师。

之前我说过，我到北京四中之后，彻底改变了我的教育理念，其中就包含了这一点。

（三）没那么多坏书

王永涛：当家长重视孩子的阅读，当孩子也愿意读点书的时候，另一个问题立刻显现出来，那就是读什么样的书。课程改革也提出要“读好书”，您觉得什么样的书才称得上是“好书”？

黄　春：请让我们先达成一个共识：市面上公开售卖和图书馆公开借阅的

书，都是健康的书，都是合乎政治、合乎法律、合乎道德的书。如果我们可以在这个前提下谈论“好书”，那么，我以为，学生喜欢看的书，就是好书。

成人，尤其是教师和家长，总喜欢以自己的评价，去将书区分为好书和坏书（没有更好的词，暂且这么叫吧）。我曾经有一段时间，特意到北京的图书大厦去蹲点，我是想去做个调查。你听我给你讲我所看到的普遍现象：

父母（往往是妈妈）和孩子一起，推着购物车，在书店买书。几乎百分之百的父母，都会对孩子选好放进购物筐里他想买的书进行一一审核：“这本不错”“这本不好”“你买它干吗”“这类的书你上次买的还没看完，怎么又买新的”……然后就开始推荐：“这本好，我同事就给他孩子买过。”“这个你也应该买来看看，听说高考都要考啊。”“这本好，讲怎么写作文，你的作文就该好好练练。”……当孩子走向“青春”“偶像”“动漫”“流行”专柜的时候，家长们立刻就如临大敌：“那边别去，什么破书，你们就不该看，你瞧那都是些什么玩意儿！”

你知道这些故事的结局都是什么吗？

王永涛：我猜，结局是，要么孩子妥协，听父母的，但是越来越不爱看书了；要么孩子不妥协，不让我看的我偏要看，让我看的我偏不看。

黄　春：是的。你说，还能有孩子愿意你跟着逛书店买书吗？如果你非要跟着，孩子还愿意买书吗？还会喜欢看书吗？我们为什么就不能容许孩子按照自己的喜好，去挑书、买书、借书、看书呢？

那段蹲点的日子里，我看到了太多的读书悲剧。父母还一脸委屈：“我都是为你好啊！”“我是爱你的。”“妈是过来人。”孩子更是一脸郁闷：“我跟你有代沟。”“我很烦你。”

回想起来，我们做语文老师的，是不是也干过类似的事情？

王永涛：会。我自己也会忍不住评价学生看的书，看到他们如痴如醉地沉浸在东野圭吾推理系列里不能自拔，我也会隐隐担心，担心孩子看的书太类型化，不能够促进语文的积累与学习。

黄　春：我主张让孩子“想看什么书就看什么书”，并不是说读什么书都有一样的价值。不同的书，其价值和意义当然不同。我也认同一定有一些书，它“更有价值”，并且，也主张让孩子们在有限的时间里多读一些“更有价值的书”。只不过，我同样主张一种理念，那就是，“孩子的阅读品位”是由他身边的人的阅读品位决定的，至少是深受影响的。因此，作为老师，我们读什么书，就很重要了。

王永涛：那哪些书是您所谓“更有价值”的书？您又是如何引导他们去读这些更有价值的书的呢？

黄　春：我很难给“更有价值”下个定义，画个边界。但是，我们起码可以知道，文学的内容有雅俗之分，阅读的目的有学习和消遣之分。两者都有其不可替代的意义，但是，雅的部分和学习的部分，自然是越多越好。并且，一个人对于雅的接受，是要慢慢培养的，也许还要从俗的开始呢。还是先前那句话，在读书，比在读什么书，更有意义。一个爱吃饭的人，才可能成为美食家。

王永涛：我很认同您的说法，确实很难认定哪些书就是“更有价值”的书，而且不同的人往往有不同的看法。但是，学生可能会跟我一样，问您哪些书更值得一读，您会跟学生推荐阅读书目吗？

黄　春：以前会，以前在我自己还很把自己当回事的时候，我会。后来，我就不会（不愿意）给我的学生强硬地推荐阅读书目了。但这并不等于我对学生的阅读倾向就毫不关心，我只是更愿意采用我更认同的方式来对学生的阅读倾向做一点影响，这也就是我为什么主张“教师要将自己的阅读状态呈现给学生”的理由。我喜欢让学生看到我在读什么书，然后勾起他对自己的阅读现状的反思，这是一种很好的教育方式。

你去书店里，经常会看到这样的书：《一生必读散文》《一生必读诗歌》……其实，哪有什么书是“一生必读”的呢？我反对“必读”之说。“推荐”，还稍微温和一些，还在可以接受的范围。推而荐之嘛，不带什么强制的色彩。

阅读嘛，喜欢是前提。没有了喜欢，阅读还有什么用呢？很多专家和老师们所提列的“推荐书目”，其实，也只是对自己来说有意义的书籍，对他人，也未必。当然，互相交流自己喜欢的书，这是件好事。我就曾经有过一个设想，后来没有成形，不妨说给您听听。

每年的毕业生都要绞尽脑汁弄个什么新奇的礼物送给学校作为纪念，这是件大好事。我做年级组长的时候，就向学生建议过，希望他们不要花钱去买什么礼品，并不实用。我给的建议是：每位毕业生向学校捐赠十本你读过的并且觉得对自己来说有着非常重要意义的书，把你认为的“意义”写在书的扉页上即可。然后我在校园里找一个特别的地方，做个特别的书架，把这几千本书整整齐齐地摆上。我觉得这个礼物就很好。它一定会促成学长和学弟、学妹们之间的精神交流。

这件事情，如果能够作为学校的传统，持续几年，几十年，几百年，那么，这个学校的阅读教学就做得很好了，还用得着语文老师来想各种威逼利诱的招数吗？可惜的是，因为一些原因，没能实现。我期待，也相信一定会有一所这样的学校。

王永涛：您这个想法太棒了！如果可能，我一定会采用。

（四）不喜欢也没关系

王永涛：让学生根据自己的喜好来读，那考试要考的书怎么办？教材上推荐的名著在我们这儿是考试要考的，如果由着学生去读，那些年代久远、与生活距离较远的书，学生们肯定是不太喜欢去读的。

黄　春：你提的这个困惑，非常实际。我先给你交个底，我曾经参与过高考命题的一些外围工作。你知道吗，命题的原则里有一条，那就是必须让多数考生得分，尤其是你所提到的这部分试题。这么说吧，我在之前向你坦白过，我本人到今天也没读完《红楼梦》，但我绝对相信，中考或高考，无论它出什么题，我都保证会答，因为身在中国，又爱读点书、听点故事的人，谁还不知道点儿“红楼”“三国”呢？

现在，我再正面回答你的问题。你首先要相信，一个热爱阅读、愿意读读书的人，是不会排斥读一读《三国演义》《红楼梦》《史记》《论语》的，何况还有考试在催逼。如果真有谁拿起这些书一句也读不下去，那他一定不是一个真爱读书的人。

其次，才是我们语文教师的专业和功力了。我们在带领学生阅读这些“他们并不太喜爱的”书的时候，能不能让孩子们的“不喜爱”不会成为“不去读”的借口，这个事情很重要，也不会很难。也就是说，语文老师不要将读书（读考试要求的书）这件事情搞得那么功利，那么无趣（事实上，有很多老师的本事，就是把原本无趣的东西，搞得更加无趣），我相信，这没什么太难的问题。为了考试，孩子们连函数公式、单词、定理都愿意背，连化学方程式都愿意背，难道会为读点爱情故事和英雄故事而犯怵吗？

按说从人的本性爱好来讲，除了音、体、美之外，学生最喜欢的学科理应是语文（语言文学啊），然而，事实却给了我们语文老师一记响亮的耳光。我们的语文，出现在了孩子们最不喜欢的学科里。这不是语文的错，不是“时代久远”“生活遥远”的错，是语文老师和语文教学的问题。

王永涛：那怎么去解决呢？您说“能不能让孩子们的‘不喜爱’不会成为‘不去读’的借口，这个事情很重要，也不会很难”。我估计大多数一线老师都会跟我一样，觉得做这事不太容易。您能不能举个实例？比如《红星照耀中国》这本书，学生翻了一下回来告诉我：“老师，实在看不下去。”如果是您，您怎么去消除学生“不喜欢”这种心理上的阅读障碍呢？这本书是初中八年级课本上的推荐书籍，如果这本书您不熟，也可举一个别的例子。

黄　春：没关系，这本书在我的教学经历里没有被特别要求过，但其基本内容我有一些了解。我们习惯将这类书称作“红色经典”。我也知道很多学生（包括很多年轻人）对红色经典抱有阅读喜好上的偏见。但是据我了解，这并非“年代久远”“政治陌生”等借口所能解释。有的学生会说：“这文章，真假。”那我就反问他：“《西游记》不假吗？日本漫画的内容不假吗？”实际上，绝大多数对红色经典（包括《论语》等思想文化作品）的偏见和拒绝，是被他们所接触的环境和舆论绑架的结果，甚至有孩子说读这样的书会被人笑话“迂腐”，以为年轻人就得反对一点传统，拒绝一点正统，这样才时髦。所以，这些东西，和书本身没有关系，关键是教师和学校所在的小环境和小气候，是否能够抗衡这些负能量。

做老师的要先问问自己：对于这些书，我自己的感觉如何？我喜欢吗？我读得懂吗？我能理解吗？我知道好在哪里吗？我领悟到意义了吗？

王永涛：也就是说，想要影响孩子去阅读一本书，老师得先读懂，读出书的价值，这样对于学生的“不喜欢”，我们才能引导。

黄　春：对。老师的意义，就在于此。你喜欢，孩子才可能喜欢；你理解，孩子才可能理解。特别是年轻教师，说到底也是个“大孩子”，自己要成长。

如果教材里的内容都是学生能够理解的，都是学生自发喜欢的，那还要老师干嘛？我也曾听过很多语文老师讲授“红色经典”的课文，有些老师讲得干巴巴，讲得没血没肉、没情没义，讲得只剩下了革命，只剩下了“主义”，你说，谁会喜欢呢！还有的老师甚至会直接说：“接下来我们要学习‘红色经典’单元，这个单元的课文，同学们可能不太喜欢，但是，它是很重要的，也是考试的内容，所以，请同学们也要好好读，认真学……”你看，人家还没开始读，你就定了调了。这宗罪，要算在谁头上呢？

王永涛：是的，我们对学生“不喜欢”的担忧，其实是我们自己没有读出趣味、读出价值来，说不出自己的阅读体会来感染和引导学生。说到底，语文老师的个人阅读经验、能力才是关键。

黄　春：别说红色经典了，就连其他的文学作品，讲的时候也是“目中无人”“心中无情”。老师没有真正的阅读能力，他的学生就会可怜。

有的老师讲《项链》，讲《我的叔叔于勒》，能将马蒂尔德、菲利普夫妇讲得一无是处，讲成一个坏透了的女人和一对坏透了的兄嫂。然后，学生们连这样的文章，也都不喜欢了。

（五）让读书更好玩

王永涛：我听出来了，对于学生的阅读您比较注重阅读氛围与环境的营造，讲究教师潜移默化的影响，讲究专业引导。我觉得这些做法对孩子们的阅读影响是长远而深刻的，也是温和缓慢的。那我还想问问，您会举行一些阅读活动，去推动和促进学生的阅读吗?

黄　春:教与学的相互促进,就是在一场一场的活动中实现的。语文老师要善于设计和组织多种多样的教学活动,来组织教学,促进学习。对于阅读教学而言,一些有效的活动,就显得很重要,因为环境和氛围主要得靠活动来营造。比如师生自发组织的小规模的各种读书会、读书社,比如以教师主导为主要推动力的读书笔记、书评、摘抄等等,都是很好的活动方式。

王永涛:您能不能就一个您比较有心得、比较推崇的活动,给我讲讲?

黄　春:我所列举的这些活动,其实都不是我的什么创意,都是很大众化的,是很多语文教师都会设计也都做过的事情。但是,每个老师在具体操作过程当中,可能还是有区别的,也就会带来效果上的差异。我举几个例子说说。

比如读书笔记。我也看到过很多同行老师,和我一样要求学生经常写写读书笔记,这的确是一个很好的做法。但是,我在调查中发现,他们的学生大多不愿意写,觉得是一种任务,没有成就感。久而久之,很多学生连书都没看就直接上网找度娘复制粘贴了一堆文字,然后抄在(甚至是直接剪贴在)本子上,交给老师,敷衍了事。这样一来,此项工作就意义寥寥,甚至成了师生彼此的负担和折磨。当我翻看了那些学生的写读书笔记的本子之后,我忽然发现了一个十分严重的问题,找到了问题的根源。原来,孩子们将自己的读书笔记(也许开始的时候还真是好好地认真地写了的)交给老师之后,所得到的教师反馈信息,往往只是一些符号化、概念化的所谓"评语"(诸如"你要围绕一个中心来写""你要更加客观全面地评论"),和一些非常幼稚化的赞语(诸如"很好""你写的真棒")。对于学生来讲,没有人会在意这样的反馈,长此以往,孩子们就找不到"交作业"的动力了,因为他没有享受到交作业的快乐。

老师的职业病,是习惯将所有的事情,都看成是"任务+评价"。比如读书笔记这样的作业,在老师眼里,"写了(交了)没有"和"写得如何",就是他所关心的全部。但是,在学生看来,他辛辛苦苦地读了一本书(或一篇文章),然后辛辛苦苦地写了一篇笔记,然后特别有成就感地交给了老师,然后对老师的反馈翘首以盼,然后在几天之后收到了老师发回来的作业本,然后充满期待地翻开本本，然后……然后他看到了什么呢？他原本希望的是，老师能够就这本书，跟我聊聊老师的想法。孩子原本希望通过一本书的连接载体，和老师有一个回合（甚至多个回合）的交流，但结果呢？他看到的是一个来自别人的“评价”（并且，老师的职业病是习惯于挑毛病、找问题），这就是有的老师为什么他教的学生不愿意写他的作业的原因之一。

我自己上学的时候就不愿意获得这样的评语，所以，我当老师之后，也从来不给学生留这样的评语。我习惯于在学生的文字后边，跟他聊天，说说我的想法和看法。我与学生一样，期待我回应过去的想法和看法，也能够得到他的再回应。这才叫“师生交流”，才是“师生对话”，才是有效的教学行为。

王永涛：可是，如果我不评他写得如何，不告诉学生哪里写得不好，那么学生的读书笔记如何进步呢？阅读能力如何提升呢？

黄　春：很多老师和你一样担心，但我想说的是，表达的训练，和数理化不完全一样，有些别的学科的训练，你可以说“不好，不对，再来”，但是，语文里的表达训练不可以，学生听多了“不好，不对，再来”之后，他就不爱表达了。表达的提高是要在受鼓励的情况下获得的。

那么，教师如何指导呢？最好的办法，就是“示范”。像我一样，在学生的文字后边，书写你的想法和看法，你的这段文字，本身就是在“示范”。我还有一个习惯做法，那就是我们老师写什么和怎么写，是针对这个学生的问题来的。比如某个学生不爱写，写得太少太短，那我就多写，写个一页两页三页；如果某个学生表达得不够文采，那我就尽量在文采上给予他一个样本。

王永涛：您说得太好了，解开我的一些疑惑。我很喜欢在学生的读书笔记本后面跟学生交流两句我的看法，但有时候会隐隐担心，这样对他的写作和表达没有任何帮助啊！现在我知道，交流能够激发他读下去，会让他觉得写读书笔记有意思，愿意写比写得怎么样重要得多。另外，如果一个老师有阅读能力，有丰富的阅读经验，必然会在与学生的交流中影响到学生的阅读。

黄　春：再比如“摘抄”。动起手来，一字一字地抄一抄，是非常好的精读方式，适合于深入理解、强化记忆，促进模仿。特别精彩的文章和文段，是有抄一抄的必要的。

但是，我们老师，就不要太多地干涉每个学生摘抄的是哪一段，这一段是不是老师你也喜欢的，每个人都有自己的喜好，都有自己愿意记住和模仿的标准，老师不要干预太多、太死。我们可以问一问学生：你选择这一段摘抄的理由是什么？问这个问题，也不是要考察他的理由是否也能获得老师的认同，其意义在于提醒学生“要有理由”“要有意识”，就可以了。

老师自己也要跟学生一起摘抄，写一写，并且找机会在学生面前读一读，读读老师自己喜欢的文段。一方面告诉学生“我们一起在阅读”，另一方面告诉学生好东西的样子、好东西的标准、好东西的品位。

也许跟我自己当年上学时并没学得太好有关吧，我到现在也还是习惯于将自己当作学生中的一员，“和学生一起学习”。

再比方说“批注”。我和很多老师一样，也会在某些合适的阅读活动中布置“批注”的学习任务，因为这对于某些文章来说，确实是一个很好的读书方式。印象里还记得我和学生一起批注《项脊轩志》：

（1）项脊轩，旧南阁子也。室仅方丈，可容一人居。百年老屋，尘泥渗漉，雨泽下注，每移案顾视，无可置者。又北向，不能得日，日过午已昏。

赏析：项脊轩很小，很破，很暗；这本不是一个适宜读书的房间。然而，在家道中落的境遇中，作者似乎也别无选择，只得隅居一角，于“南阁子”读书度日——他的童年、少年、青年、壮年……

（2）余稍为修葺，使不上漏；前辟四窗，垣墙周庭，以当南日；日影反照，室始洞然。

赏析：房子的小是无法改变的了，只得在“防漏”和“增亮”上下功夫。尤其是后者，“前辟四窗，垣墙周庭，以当南日”，我们在感慨作者聪明的同时，是否也能感受到几分无奈与释然呢？——“日影反照，室始洞然。”反照之日影，能使原本阴暗的阁子顿时变得“洞然”吗？显然是不能的。然而，就是这样一点点的光亮的增加，就可以在一个读书人的心中产生“洞然”之感，实在是境由心生啊。

（3）又杂植兰桂竹木于庭，旧时栏楯，亦遂增胜。

赏析：兰、桂、竹、木，于此时的归有光，似乎可以算得上是奢侈的装饰了。然而一个文人对于生存环境的追求，恐怕是必须如此的。兰、桂、竹、木，松、菊、莲、梅……这些文人最钟爱的“君子”，在文人心中，比什么都重要，比什么都美丽。难怪归有光会觉得，并未做何修缮、也许斑驳陆离的“旧时栏楯”，也因此而“亦遂增胜”。

（4）借书满架，偃仰啸歌，冥然兀坐，万籁有声。

赏析：“借书满架”，作者家竟然空空无书，凡读书皆须外“借”，且一借就是“满架”，似乎是不大合乎情理的。推测“借”为“积”，或许更为适宜。当然，是“借”是“积”，已然是不甚重要的。作者能够在项脊轩“偃仰啸歌”，就是读书人莫大的幸福。

（5）而庭阶寂寂，小鸟时来啄食，人至不去。

赏析：小鸟时来，人至不去。可见“门庭冷落”，更可见项脊轩主人的“平和心态”。

（6）三五之夜，明月半墙，桂影斑驳，风移影动，珊珊可爱。

赏析：如若是“明月满墙”，那么后两句“桂影斑驳，风移影动”，就没来由了，自然，“珊珊可爱”也就没了道理。中国文人是何等钟爱“半”字呀：“半江瑟瑟半江红”“犹抱琵琶半遮面”“半开半醉”……正是一个“半”字，文人之境全出。

（7）先是，庭中通南北为一，迨诸父异爨，内外多置小门墙，往往而是。东犬西吠，客逾庖而宴，鸡栖于厅。庭中始为篱，已为墙，凡再变矣。

赏析：“多置小门墙，往往而是”，家道中落，一种怎样的悲凉！“东犬西吠”，足以见得原本兄弟一家的人，现如今是怎样的“形同陌路”，陌生到狗都认生，犬吠相闻。“客逾庖而宴”是一种怎样的无奈、尴尬和悲戚。“鸡栖于厅”，原本待人接物、人来人往的“厅”，也竟然被“鸡”肆意占据，荒败之景，不言而明。“始为篱”“已为墙”“凡再变”，篱笆不够，改而为墙；墙而不够，再变再加——加高？加厚？加建？———一道道厚厚的壁垒，横亘在亲人们的心际。

（8）家有老妪，尝居于此。妪，先大母婢也，乳二世，先妣抚之甚厚。室西连于中闺，先妣尝一至。妪每谓余曰："某所，而母立于兹。"妪又曰："汝姊在吾怀，呱呱而泣；娘以指扣门扉曰：'儿寒乎？欲食乎？'吾从板外相为应答。"语未毕，余泣，妪亦泣。

赏析："吾从板外相为应答"，"寒乎？""饿乎？"在如此窘迫的家境中，老妪会怎样应答？老妪能怎样应答？

（9）余自束发，读书轩中，一日，大母过余曰："吾儿，久不见若影，何竟日默默在此，大类女郎也？"比去，以手阖门，自语曰："吾家读书久不效，儿之成，则可待乎！"顷之，持一象笏至，曰："此吾祖太常公宣德间执此以朝，他日汝当用之！"

赏析：但凡祖辈们对于晚辈都是如此的吧，心疼读书之苦，又希冀读书有成。而"大母"最难得的就是她在传达自己的希冀时，竟以"比去，以手阖门，自语曰"的方式。多么复杂的心情，多么深切的关爱。

（10）轩东，故尝为厨，人往，从轩前过。余扃牖而居，久之，能以足音辨人。轩凡四遭火，得不焚，殆有神护者。

赏析："扃牖而居"，足见读书之勤，求学之苦。"能以足音辨人"，又略透出书轩主人对于已疏之亲情的默默关注：走过窗前的，是叔叔？是伯伯？轩终究未遭焚毁，所谓"神护"，盖乃历来关爱项脊轩的人吧：大母？母亲？甚或是老妪？

（11）余既为此志，后五年，吾妻来归；时至轩中，从余问古事，或凭几学书。吾妻归宁，述诸小妹语曰："闻姊家有阁子，且何谓阁子也？"

赏析：读书人，能得一情投意合之佳人相伴书轩，真乃一人生快事。归有光曾经就有过，真切地有过。"从余问古事""凭几学书"，往年的幸福历历在目。妻子娘家归来，转述"小妹"语："闻姊家有阁子，且何谓阁子也？"字句背后，是妻子对项脊轩的真心热爱和津津乐道吧。

（12）其后六年，吾妻死，室坏不修。其后二年，余久卧病无聊，乃使人复葺南阁子，其制稍异于前。然自后余多在外，不常居。

赏析：人去轩空，物是人非。当一切幸福和快乐成为过往，面对空空轩室，作者已然无心修缮。时间就是这般捉弄人，漫漫岁月过去，当生者“卧病无聊”重起怀念之心，而重修故地，又是怎样一番心境。

（13）庭有枇杷树，吾妻死之年所手植也；今已亭亭如盖矣。

赏析：植树留念，大概是人间俗事。本句动人，似乎更多在于“手植”者谁。是妻知其为活不久而手植枇杷，是夫料妻之暮暮而手植枇杷，还是夫妻心知行将生死两隔而手植枇杷？各有境界，各有其悲。

读书时的情绪、感受、思考和心得，必是因人而异且因时而异的，实际上，教师无需评论，互相交流就好。

教师的行为，既要自然而然地发生，又要特别有针对性有目的性。故意，而无痕，这叫“专业”。

王永涛：忍不住要鼓掌！虽然都是常见的阅读活动，但是不同的理念就会有不同的做法，效果就差异极大。

黄　春：这才是教师的“不可替代性”，否则，孩子和父母也可以交流，为什么还需要我们老师呢？

王永涛：您说的这些太受用了。想多听听您说说这些具体阅读活动。刚才说了读书笔记、摘抄，能再说说其他的读书活动吗？

黄　春：我再说两个带有创意性的活动吧。

你听说过“听书”吗？以前可能还比较新鲜，但现在，随着网络在线阅读（听读）的产品越来越多，“听书”也不新奇了。书，不仅可以读，还可以用来听。语文老师可以设计一些“听书”的活动，鼓励学生们将自己喜欢的书，朗读录音成可以听的书，分享给同学们来听；同时，每个同学又可以听到别的同学读的书。尤其是低学段的阅读教学活动，可以多多采取这种方式来进行。

声音会带上人的情感色彩，所以，读和听是一种很有效的彼此交流。

王永涛：而且朗读本身就是欣赏文字、体会情感的有效途径。

黄　春：低年龄段的孩子，都喜欢听书，尤其是故事性比较强的叙事文体的书和文章。我女儿小时候总闹着我给她讲故事和读故事，她就喜欢静静地躺在你旁边或坐在你面前，安静地听。这不是孩子在偷懒，相反，孩子在听的时候，才有可能调动她的想象力，去“再造”她所听到的文字，她会更有时间去想象画面，她会更有可能去体验情绪。

一个孩子，如果能用一个学期的时间，坚持朗读（录音）完成一本书（几万乃至几十万字），那将是一件非常了不起的事情，这个工作的意义，也不可估量。这么算来，如果你教两个班，七八十个孩子，半年下来，总共就有了七八十本书，那将是几千个小时的“可以听的书”，很了不起。三年，六年，就是几百本书，上万个小时。你再有心一些，整理成录音文档，做成光盘，毕业的时候，送给每一个学生。哇，那将是孩子们一生都愿意珍藏的同窗纪念品。

遗憾的是，因为工作变动的原因，这件事情我并没有执行好。然而，想想都很好玩，不是吗？

王永涛：确实！想想都令人振奋！长时间累积下来就是一个浩大的工程。这样的语文学习就变得很好玩了。

黄　春：等孩子们都七八十岁了，再搞个同学聚会，拿出这个光盘来，听听“当年的声音”，不流泪才怪呢。学生们会很感激你，因为你帮助他们留住了“年少的声音”。

王永涛：我感觉您设计这个活动的初衷已经不是语文学习了，是满含着教育情怀的！

黄　春：语文，本来就是个广义的概念，一定要站在更高和更宽的维度上去看语文学习。生活处处皆语文，生活事事皆语文。只有关乎一生的东西，才是教育应该有的内容和形式。

王永涛：是的，孩子们在学校的生活其实挺枯燥的，语文老师应该是最善感的人。如果连语文老师都不关心他们的生命状态，只是谈考试，只是教技巧，那就太悲哀了！

黄　春：语文的学习就是这样，越是直奔考试和分数，可能还越得不到想要的东西。

王永涛：刚才说两个创意活动，那还有一个呢？

黄　春：哈哈，这第二个严格来说，不算创意，但可以作为一个提醒。

前边说的阅读活动，基本上都是“资源自愿”的阅读。然而，作为教学的活动，也还是很有必要“规定资源”阅读的。规定的意义有两个：其一，教师可以提供优质的阅读资源；其二，大家需要拥有同样的资源以方便交流。我这里说的规定资源，和一般意义上的“指定书目”有些区别。我不太赞成一本书一本书地组织统一阅读，这对于师生来说难度太大。规定资源，最好是精选的文章或片段，篇幅以计字数为宜。教师可以利用周末、节假日的时间，集中给学生一定数量的“规定资源”，通过一些阅读任务，来引领学生开展相对较精细的阅读活动。

这里，有几个提示或建议。

首先，这个“规定资源”，要经过教师的编辑加工，包括排版、打印、装订，最好是能以一种非常雅致的书的样子，呈现到学生的手里。阅读，有时是需要“手感”的。有些老师认为“重要的是内容，形式可以不讲究”，然后就用几张试卷纸随便打印一下零零散散地发到学生手里，其实并不很好，其阅读效果会大打折扣。

其次，要好好地设计几个阅读任务，让学生的精读落到实处。比如“了解一下作者”“摘抄一点文段”“读一点与此文相关的其他文字”“就某个话题谈谈自己的看法”“如果你愿意，请给文章配个插画”，等等。

最后，就算是教师精选的文章和文字，也未必是每个孩子都喜欢的东西，不要强迫每个人读完你的每一个“规定资源”，在有限的规定里，也还是需要给孩子一点选择和取舍的空间和自由的。比如，我的一般做法是，提供10篇文本，要求阅读至少6篇，要求带任务阅读至少3篇，其实就可以了。你放心，大多数孩子都会把每篇文字都“看看”，看看，就已经很好了。

王永涛：您这做法，我的理解就是一个老师自己提供给学生的一个阅读资源。那我就有一个疑惑了，为什么一定是老师提供，不能是现成的出版物呢？比如某一位名家的散文集，比如某一本小说？

黄　春：我们老师，要努力让学生在有限的时间里，得到最丰富和最优质的东西。所以，我们对阅读的材料资源要筛选，要整合，要加工。这是教师的专业工作，否则，我们就成了图书管理员和推销员了。

比如，我们要阅读了解朱自清的散文，那么，朱自清的哪几篇散文最能代表其创作成就和写作风格？比如我们想让学生读一读“父爱”主题的作品，那么，古今中外，哪些篇章最能体现人类父爱的共性，又能兼顾古今中外不同作家的表达个性？这就需要教师的专业功夫。

王永涛：很多学校和老师提倡“海量阅读”，就是让孩子在大量的阅读中去学习和提升。您觉得跟您的这种理念是否不太一样？

黄　春：教师需要具备这样的资源整合能力，语文教师尤其如此。否则，学生会在我们教师的泛泛推荐中，耗尽时间和精力，耗尽阅读的兴趣。自主阅读，在于增量；教师组织下的“规定资源”的阅读，在于提质。二者相辅相成，相得益彰。

王永涛：那在时间上您觉得怎么分配比较合理呢？毕竟规定阅读和自主阅读都各有其作用，但我们又期望效益最大化。

黄　春：主题式的规定资源阅读活动，就像是妈妈带着全家去餐馆吃大餐，这回体验川菜，下回体验粤菜，今天感受排档的生活气息，明天享受包厢的仪式感觉。一个家庭的“吃饭”生活，需要“家常”和“大餐”的结合。其间的所谓分配比例，还得看各自的情况和条件。

阅读，也是如此。

（六）我们需要像孩子一样读书

王永涛：看过您在媒体上发表的一些文章，您说，阅读，是孩子的天性？

黄　春：我曾以为读书是一件需要后天逐渐养成的行为，所以在我还是年轻教师的那些年，我一直很执拗地思考如何培养学生的阅读习惯。但面对一群高中学生，此举几年，收效甚微。直到有一天，我自己有了孩子，突然惊讶地发现：读书，竟然是孩子的天性；跟别的为人父母的同事、朋友交流，同样发现天下本没有孩子不爱读书。那么，之所以后来不爱读书了，是否恰恰正是因为我们

“教”得太多了呢？

王永涛：您是怎么思考这背后的原因的呢？

黄　春：多年的教育工作经验告诉了我一个极其可怕的事实：我们的教育，就是一群不读书、不学习、不成长的大人，在要求另一群正在读书、正在学习和正在成长的孩子；而且，我们的手段，只有威逼和利诱。学校教育尚且如此，家庭教育也许更甚。

大人在孩子面前，很容易“好为孩师”，我们总觉得自己“吃过的盐比你吃过的饭还多，过的桥比你走的路还长”，于是就对孩子读书这件事情习惯于指手画脚：你应该这个时候读书而不应该那个时候读书！你应该读这个书而不应该读那个书！你应该这样读书而不应该那样读书！你应该为了这个读书而不应该为了那个读书！……我们做了太多这样的事情，很快，我们就发现，“我的孩子越来越不爱读书”；然后，我们就开始四处“求医问药”，在古今中外的“专家药方”中，我们将孩子推向“以读书为痛苦”的万劫不复的深渊。

王永涛：不管什么原因，的确很多孩子并不爱读书，那这怎么办呢？难道就真的是“万劫不复”了？

黄　春：经常有老师或家长找我问孩子不爱读书怎么办，我的回答往往是“没法办”。是啊，不爱，还有什么办法？这世上唯一没法办的事情，就是爱与不爱。家长肯定不会满意我的回答，我就只好刻薄地反问一句：“你自己爱读书吗？”你知道大多数人的答案吗？“我们当年想读书的时候没书读，现在有书读了又没时间读。现在的孩子，有的是书，有的是时间，却不爱读，真是可惜啊。”这个，会不会也是我们老师的回答呢？我们在反思自己的时候，习惯于“造借口”；在说孩子的时候，习惯于“想当然”。这恰恰就是大人遭孩子怨恨的关键地方。

在很多年家访的经历中，我发现一个共性现象。父母有书房的家庭，孩子都比较爱读书。也就是说，读书，是一种爱好，这种爱好，会在人与人之间感染，尤其是亲子之间、师生之间。有爱书的师长，才会有爱书的孩子；有不爱书的师长，必有不爱书的孩子。

于是，当那些家长依然穷追不舍地向我讨要“药方”的时候，我就会毫不犹豫、无一例外地给出建议：你自己读起来就是了，你读了，他就读了；你爱了，他就爱了。除此，别无他法。

王永涛：用自己读来影响孩子，这就是一种身教，也是一种阅读氛围的营造。如果家长真能这样做，也许孩子爱阅读就会成为自然而然的事了。很多家长心里有这样一个困惑，阅读真的这么重要吗？难道书都是好的？

黄　春：我知道确实有“不好”的书，比如色情的、暴力的，比如胡编乱造的，比如迷信反动的……家长其实不必太担心，那些书一般还是很难得到的呢。一个有着正常生活的孩子，并不容易接触到。（网络上一不小心就会碰上，但这又是另一个教育话题了。）我真不知道什么叫作“好书”，往虚了说“开卷有益”，往实了说“各取所需”，这个东西，真的不是可以一刀界定的事情。

那么，什么书是没用的呢？与其问这个问题，我倒是更想问另一个问题：“什么书是有用的呢？”在我看来，人之所以要多读读书，恰恰是因为“读书它并没什么大用”“不读书它也并没有什么大害”。很多事情，正是“没用”而“有了大用”。有书的生活，和没书的生活，其间的差异，其实更多的就在于那点艺术感，那点美感。读不读书，有时跟生存没什么必然关系，跟物质没有什么必然关系，甚至跟健康、快乐，都没什么太多的关联。反倒是爱读书的人，还往往近视老花得厉害，还往往比别人尝了更多的痛苦。那如果非要说出点儿读书的“大用”来，读书不过也只是可以帮助我们的人生站得更高，看得更远；帮助我们的心胸装进更多的体验，更多的苦乐；帮助我们远离世俗，远离悲戚，远离恐惧。因此，读什么书，是无所谓的。这种关乎思想与审美的东西，与其载体了无关系。你只是爱插花，插的是瓷瓶兰花还是陶钵牵牛，那是无所谓的。同样，你只是爱读书，捧的是三坟五典还是烟火市井，也是无所谓的。

王永涛：也就是说，只要是读书就行，读什么好像并不一定那么重要。

黄　春：市面上有很多人，乐于向人“荐书”，将自己喜欢的书也推介给别人，看看别人读什么书以作为自己选书的参考。这本来都是好事，但是如果太过于迷信，甚至“唯荐是读”，就大可不必了。很多人一看到什么“人生必读”“学生必背”“经典百篇”之类的，就欣喜若狂，慷慨付费，然后统统塞进孩子的书架，并天天督读，闹得亲子之间战火纷飞。殊不知，普天之下，哪有“必读”之书啊！我自己是从不向人推荐书的，就好比吃东西，你觉得好吃，未必符合他人的胃口，酸甜苦辣，各有各的味道，各有各的爱好。读什么书好？自己觉得好，就是好，是真好。

还想起当年在书店碰到一对母女吵起来了。“你老是买买买，你屋里那么多书，都还没看完呢，又买。你能不能看完了再买新的啊？”“我就买，我就是想买，我就是喜欢买，怎么啦？”“你这是浪费！”“好，浪费，那我再也不买了，行了吧？”你看，越吵越横。你听，这个对话里好像是妈妈很在理的样子。但实际上，这位妈妈误解了一件很关键的事情：买新的书，是不是就一定要旧书在“被读了”之后。我如果是那个女儿，就反问一句：“妈，你衣柜里是不是也有还没穿过的新衣服？你是不是又买新衣服了？咱家阳台上明明还有没死的花，你是不是又买新的花了呢？”

王永涛：那像这样的情况，家长该怎么办呢？不买，打击孩子的阅读积极性；买，会不会是种资源浪费呢？

黄　春：书，不是非要用来读的，摆在书架上看看，也是好的；读书，是一个有意义的过程，买书，也是一件很有趣的事情。人们逛书店，挑书，买书，搬回家，置于书架，就好比是女人逛街，试衣服，买衣服，拎回家，置于衣柜。你不能否认书架上任何一本书对于其主人的意义，哪怕是一本从没有被读过的书。除却家庭经济状况不允许，书，已经是这个世界上很便宜的东西了，孩子愿意买，就买吧，只要可以，就任性地买；家能藏书，总是好事儿。

王永涛：听了您这个见解，家长肯定能释怀了。再有一个，怎么读的问题。我们真的不用管学生怎么读吗？老师不就得在阅读方法上给予指导吗？

黄　春：身为语文教师，这么多年来，我一直对我们习惯了的“阅读教学”心存怀疑。我们习惯中的语文课，绝大多数时间，都是在一篇接一篇课文的讲与学中度过的，十几年下来，学生的阅读能力也未见得有什么进步（更别提被日渐消磨的阅读兴趣了）。我自己上学的时候，就不太爱听老师“讲课文”，喜欢自己看文章，每个学期新书到手，一口气就看完了。然后上课的时候，就很烦，一直烦到第二本新书到手。后来做了父亲，我就仔细观察我的孩子是怎么看书的。我发现，她与当年的我一个样子（只是今天的孩子有读不完的书，不必花漫长的时间去等下一本新书），一本接一本地读，只是读，读过去了，也就过去了；高兴的时候，也会翻出几本已经读过好几遍的书重新饶有兴致地又读一遍。偶尔我想问问她的读后感想“那书讲的是什么呀”，人家理都不愿意理我：“想知道啊？自己拿去看就是了啊。”

是啊，自己读就是，哪有那么多可“讲”的啊。甚至是“交流”，都要有个度，不必每读必聊，每读必写，每读必抄，每读必背，每读必仿……有一次我在女儿学校的宣传栏上看到她们班同学的“读书排行榜”，每个学生随时将自己读过的书名贴在墙上的一个坐标系，看谁的柱子最高。我一看，女儿的那一柱，矮得可怜。我回家问她怎么回事，她漫不经心地说：“我不愿意贴，我读书，为什么要跟别人比啊？”

王永涛：您的意思是，只要孩子读起来就行，不用太多要求与任务，只要孩子一本接一本地读着就行。而要孩子读起来，我们做好示范就可以了。阅读这个复杂的问题变得非常简单明了了。

黄　春：在今天所聊的“读书”的话题里，我们，真的需要“像孩子一样读书”。

第三章

您自己写作文吗

——作文怎么教

（一）写作文的“教”“养”

王永涛：作文教学一直是中学语文教学的难点，没有系统的教材，也没有具体的教法，很多一线老师甚至觉得作文是不可教的，作文能力是学生在阅读、写作实践中自然形成的能力。您怎么看？作文可教吗？

黄　春：也许我的答案会让人觉得有些矫情。我以为，“作文”是不可教的。“作文”这个概念本身，大概就是个伪名词，我也似乎只有在语文教学里，听到“作文”或“写作文”的说法，在基础教育之外，几乎没有“作文”一说，这就很奇怪。“写作”，倒是有，我们还把专业写作的人称为作家。可是，世界上的作家，很少是被教出来的。

如果抛开概念的科学性不说，如果可以的话，我以为所谓的作文或写作文的教学，实际上是“表达”教学，是“书面表达”教学。这样表述，可能会更准确些。它比“写作”来得更广泛一些，更贴近语言的工具性一些。我记得有很多的高考命题和阅卷专家就说过，高考作文，不是考文学创作，而是要考查一个人的基本的书面表达能力，并不期望考试作文写出“花”来，而是期待能够写得“顺”，这是有道理的。

世上需要能写出“花”的作家，但有那么几位就可以了，并且，人家绝大多数都是自学成才，甚至是天才。然而，世上需要人人都能写得“顺”，并且，这是教育可为之处，是语文教学的基本任务之一，与天赋无关。很多家长和语文老师，都会自觉或不自觉地将孩子的作文不好，归咎为“孩子没有写作天赋”。这个说法，更多的是大人们的自我安慰。一来对“写作好”的标准定位有问题，二来这样就轻易地推卸了责任。

王永涛：*那您能就语言表达的教学目标“顺”说得更具体一些吗？我们教到什么程度，或者说什么程度是可教的？*

黄　春：刚才说过，语言表达的教学，其目的和任务就是培养一个人的语言表达能力，对写作而言，就是指书面语言的表达能力：能通过较为简洁的语言和相对简短的篇幅，准确、清晰、顺畅地表达出自己的思想、情感就可以了，就可以及格；如果还能表达得生动些，更具可读性，那就算是优秀了。“优秀”，可能是需要一点点天赋的，但是，“及格”是正常的学生人人都可以达到，也必须达到的。

我记得我以前教书的时候，每逢作业或考试评判作文，常常会给不少学生的作文判为“不及格”。后来到北京四中工作，老教师们就质问我：“这个学生的作文，是不是围绕话题在说？说的是不是正常人的话？没什么地方明显说错了或说乱了吧？……那你有什么理由判它不及格？”当我被问得无言以对的时候，我终于明白，作文教学的目的，就是教会正常人说（写）正常的话。

王永涛：*这么说语文教师写作教学的主要精力应该放在“及格”层面的教学，是吗？*

黄　春：不能说我们把教学的眼光就盯在“及格”上，所谓“取法于上，仅得其中；取法于中，故为其下”，“及格”，是教学的底线要求。在“写得顺”的基础之上，当然还有很多层次的水平。表达这种东西，只有更好，没有最好；并且，永远都会有“更好”。

语文教学，从整体上看它的学科价值，无非就是要通过实践和阅读来直接或间接地增加学生的人生阅历，提升学生的逻辑和形象思维能力，要丰富学生的情感体验并增进情感体验能力，要改善学生的口头及书面的语言表达能力。语文教师具体在写作教学上的任务，就是让每一位具有一般的生活阅历、一般的阅读经验、一般的思维能力和情感体验能力的人，表现出让人可以接受的表达水平；然后努力让具有更多阅历、更多情感体验和更好思维能力的孩子，表现出更好的能让人欣赏的表达水平。

王永涛：所以，学生语言表达能力的提升其实是我们语文教学的基本工作。

黄　春：当然！

王永涛：也就是，作文是我们必须认认真真去教的。可是您说到“作文是不可教的”，这不是矛盾了吗？

黄　春：开头我说“作文是不可以教的”，即便换成“书面语言表达”，我依然要说“表达是不可以教的”。我的意思是说，语言和表达这个东西，是不可以仅仅（或主要）依靠对表达本身进行反复的“教”而能够教好的。不知道我这么说，你能否明白我的意思。

说到这里，我先问问，你以及你所看到的语文老师们，都是怎么进行作文教学的呢？

王永涛：多半是给题目，写作文，讲评作文，以及伴随着一些结合课文讲解的仿句练习、片段作文等。也有讲写作知识，然后进行有针对性的写作训练的。比如讲作文中的描写，紧接着就让学生用描写这种表达方式进行片段写作。当然，这仅能代表我自己，我不确定别的老师都和我这样。

黄　春：有一年，我有幸代表教育部去全国很多地方的学校里做教学调研工作。我就发现在作文教学里存在一个十分普遍的现象，这个现象与我本人三十年前上学的时候所接受的作文教学完全相同。学校和老师们对于作文教学的设计和操作，也基本相似。每学期八次大作文，要求：一、定题目、体裁，二、全批全改，三、篇篇讲评。我不能否认这样的教学和训练是有用的，但是，我更相信，如果除此之外再无其他的话，那么这样的教学和训练，就肯定是没什么用的。

很多老师在和我聊起作文教学的时候，慷慨激昂：“我们很重视！”“我们有三定！”“我们讲练结合，反复推进！”“我们分解表达方式，分类题材题型，逐个击破！”然后我问他们：“效果怎样？”几乎每个老师都是这么说的：“唉！不行，现在的学生，一代不如一代。越来越不读书，越来越没生活。现在的孩子，写的东西是越来越没法看……”难道以前的学生，就写得很好吗？

我们的语文同行们，教得很累，很苦；孩子们学得、练得，也未必不累不苦，然而成效甚微。这就是我为什么说“作文是不可以教的”。不知道王老师你是不是也感觉很累很苦呢？

王永涛：就是觉得没什么明显效果。苦苦地教，苦苦地改，也不见什么成效。有时候会觉得既然教不教都差不多，还不如用这个时间去干点别的。

黄 春：是。比如我们就说说你刚才提到的一个做法，也是很多老师们的常规做法：仿写。语言和表达的能力，还真是大部分靠模仿而得，尤其是在语言表达的初级阶段。因此，很多老师喜欢让学生仿写。这原本也是一个很好的方式，但是，用得不合适，会适得其反。

我们天天教语文，大多数时候都在学习经典文章，每篇文章都有其写作上的可圈可点之处。老师在讲解课文的时候，也多半会非常重视“本文写作特色”，然后总是忘不了要就此实践一下，让学生仿写。今天的课文是“移步换景”，那我们就写一篇“移步换景”的写景散文；今天的课文是“欲扬先抑”，那我们也来写一篇“欲扬先抑”；今天的课文善用叠词，那我们也来写一篇“叠词”……

我听过好几次语文老师讲《背影》，都要讲父亲买橘子那段，都一样的要讲“动词用得准确，传神”，然后都几乎一样地要学生课下甚至当堂模仿练笔：学着朱自清的样子，选用最好的动词，来写一段话（或一篇文章）。

然后学生就苦死了：他要写母爱，要写母亲关心体贴他，你说，他要用哪个动词才更好呢？好端端的一篇文章，本来更应该让学生以此为点，拓展自己对于父爱的体察和认识，变成了“选词填空”。况且，“词”的好坏，是由“情”来定的，母亲“吼”了我半天，就一定不是爱？母亲对我“不厌其烦”，就一定爱得很深？脱离了表达的“需要”，任何词都没有意义，更无所谓好坏。

王永涛：那怎么办呢？语文教学应该教作文（书面表达能力），可实际又不那么可教。

黄 春：我们先要对两个概念达成共识，那就是“写作”和“写作文”。写作，是一种自由创作，它强调艺术的欣赏性和创作者的个性，这个，是不可教的，也不需要人人都能。但是，写作文，是可教的，因为写作文是一种规定表达，强调沟通的实用性和表达者之间的共性。

王永涛：我大概也是这样认为的，您这么一界定，我就更加清楚了。那么，您说写作文是一种规定性表达，这种规定性又体现在哪些方面呢？

黄　春：第一，表达环境的规定性，写作文，是在一定的时间和指定的地点完成的表达；第二，表达内容的规定性，写作文，是一种被规定了表达内容（乃至被规定了表达主旨）的表达；第三，写作文，是一种被规定了表达形式（文体及篇幅）的表达；第四，写作文，是一种被规定了受众（一般来说只有老师和阅卷者）的表达。所以，写作文，是不自由的，因为它不是创造艺术，而是达成任务——在规定的条件下达成一项表达任务。

王永涛：好像的确如此。那么，既然是规定性的，既然是要达成任务，就应该会有任务的标准。

黄　春：是的，如果是艺术创作，就不会有太明确的评价标准，你很难说一篇好的小说或一个好的剧本，必须要满足什么样的条件才可以。但是，一篇好的作文，一定是有标准的。我不想拿着中高考对作文的评价量表来说事儿，因为那个东西太复杂，操作性并不好。我喜欢将好作文的标准，用几个简单的词汇来描述：集中，清晰，简洁；深刻，生动。

集中，作文表达要紧紧围绕一个话题（主题）来表达。清晰，作文表达要语言清楚明了，这就要求有符合大众阅读接受心理的叙述顺序、层次逻辑、语句习惯、文体特点等等。简洁，作文表达的语言不能冗长，不要啰嗦。深刻，作文表达要在思想认识上尽可能深刻一些，要和写作者本人所处的年龄阶段和学历阶段相吻合。生动，作文表达要在语言运用上尽可能生动一些，要尽量能引发读者的阅读兴趣。

一个人说话，能不乱跑题，清清楚楚，不絮叨，有想法，有趣味，那简直就太受人欢迎了，跟他聊天，不会聊死；跟他沟通，就很痛快。这就是我们语文教学要培养的人。写作文，就是“书面表达”，那么，能达成这五条，也就是一篇好作文。

王永涛：嗯，那这五条标准，我们在教的过程中如何进行呢？

黄　春：语言表达能力（一个人会不会说话，能不能写文章），实际上是一种语言教养。写作的教学，要有“两手”：其一为“教”，其二为“养”。不知道你注意到了没有，在我发给你的上一条信息里提到好作文五条标准的时候，我用了一个分号。

王永涛：还真没注意呢：集中，清晰，简洁；深刻，生动。

黄　春：前三条标准，靠“教”，它也可教，因为这些都是表达中的共性，你不这样说话，不这样写文章，别人就听不明白，看不懂，就没法交流。“共性”是可以教和必须教的，也就是说“你必须这样写”“必须写成这样”，这是为了保障语言交流的可行性。后两条标准，得“养”，它没法教，只能养，因为这些是表达中的个性，你这样说话、你这样表达才是你自己，而不是别的人；“个性”是不可以教也未必非要教的，也就是说“你能够这样写”“你喜欢写成这样”。前者是基础性要求，后者是发展性要求。我们高考作文阅卷，能满足前三条的作文，就可以给足基础分数，至少是二类文，良。倘若还能在“深刻和生动”上有所表现，那就是一类文，优。

王永涛：“教”，我还能明白一些，不管教得好不好，我们总是在努力“教”的；但是，“养”是干什么呢？

黄　春：怎么会呢，我们的语文教学，无论你是在干什么，其实都是在“养”，在养一个会阅读（听）的人，养一个会表达（说）的人。我们天天在做的课文教学，孩子们学习课文，朗读课文，背诵课文，孩子们在课堂里要经常发言，提问，交流，讨论；我们开展过那么多的语文学科活动，朗诵也好，演讲也好，辩论也好，孩子们参加社团也好，外出游学也好，等等，不都是在“养”吗？一个人在语言表达上的“深刻”，要依赖于他的阅读，他的见识，他的思考，要在他与别人的交流讨论甚至争辩以及自我反思之中逐渐形成。而他在语言表达上的生动，更是要在各种各样的语言表达实践中历练出来，这就是“养”。

王永涛：哦，这么说“养”可以说是学生一切的生活、阅读、思考、实践，这确实不是老师能手把手去教的。作文教学，无论是教，还是养，有什么序列可言吗？毕竟一个学生，从小学到高中，一直都在学写作呢。

黄　春：你提到了一个非常重要的话题，也是很严肃的话题。我们现在作文教学一个非常大的弊端，就是不分年龄、无视学段，打小学一年级起（好一点儿的三年级起），老师就有意无意地开始按照高考作文的要求，来进行作文教学。我就经常看见我家闺女的作文练习本上，教师写着“主题不突出”“语言不够生动”“结构混乱”等批语，也常常在小学的作文课上听到老师大讲特讲“如何选材”“如何审题”……这其实是很荒唐的。

依我看，语文老师千万不要过早地将“写作文”这个概念传达给学生，至少要等到初中。小学阶段，就是“写”，写小纸条，写心里话，写悄悄话，写封信……小学语文老师，要想方设法保护学生写的意愿。初中阶段，要努力激发学生写的欲望，要鼓励学生愿意写，多多地写，写得越多越好。这样，到了高中阶段，就可以提“写得更好”的事儿了，教师要努力提高学生写的质量，先鼓励学生“能写长”（万八千地写），再稍微教教，学生就自然能“写得好”。

王永涛：小学老师也会这样批作文？跟我们初中差不多呀。是不是因为我们老师往往只看到本学段的教学，没有将语文教学放在更长的时间里去思考，所以就没有长远的规划，不能准确把握阶段性的教学目标，结果哪个学段的目标都是写出同等标准的好文章。当然，也是因为我们的作文教学缺少教材，缺少教法，所以老师们只能凭自己的能力和水平去把握。听您这么说，各阶段的作文教学目标就更清晰了，这样也更轻松了。

黄　春：是啊，每个老师，都会不自觉地将自己所负责的学段，视为学生成长的终点，总以为在我这儿就得造出一个完整的人来。殊不知，学生们过了你这个村，还有很多的店呢。

（二）“情书”岂用教

王永涛：之前列举了很多当前的作文教学方法，好像都不能帮助学生提高书面表达能力，那提高学生写作表达能力的正道在哪里呢？有这样的正道吗？

黄　春：作文教学，前提和关键是帮助学生找到这种“表达的需要”。也就是回答你的问题：提高学生写作表达能力的正道在哪里？就在“激发表达的需要”。

一个人的文章写不好，很多时候（几乎是普遍）就是因为他没有表达的需要。

我经常打这样一个譬喻：一个人一生中所写的所有文字和文章里，水平最高的那一篇，一定是情书。情到深处，表达自成，你见过写情书要人教的吗？阿Q算是大文盲了，但是，情书一样写得好："我要和你困觉。"简洁，清晰，准确；更重要的是，符合人物（彼此的）身份。这封口头情书的失败，其实怨不得情书本身。

王永涛：哈哈哈。

黄　春：不同的人，表达出的内容、形式和风格当然不一样。如果你觉得阿Q的情书写得不够好，太俗，太生硬，那么，阿Q的语文老师，绝不能把他叫到课堂里来，给他大讲"如何写作"，而是要努力去让这个人"脱盲""脱俗"。

我们往往只愿意关注学生表达的结果，只想到直接去改善他的表达结果，而忘了做出这样的表达的他，是个什么样的人。教学和教育一样，是先要改变人、提升人，因此，教师的眼里和心里，首先要有人。如果我们能够让一个孩子，增进一些对于父爱（母爱）的体察和认识，那么，不用你教他怎么写作文，他的这个题材的作文，一定会写得比之前的更好。

王永涛：当学生有表达需要的时候，下笔即成文，无论文笔如何，肯定有真情实感，最起码能感动自己。可是，难就难在学生很多时候不用写作来表达自己，他有很多其他方式，唯独没有写作。

黄　春："他有很多其他方式，唯独没有写作。"你提的问题，点到了关键处。正常人，其实都有表达的需要。只是，人们选择了"作文"之外的其他方式，比如你肯定会说的：闺蜜秘聊，Q圈说说；人们愿意唱愿意跳，愿意笑愿意哭，甚至愿意将所有的心事都藏在心底，就是不愿意用文字来表达。

其实，你所说的其他方式里，很多也是文字的方式。我大部分学生都是我的QQ好友和微信好友，我就发现，那些作文不太好和不大愿意写作文的孩子，其实在另一片表达的世界里，非常活跃，文字的感觉超出意料的好。只是，他们不愿意写老师布置的和考试要求的作文。这就谈及了另一个非常严肃的话题：人们对于“写作”的爱好（习惯），是在什么时候、被谁给掐灭的呢？

王永涛：也就是人本来是有表达欲望的，不爱表达，一定是这样的欲望被挫伤了。我想这会不会跟“评价”有关，并且是负面评价。这件事情上，我们语文老师应该是主力。

黄　春：你说得太对了！当一个人做一件事，刚一做，就遭遇评价；再一做，又遭遇评价，并且，还都是来自老师（权威啊）的负面的评价。你说，他还愿意做吗？他还有信心做吗？

一个善批评的妈，就一定有个口讷的孩儿；一位善批评的老师，就一定有一群自卑的学生。人一旦自卑，就会认定自己不行；一旦经常暗示自己不行，就不敢再试；一旦总是不敢再试，就真的不行了。

王永涛：唉呀，突然觉得，我所谓的指导，是好心干了坏事。我的点评里损害了多少孩子表达的欲望啊！

黄　春：为什么我在之前谈及阅读教学，说到老师如何对待学生的读后感的时候，曾说过老师不要总去评价孩子写得好不好。你想象一下，有那么一次，你实在是乐不可支，不禁哼起了小曲儿，然后旁边的音乐老师就说你“跑调啦”；下次你又刚张嘴，那个音乐老师又说“音色不好”；下次你又刚张嘴，他又说你“发声位置不对”；等你啥都练得更好一点了，你再一张嘴，他又说“这歌老掉牙了”……你说，你还唱歌吗？你还能学好唱歌吗？人的歌唱天赋，就是这样被掐灭的。这其中，也许就包括了你我。

评价，是老师反思自我工作的需要，它不是教学的手段。

王永涛：这么说，老师少一点对学生作文的负面评价，就是一种保护和激发。

黄　春：对，至少是一种不伤害欲望和热情的办法。即使要评价，也不要总是在写得好不好的“术”的层面上进行，不要总拿一些其实大而空的所谓“评语”做一些空泛的褒贬，尤其是贬责。你说人家“主题不明确”，孩子也不懂到底怎么不明确了；你说人家“文采不够”，孩子也不知道如何才能够更好。这样的意见和建议，都是不好理会，更不好自我改善的，还不如不说。最好的教学，就是示范。培养教师的大学，叫师范大学，而不叫“教人大学”，就是这个道理吧，已经很直白了，“学高为师，身正为范”。以身作则，率先垂范，时时示范，事事榜样，远比圈圈点点、指手画脚更好，更有效，更像一个老师应有的样子。语文教学，可能表现得更明显，其中的写作教学，就更不必说了。语文老师说话、写字、做文章的样子，一定会潜移默化地深入到他学生的心里，并且被模仿成孩子们自己的行为。

记得有些年轻老师找我问作文评语怎么写的时候，我就翻看他之前写的评语，然后问他：“你看，你的这些评语，有哪一次是像一篇文章的呢？”我们老师给到孩子看和读的文字，往往太随意。

王永涛：也就是空洞且负面的评价是万万要不得的。这一层算是保护写作欲望，那老师怎么去激发学生的表达欲望呢？

黄　春：写作文的目的，是要通过自我表达来和人达成某种交流和沟通。既然如此，作文就不能写完了就了事，更不能用一个生硬的评价就夭折了一篇文章的完整的生命流程，要有一个交流和沟通的过程。对于教学中的作文训练而言，这个过程，主要就是依靠教师批语来完成的。因此，教师收上学生的作文，第一任务并不是给予评价，而是“听听”（读读）孩子们都说（写）什么了，都想跟他人交流什么内容——故事、心事、想法、感慨、观点……

本次写作是“谈‘诚信’”，那好，孩子们对诚信是怎么认识的？都说了什么和诚信有关的故事？传递了怎样的情感态度和价值观？我作为读者，也作为老师，我自己对诚信有怎样的体验和思考？我的体验和思考，和孩子们的一样吗？有什么差异？为什么会有所不同？……教师应该在这些问题上给予回应，而不要老是关注于“这个孩子写得好”“那个孩子写得不好”。

王永涛：看看我的教学，真的是这样，心里装的首先是写得好不好的评判，至于学生真正的想法，并没有觉得很重要。这样，学生的表达就是被忽视的，学生怎么能爱上写作呢？如果我们改变这种功利的做法，真正重视学生的表达，肯定是对学生表达欲望的保护，也会有一定的激发作用。

黄　春：前边我讲过关于写作教学的“教”“养”问题，为什么“教”“养”

这么难？而且这种难是一个普遍现象，那么难道我们不要从教师自身找找原因吗？

以我自身的经验和教训，还有我自己的长期观察，我以为这其中的原因至少有四条：第一，我们爱说学生写得不好；第二，我们不教学生怎么说话；第三，我们不会指导学生写作；第四，我们自己从来不写作文。

我敢肯定，随便找一个学生来做调查，他从小到大的作文所获得的评价里，至少有九成是“不好”“不够好”。这种现象，能不能反转过来呢？我们就不能多说一点“很好”“很棒”吗？学生的作文能力那么不理想，难道不正是因为我们在一天一天教学的过程中，没有教过学生怎么说话吗？学生只要说对了，我们就从来没管过他说得是不是好；学生只要说“不知道”，那我们从来就只会说“那你坐下再想想”。这样过来的学生，怎么可能会写作文呢？

我所说的第三和第四条，其实是有果因关系的。正因为我们自己从来不写作文，于是我们也很难去指导学生写作文。实在非得指导（“教”）不可，那就一律地将写作文的事情给知识化：何谓审题，什么叫立意，如何选材，怎样谋篇布局，开头有几种方法，过渡段有哪几种形式……

学生的表达欲望，尤其是借书写（写作文）的方式进行表达的欲望，就是这样被快速消灭的。

王永涛：看来，学生不爱写作文，我们老师既是受害者也是施害者。消极评价，挫伤表达欲望；不教学生说话，无法提升表达能力；不会指导写作，对学生的写作缺乏点拨；自己不写作文，难有写作能力。我们老师得多些思考和实践，少些抱怨和束手无策啊！

（三）读者成就作者

王永涛：如果摒弃那些传统的写一写、改一改、讲一讲的模式，您是怎么进行作文教学的呢？很想听听您描述一下您的作文教学常态。

黄　春：我说写作不可以教，是不可以“那样教”，但依然还是有教的办法的。

我记得我自己刚开始教书的时候，就坚持让学生写随笔，每周一篇。不知道你或你的同事有没有干过这件事情。

王永涛：对啊，现在是写读书笔记或者随笔。

黄　春：我曾经看到有不少学校的很多语文老师，也会让学生写随笔，有的写周记。我不赞成叫“周记”，这个“记”字不好，很容易将学生暗示和误导成“记录”，然后不知不觉地就写成了每周生活记录，老师还一遍遍地强调：“不要写成流水账！”然后依然无效，还是一篇篇的流水账。逼得孩子也无奈：“每天的生活就是这样，真没的记啊。”“随笔”更好，随性、随趣、随感地写它几笔，没那么多要求，没什么框框。每周一篇，频率也刚刚好。其实我们布置随笔的初衷就是想给学生一个表达的地方，这是作业，如果恰好他又有些想法要表达，那就刚刚好。

既然你也有随笔练习，那我倒是想先听听你对随笔作业的具体设计和安排，可以吗？

王永涛：没有设计！笔记或者随笔一篇，要求就一个：字数500以上，其它随意。

黄　春：嗯，虽然你自己说自己没有设计，但我看很好，有时候设计过多，套路不正，反而弄巧成拙。

比如，虽然名义上叫随笔，然而有些老师就很愿意（总是憋不住）留个题目，限个题材，憋住了这一次，憋不住下一次。这就很不好。老师不能欺骗学生，不能耍弄学生，说好的随意，就得“随人之意”。在这里，必须给你点个赞。

那我问你，你的随笔作业，要求什么时候交给你？

王永涛：每周一早上。

黄　春：为什么是这个时候交？理由是什么？

王永涛：没什么理由，就是觉得学生周末比较有时间写，然后周一就顺理成章地应该交作业了。

黄　春：嗯。我曾问过很多老师，得到的答案有五个，周一，周二，周三，周四，周五。哈哈。人人不同，但都有一个相似的理由：那天我课少，有空批阅。定周一交的老师，一般还都和你有个一样的想法：学生正好周末有时间写。那你想过吗？既然是随笔，就不是一件为了完成千八百字的文章而需要刻意准备的事情，对吧？既然是随笔，就一定具有时效性，因为是“此时”的想法和感受，就一定希望尽快说与人听，与人分享。而这个“此时”，到底是哪个时候，每个人是不一样的，同一个人每一周内也是不一样的，未必都会在周末。因此，随笔，就应该学生随时写，随时交；老师随时收，随时阅，随时反馈给学生，甚至还得随时预备着二次交流、三次交流……你不觉得这样更好，更随意吗？

我开始也定周一交，但后来，慢慢地，我就允许甚至鼓励随时交，并且是自己交来，不要经过课代表。和你一样，我也对字数有要求，并且是首要的严格要求。因为，随笔的重要意义，就在于扩大书写的量，因而字数（长度）和篇数（频率）就很要紧。哈哈，我比你狠，我教的是高中的学生，一般要求最低不少于1500字。随笔，就是写，写，写，不要管太多写什么、怎么写，更不要顾虑写得好不好。文字表达的训练，写了，就是好的；写多了，就是有用的。

王永涛：您这么说我很受启发。学生写完随笔，如果老师能及时读到，及时批阅（当然这里的批阅可能应该更多一些情感的交流），那一定能让学生更爱写。这样的话，对老师和学生来说，随笔和批阅随笔可能就不再是一个任务，而是一件很美好很值得期待的事情了。

黄　春：是啊，后来，在收——阅——发——收——阅的过程中，我就渐渐找到了当年收信——回信——收信的感觉，并且，居然有了盼信的快感。我相信，学生也会有这种快感，这就可以说是“需求的激发”了。

王永涛：作业成了写信、收信，语文生活太美好了。

（四）要写就写个大的

王永涛：难道您和学生在作文教与学上，就如此闲庭信步，悠哉游哉？

黄　春：哈哈，当然不是啦，不止于此。随笔是比较轻松的训练，像是每天饭后散散步。对于学生和学习来说，这肯定是不够的，因为随笔作业缺乏规定性，也就缺乏必要的难度，也就少了学生在此过程中的刻意努力，当然，也就少了在“提质”维度上的训练效果。

关于这种有规定性的教学与训练，我和我的同事们曾做过一些有益的探索和实践，效果还不错，说给你听，做个参考。我们认为，要写，就写个大的。写作训练活动的设计和组织，有两个原则：第一项目式，第二读写结合。

王永涛：项目式？这个第一次听，是什么意思呢？

黄　春：所谓项目式，就是将活动（作业）设计成一个规模比较大的“项目”，主题宽大一些，容量大一些，时间长一些，任务重一些，训练点丰富一些。好比我们现在流行的“项目式学习”（PBL）。

王永涛：您得给我举个实例了，这在我这儿是完全未知领域啊！

黄　春：举几个我们设计和实践过的项目式写作训练的例子：“少年情怀总是诗”“身边的陌生人”“相遇”……如果你上网去搜一搜，查一查，好像也会有些零星的资讯。

这三个项目的设计，是分别针对诗歌写作、报告文学写作和小说写作来的。其实，在考试作文里，这三种文体是很少见很少用的，甚至有的是被“除外”了的，因此很少有语文教师愿意在这三种文体的写作训练上花费时间和精力。他们以为反正考试用不上，然而，一个人在后来的实际生活中，不管他干哪一个行业，每每需要写点什么的时候，用到的文体，还往往就是这些当年考试不考的东西，写散文的，反倒很少。另外，更重要的设计理由是，这三种文体的文本阅读教学，其教学方式也最适宜采取此类实践体验类的学习活动，即自己写写看，就明白了。

先说说“少年情怀总是诗”。这是针对诗歌的学习而设计的，包括古典诗词和现代诗歌。

对于古典诗词的学习，我们在教学上一般不要求会写会创作（这个太难，不是一般人可以做的事情），但要求阅读和鉴赏。我们会要求学生在阅读一定量的古诗词、具备了相当的积累之后，找出自己最喜欢的诗词，推荐给同学，写一段推荐词（表达自己为什么喜欢，以及为什么也希望别人喜欢），然后再用白话散文的方式，将这首诗词写成一篇文章；最后就这首诗词，像《诗词鉴赏辞典》那样，自己写一段尽量专业一点儿的诗词赏析和评论。

王永涛：听起来挺带劲的，学生在这个层层深入的过程中，既加深了对诗歌的理解，又有了诗词鉴赏能力的提升，还提升了表达能力。这么一趟下来，对付考试中的诗词鉴赏题肯定是轻而易举了。我想起您说的“取法乎其上，得乎其中”。

黄　春：是呀，项目式的学习活动，就是可以包含更多更丰富的训练点的活动，而不会只针对一个目的。

王永涛：还想听您举例子。

黄　春：对于现代诗歌的学习，我们一般只有两个要求：一是朗诵，二是创作。

朗诵，可以培养一个人诗意表达的语感，在这里就不具体说了。说说创作。很多人说，小孩子，哪里会写诗呀。错了，小孩子才会写诗呢。人越长大，越乏诗意。少年，十几岁的年纪（甚至几岁的儿童），正是诗一般的年纪。多年来的事实证明，每个孩子，都可以是诗人，天然的诗人。诗歌的写作，是不需要教也不可以教，更没人能教的。老师要做的事情，就是激发和欣赏。

王永涛：在学生们创作诗歌时，您一般会给什么要求，或者说怎么引导，或者说有什么由头激发一下他们写诗的欲望？总不能是，孩子们，写首诗看看吧！哈哈。

黄　春：当然有，凡是组织活动或布置任务，老师都必须在开始前有一个激发的过程。这个因人而异，每个人都有自己独特和擅长的激发方式，都不会太难。

至于要求，我一般不太喜欢在一件事还没开始的时候，就给学生提具体的“怎么才算写得好”的标准和要求。何况，诗歌的好坏，标准是什么呢？谁能说得清呢？我唯一会说的，就是：你们创作的诗歌，我将会集结成册，发到全校，人手一册。哈哈，这就够了，人都是很在乎别人眼中的自己的嘛。因此，说到这里，我还要补充一句：集结成册，人手一本，这个很重要。也就是说，表达的训练，一定是要基于广泛的读者为前提的，假如只有老师一个人是读者（往往还是以评价者的身份出现）的话，孩子们努力写好的欲望就会很低很低。

王永涛：听您这么说，我突然有个小小的想法。如果我告诉我的学生，我将会把他们写得还不错的读书笔记结集成册，那孩子是不是就一定能写得更认真、更好呢？我先不说发到全校，因为我怕吓到他们。

黄　春：哈哈，很好呀。建议你不要挑写得不错的，就应该是每人一篇；或者，让学生挑选自己作品中的精品，不要由老师代替这个挑选的工作。自我挑选，这个过程本身就是一次学习和训练。另外，你别以为“全校发行”就会吓着孩子，相反，他们嘴上可能会说“被吓着了”，其实，心里不知道多高兴多期待呢。

王永涛：此前，我做了一件事，没有事先告诉学生，将他们以自己喜欢的方式创作的“好书推荐”扫描复印成册，把那些没怎么认真完成的人吓坏了，把那些认真完成的人给乐坏了。

黄　春：还得给你一个建议：一项活动，最后的成果呈现方式，务必要事先告诉学生。因为，这个东西，是具有憧憬性的，是激发欲望的关键，是事情成功的最早的那一半。

王永涛：哦，这也是有学问的。您能再说说“身边的陌生人”这个项目吗？

黄　春：好的。这是一个报告文学的写作训练项目。孩子们（包括我们大人）对于报告文学是比较陌生的，对此类课文的学习兴趣似乎也不高，总觉得文学味不浓、可读性不大，其实这也是对此类文体因不熟悉而带来的误解。因此，我们就设计了一个活动，让孩子们体验一把报告文学的创作，体验其宏大，体验其艰辛，体验其实用，享受因作品成就而带来的幸福感。

为了让这个项目的实际操作具有更多的可行性，我们将创作的题材限定在“写人”或“写身边的人”的范围内。在每个人的身边，都有这样一些人（至少有几个人），是我们熟悉的，但又是陌生的；有时候还会因为太过熟悉，反而越发陌生。带着这种感觉去写一个人，会比专业的作家去写一个自己完全陌生的人更有意思。

王永涛：平时作文没少叫学生写人。报告文学的写人会有什么不同？

黄　春：我们老师会先和孩子们一起想一想，找一找，我们身边的哪些人是似乎熟悉而实则陌生的呢？学生们会找出许多来，并且，孩子们找着找着，越来越多，且越来越"近"。我们忽然发现，其实身边的老师、同学，甚至是父母，原来，是这么的陌生。哈哈，这个"找人"的过程，就是一堂很好的语文课、情感课、生命课。

然后，开始确定目标人选。这个任务是分小组合作完成的，并且这个合作小组，将一直合作，直至作品完成。为什么要小组合作定人？因为，合作，才有争论，才有坚持和让步，才有更深刻更清晰的可能。这本身，也就是教学的一部分。

之后的工作，包括了解（各种形式的查阅和采访）、整理（录音、文字、材料等等）、创作（定题、选材、写作、修改等等）。这个项目一般要持续两三个月。这个过程中，会发生很多有趣的事情。

王永涛：有趣的事？

黄　春：比如说，一开始在启动课上，我说建议成文的篇幅字数在 3000 字以上，5000 字为宜。啊！孩子们当场就哭了："怎么可能！老师，我们从来没写过这么长的文章，每次写 800 字都愁死了！"然后我说："好吧，那这样，谁写的超过了 3000 字，我惩罚他。"结果呢？几乎每一组的学生都来求我："老师，多给点字数吧，我们实在是压缩不了了。""那好吧，5000。""不行，不行，8000 都不够。"……最后的成文，绝大多数小组交出来的作品，都超过了 10000 字。

王永涛：哇！看来如果真是有表达需要，字数从来不是个问题。

黄　春：当我把全班同学的作品打印出来，捧在手上厚厚的一叠，我就像一个超额丰收了的农民一样，憋不住地乐。

王永涛：这就是老师和孩子一起耕耘后的收获呀。在这份沉甸甸的收获面前，其他教学的刻意都成了杂念。为您的教学创意和孩子们的热情鼓掌！

黄　春：还有啊，很多小组都直接选了我——他的语文老师作为他们的书写对象（各小组都选了谁，起初是不让彼此知道的）。然后我就告诉他们："你们上几届的学长们，已经无数次采访我了。我这人啊有一个毛病，就是，相同的问题，拒绝再次回答。"你猜，后来怎么着了？

王永涛：不选你了，还是找学长写的来读？

黄　春：因为是不允许中途换人的，哈哈，那就算这些小组倒了霉。

王永涛：那就只剩下绞尽脑汁了。

黄　春：他们一方面要自己去找以前学长的文集来通读一遍，避免重复，另一方面还要打探别的小组什么时候去采访我，然后坐在旁边旁听，以免自己采访的时候问的都是重复的问题。哈哈。太好玩儿了。

王永涛：哈哈哈，估计他们有点后悔自己的选择。

黄　春：据说，很多学长都会提前告诫他下一届的学弟学妹：千万别选黄老师！

王永涛：听着这些有趣的故事，感觉做您的学生太幸福了！我也要努力成为您这样的老师！

黄　春：学习，就是需要一点这样的趣味的，这是一种有意义的趣味，这趣味本身，就是学习的过程。很多时候，语文的不好玩儿，是我们老师造成的。

王永涛：您刚才说到上一届、下一届，这么说，像这样的项目已经是传统了？

黄　春：当然，一个学校，其教学必须是有传统的。再说说"相遇"。"相遇"，是为小说的教学而设计的项目式活动。基本内容是：假想自己与历史上的一位人物，在某个场景下相遇，并发生了一段故事。就这么简单，有点儿像前几年北京高考的一个作文题目《我与英雄的一天》（很多人说四中押着高考题了）。这个项目看似容易，选个人物，编个故事，就完了。其实不容易，要想将这个故事编得圆满，还非得费一番功夫才行。

王永涛：我们平时作文训练也会有这样的，但学生完成的效果并不好。作为一个项目训练，会在哪些方面去下功夫？

黄　春：首先，历史上那么多人物，你选哪一个？这个选择的过程，就是一个梳理的过程。确定人选之后，你必须去广泛阅读，读那些你能够找到的有关这个人物尽可能多的资料。有自传的，当然好；多数人物并无自传，那有他传也行；更多的人物是什么传记都没有，那就只好去各种史书里查阅相关的零碎信息。这就是“读写结合”，用写，来推动读；然后，良好的读，反过来促进更好地写。孩子们是不敢胡编乱造的。因为，这是要集结成册，人手一本的，被同学发现“穿帮”，可不好哦。于是，大量的、细致认真的、系统的专题阅读，就自发开始了。

王永涛：明白了。为什么我的学生写得浅，就是没有这个深入了解、阅读之后再来创作的过程，而不是对小说写作知识和技巧的缺乏。

黄　春：到这个时候，写不写、写得怎么样，已经不重要啦。一个学生，能借一次写作的契机和需求，对一个历史人物进行如此广泛且专注的阅读，这件事情就已经成功了一大半了。很多老师抱怨说：平时也给学生推荐了阅读，布置了阅读任务，可是，孩子们都不读，我也没办法。是啊，被要求读和自己想读，能一样吗？

那段时间里，我常常看到我的学生在我的语文课上偷偷地看别的书，我也常常听到隔壁办公室的数学老师在说：“最近学生上课怎么老看些乱七八糟的书？”“啊，我们班也是。”这个时候，你猜我有多高兴呢？当然，我必须偷着乐哈。

王永涛：听您谈到这儿，觉得您这些写作训练都没有无缘无故地写，这些读也不是无缘无故地读，阅读是因为写作的需要，写作是阅读成果的呈现方式，我这会儿才理解了您前面说的读写结合。这与我认识的读写结合深度是不一样的。

黄　春：是，阅读和写作，是两件不能完全割裂开来的事情。读之后要写，写之前要读。

王永涛：我原来看到或听到的读写结合、以读带写，就是教学某一篇文章时，找到文章可模仿，或可延伸的地方，做一个写作的模仿，或是写作技巧的讲解，又或是感情的延伸。

黄 春：凡是没有经过一番阅读、思考、纠结的写，肯定是没什么训练价值的。读写的结合，不要老停留在一些比较幼稚的设计上，有些训练，孩子们早就烦了。

王永涛：听了您的项目式写作，我觉得我好像无意中也有过一个小小的尝试，不知算不算项目式写作呢？这个写作实践活动，持续了一个学期。那时候还没用部编新教材，我们用的是人教版教材。第一单元是讲新闻的，第一篇就是毛泽东写的两则新闻。这些文章学生们读起来难免枯燥，但是我知道，我们每天打交道最多的就是枯燥的文章，看个八卦不也是新闻吗？所以，这原本是学生熟悉的内容，只是课例的选择没有贴近学生生活，学生觉得遥远。

为了拉近知识与生活的距离，我在讲完这一个单元之后设计了这样一个活动：分小组办报纸。一个小组大概六名同学，各自分工，一周出一期报纸。为了降低工作量，也为了报纸出来后能被阅读得更充分，我让他们轮流办，也就是一个星期全班就办一份报纸。最开始两周，只要求 A4 大小的版面，然后是 A3 大小的版面，没过两周，我发现内容还是太少，就变成两个 A3 大小的版面。有的小组表现得很痛苦，有的小组完成得非常积极，甚至巴不得每周一期。

还得说一下，办报纸是有经费的。最开始，担心孩子们不愿意，我跟班主任商量，用班费刺激一下他们，于是设了奖励，办出一期报纸就给 50 块经费，这个钱由小组长保管，由所有组员协商使用。经费可用作办报材料的采购，剩的钱他们可以自主支配。

后来，我想，这钱来得也太容易了。于是又想出一条，全班的读者在报纸阅读过程中，发现错误，包括错别字、表意有误的地方，都可以向我反馈，一旦确认，就要罚款，让办报同学从经费里上交一定的钱作为赔偿。后来，有的小组难有原创，我就给他们出主意，让他们定出稿费标准，向全班同学征稿。

在办报的过程中，有的小组除了报道学校的新闻，还去采访校长、老师。有一个学生说校长太忙，她好几次去办公室都没找到校长，最后在交报的前一天晚上电话采访校长，完成了报纸。这个活动有很多意外的收获，但同时，我也有困惑，总感觉这个活动中学生对于写作的收获太少。

黄　春：难得你这般用心，看得出来，你是费尽了心力在设计、组织并不断地推动这个活动。这也是一个项目式的学习活动，我相信你的学生都会有不同程度的收获。这样的设计，在初中教学中，是很合适的。

至于你感受到的困难和困惑，我想大致有这些原因。首先，你定的是各组轮流负责一周，看起来是每个小组一学期出一两份报纸，实际上，我敢肯定，每个小组也就是用了一周或者多一点点时间来完成本组的出报任务，是吗？如果是这样，那么，时间太短，一般的学生很难高质量完成这个项目。建议项目式的学习活动，务必给足时间。

其次，任务激励的方式要慎重。金钱的激励已经不适合今天的孩子了，并且这也不是一个值得推广的方式。老师要想清楚，孩子们之所以会乐意做一件事情的根本动因是什么？在哪里？比如你要思考，当一份报纸问世，被粘贴在教室的文化墙上，或者印发到同学手中，这个时候，作为这份报纸的创办人，这个小组的同学，他们最关心什么？最希望同学看到什么？是报道的新闻内容，还是报纸的排版、书写、绘画还是别的？

作为语文教学，我们老师当然希望学生更多关注的是新闻本身的内容。好，那么，这些新闻，都是谁做了规定？都是从哪里来的？都是怎么来的？是不是作者（报纸创办人）特别期待其他同学知晓的呢？当同学阅读到这些新闻的时候，作者有没有足够的成就感？这可能是比金钱刺激更重要更管用的动因。

另外，小组的分配与组合是教师指定的，还是同学自发形成的？我希望是后者。同学之间这样的自由和自发组合，能更好地分配人才资源，能更好地开展合作。

一个项目要坚持下去是很难的，你已经很棒了，我都一般不敢设计一件需要长期反复坚持的事情。

王永涛：听了您的分析，发现我这个项目设计还很粗糙，有了一个点子马上就去做了，都没有深入去思考过这些问题。并且我的出发点在这件事很新鲜，没有找到这个事情真正的意义所在。所以，新鲜感过去，不论是我还是学生也都感到疲劳了。

黄　春：是的，老师设计教学活动的时候，创意并不难，难的是有一个可以持续的创意。以前我也办过班报、班刊，有点类似于你的这个活动，效果都不好，都是虎头蛇尾。后来我才意识到，教学要少做那些可能会虎头蛇尾、不了了之、难以收场的事情，我们应该努力做一些“会生长”的活动，就是那些一开始并不太大也不太难，但是会越做越好玩、越做越大的事情。

我再举个写作活动的案例：清明寻宗。想听听？

王永涛：当然，多多益善啊！这都是干货！

黄　春：利用一些节日做一些教育教学的大文章，这是个好办法。但是怎么做好，是有讲究的。

我们做过的“清明寻宗”的项目活动，就是一个有设计、会生长的活动。这个活动的核心内容，就是让学生借清明节的时机，主要通过和家人聊天的方式，尽可能地了解自己的家庭和家族。我们会让初中的学生（小学生也可以，我没有教过）以梳理家族历史为主要任务，高中学生以整理家族文化为主。

低年级的同学可以画图表，可以记流水账，可以做谈话整理；高年级的同学可以写说明文做介绍，可以写记叙文讲故事，可以写成编年体或纪传体的历史，可以写成哲理性的文化散文。总之，项目任务要分解，要针对年段的学生层次进行有针对性的设计。并且，更重要的是，一个学生在同一个学校上三年、六年，可以在不同层级上持续干同一件事情，这就是“生长”。同样的，交流也是最重要的事情之一。老师要组织全体学生之间的交流，分享家庭故事，分享家族文化。

这个项目，是北京四中教学的传统项目了，做了很多年，收效非常大，学生很喜欢。几乎每一个孩子都感慨：原来，看似非常平凡（甚至还有点儿厌烦和嫌弃）的家，其实有那么多我所不知道的故事；原来，父亲，爷爷，姥姥，曾经那般伟大；家和国，原来是那么的近……

更让我觉得有意义的是，很多学生在这个活动中第一次真真切切地感受并相信了一个道理：家国相连，有国才有家；他们真正理解了什么叫“时代背景”。

这个活动，教会了学生同时还建设了家庭，比你学校组织开多少家长会搞多少家庭教育理论讲座都管用。

因此，每年的清明节，我们语文老师什么其他作业都不布置，就要求学生回家去陪父母聊天，去祖先的墓地上坟，问问“我们家的事情”，听听“妈妈讲那过去的事情”。学习，其实就真实有效地发生了。

王永涛：我可以想象这个活动对于四中的孩子来讲，是多么地合适。估计不少孩子的祖辈都曾有非常值得铭记的历史。但同时，我也想到，这样的活动放在我的学生身上不一定会有那么好的效果。因为学生家庭背景不同，地方文化有差异。我觉得每个学校可能都应该有适合自己学生、适合自己学校的这类项目活动。您前面提到的几个活动基于写作文体来设计，现在这个活动是结合节日来设计。我想我们可以设计的点很多，我们进行写作项目活动设计时，是怎样取舍的，有什么原则吗？

黄　春：我以为，这些事情，无所谓地域差异和文化差异，同一件事情，可以有不同的操作方式和教学期待。因为社会发展等问题，在我们以及未来孩子们的心里，家的概念已经迥异于前了；家族的概念，就更是基本消亡了。教育，要帮助人们找回一些原本的东西，语文老师责无旁贷。

王永涛：也对！对传统文化的了解，不正好可以从了解自己的父祖辈、家族开始吗？

黄　春：至于创意点的取舍，我觉得是一个结合实际的事情。我列举这些案例，也只是提供一个参考，你未必要照单全收。每个老师，都要依据自己的特长、喜好，找到自己能够操作且能够驾驭的设计方向，来设计项目和组织教学。

王永涛：这种项目式写作真的好有魅力，每个设计都新颖有趣，听了就想尝试一下。

黄　春：好，再讲一个《我的20……》。很多学生都会向老师诉苦（其实是为不好好写作找借口）说：“我们学生天天上课，没有生活，写不来作文。”其实，生活人人都有，上学的孩子也不例外，甚至比大人还丰富。只是，孩子对生活缺乏整理。我们设计的《我的20……》，就是一个人的年度生活札记。每个学生，在元旦前后的语文学习任务（作业），就是书写自己过去的一年。

我的一位同事、语文特级教师刘葵老师有一句名言：“日子没有白过的标志，就是记得。”因此，我们就采取这样一种方式，以示记得。一来，能回想起来的事情都是自己记得并且值得记得的事情；二来，通过札记，来更好地记得。在这个盘点、梳理的过程当中，每个人对于自己的过往，会有一个更加清晰和深刻的理解。

王永涛：对一年的整理？孩子们还记得吗？会不会平时无感导致写不出？

黄　春：尽管放心，每个人都有自己的故事，丰富的故事，只不过你不知道，他没让你知道而已。说到这个话题，还得要回到之前说过的那句话：老师，要示范。

王永涛：唉呀，一回到示范我就心虚。

黄　春：老师自己先写，孩子才会想写；老师自己先好好写，孩子才能写得更好；老师自己坚持写，孩子才会每年都写。

这个项目的创意，也是由我自己第一次开始写《我的2006》而起的。我觉得写得很好玩，很有意思，然后就想，学生是不是也应该并且可以写一写，于是就把我自己写的东西印给学生看，讲给学生们听，他们的兴致就起来了。

那个时候流行博客，师生一起，大家都发到自己的博客里，相互欣赏，真是一件趣事。时间一长，三年下来，学生们也就养成了“书写日子”的习惯，毕业之后，还持续写，到今天，十几年过去了，还有很多学生，每年年底都有这个习惯，有人还专门发给我看呢，说是“交作业”。

王永涛：这种写作，会不会尽是流水账呢？

黄　春：流水账也没什么不可以啊，现在不也有很多人流行记手账吗？“日子没有白过的标志，就是记得”，这种“账单”，还真是需要有的呢。每个人的“记得”，好像都是从“流水账”开始的。

但是，你还要相信，当你前年记账，去年还记账，今年你再提笔的时候，你就会自觉或不自觉地想：“可不可以有其他的‘记得’的方式呢？”有啊，历史里除了编年体，不是还有国别体、纪传体吗？于是，多种多样的体裁和形式，就由你自己创造了。每个人每一年的生活经历都不一样，留给回忆的东西也不一样。有时候脑海中留下了几件年度大事，那就学着《左传》来个“大事记”；有时候刻在心里的是几个重要人物，那就学着《史记》来个“本纪、世家、列传”等形式，是活学活用的东西，人们只要有了写的欲望，怎么写永远都不会是什么问题。实践经验让我们看到的，是学生们丰富多彩的“记得”的样子，好看极了。

王永涛：看来，担心未知的结果是没用的，去尝试，去激发，才知道学生到底能做到什么样。生活就在那里，就看我们怎样去记录和解读了。

黄　春：这里不妨总结一下，大凡有趣味的项目，都一定是和人的生活紧密相关的活动。教育和教学，都不能脱离开人的日常生活而另搞一套，那样会让人感觉特别生硬，没有生气，为教而教，为学而学，为练而练，为考试而考试。

王永涛：您说到这儿，我感觉怎么进行作文教学已经不仅仅跟老师的学养有关，某种程度上跟生活方式有关。老师怎么阅读、写作，怎么生活，相应地就会怎么去教学。

黄　春：是的，非常正确。优秀的老师，不是他有什么灵丹妙药，而一定是他自己有一种优秀的生活。我经常说，当老师，先当好自己，特别是语文老师！

（五）写作文的秩序

王永涛：在写作教学方面，像您说的这种项目式写作训练是写作教学的全部内容吗？

黄　春：当然不是。像我们在之前谈到的那种传统的每学期八次的所谓“大作文”训练，也是可行的，且有必要的。

王永涛：那像这样的大作文训练，您是怎么做的呢？或者您认为怎么做比较高效？

黄　春：这种作文训练，多半都是定题目、定字数、定时间，好比考场写作的训练。有的老师喜欢用上课的时间（所以我们中学课表里往往每周有一次是语文两节连排的，起初就是用来写课堂作文的），有的老师也会将这个书写的任务放在学生课余时间。命题，书写，上交，批阅，讲评……一般就是这个流程模式。

我想先就这其中的命题环节，说说我的做法和想法。我不知道其他学校和其他老师在命题的时候，都是遵循什么规律，或者是按照什么逻辑来进行的。我曾和一些同行聊过，得到的回答大多数都是“随意”，或者跟着课文教学来：讲到记事散文，就写此类的记事散文；讲到议论文，就写此类的议论文。不知道你是怎么做的。

王永涛：很惭愧。我也是随意，想到什么写什么。最近讲《父亲的背影》，就让他们写“我的父亲”。

黄　春：作文训练的命题太过随意，肯定是不可取的，它应该有一个序列性的安排。只是，每个老师对于这个序列的理解和设计，大不相同。当然，这个是可以不同的，也应该有所不同。我知道，大凡有些设计感的老师在设计写作训练序列的时候，经常采用的逻辑就是体裁，先练记叙文，再练议论文。如果是初中，还要先练说明文。这些老师普遍认为，写作在文体上是有难易之分的，议论文属于写作中最难以把握的文体，记叙和说明相对容易，因此，才会有刚才我说的那种序列的安排。

王永涛：是的。因为应试需求，我们练的基本就是记叙文写作。

黄　春：实际上，我们好好想一想，文体的不同，会带来写作难易的不同吗？

是《中国石拱桥》好写，还是《背影》好写，还是《论雷峰塔的倒掉》好写？其间能分出难度系数的大小来吗？

王永涛：当然不能。

黄　春：那么，我们的写作训练如果按照文体为难易序列，是有问题的，是没有足够的理由的。另外，有老师认为，小学生就只能写点说明性的文字和记叙性的文字；初中生可以进行描写和抒情，高中才可以涉及议论性的文章，这也是个偏见。

我以为，写作教学和训练中，需要淡化文体的概念。实际上，记叙文、说明文、议论文，未必是很科学的分类。你看，古今中外有“记叙文家”“说明文家”“议论文家”的称谓吗？没有。从体裁上，它们都统称为散文，和诗歌、小说、戏剧并列。因此，不管我们写的是记叙文、说明文，还是议论文，都是散文而已。所谓记叙、说明、描写、抒情、议论，只不过是写作里的几种表达方式。有时一篇完整的像模像样的文章里，少不了这五种表达方式，只不过某一种表达方式多一些，文章目的是偏叙述还是偏论述而已。

王永涛：不同的表达需求需选择不同的文体，那您按什么序列去设计？我觉得这个问题的答案就是指导学生写作的一个切入口。我常常会有这样的困惑：拿着学生的作文，不知从哪儿谈起，不知从哪儿去促进和提高。

黄　春：是这样的，如果你总是纠结于文体，你会觉得写作的训练总是在重复，总是在反复；学生也不知道究竟要练什么，要学什么。不信你去学生中调查一下，如果你问他“你的写作最近在练什么呢”，他只能回答“不清楚”或“记叙文”；如果你问他“你的作文写得怎么样”，他一般都说“记叙文还行，议论文不好”。这样的自我了解和自我判断，是没有意义的，是被老师误导了的，是很有问题的。它反映出来的是他的老师的设计模糊。

这几种表达方式，其实并不难，正常的人都会使用，并不需要太过刻意地去训练。当然你会反驳说：“你看，你看看学生写的，这叫什么东西，记叙不像记叙，议论不像议论；说明不讲顺序，记叙不讲详略，议论不讲层次……”这个我知道，我教的学生里边也有这个现象，并且还不是一般的严重。然而，我们要想清楚，学生为什么会表达不好，是出在表达手法本身的问题，还是他没什么可表达的问题？

我们也可以思考一个现象，一个不紧张的人在什么情况下会语无伦次？无非两种：第一，无话可说；第二，想说假话。因此，我们要解决和训练的首要问题，不是怎么表达，而是表达什么，即“让孩子有话说，有真话说”。

王永涛：所以，您在命题这个环节已经考虑到这个问题了，对吧？

黄　春：对，往这个维度上去思考训练的序列。

王永涛：什么样的设计可以克服这个问题呢？因为很多老师也看到了这个问题，但认为这是学生自己的事儿，该学生自己克服。

黄　春：鉴于此，我自己在教书和指导其他老师的时候，不管是小学、初中还是高中，要明确起始年级首先练什么。练“打开感官”，让学生努力地去感知世界。不要以为每个人都有眼睛、耳朵，于是每个人看到的和听到的世界就会是一样的，事实上差别可大了。

从写作的意义上来说，每个人的眼睛和耳朵所看到和听到的世界，是完全不一样的。有的人能看到很多，有的人什么都看不见；有的人能听到世界丰富的声音，有的人什么也听不到。我们的写作教学，就要想办法打开学生的感官。这不是孩子自己能解决的，需要老师的引导和帮助，需要同伴之间的相互激发。

王永涛：那老师怎么去帮助学生“打开感官”呢？

黄　春：小学、初中、高中老师，几乎都曾让学生写过《我的妈妈》。但是，谁都没有引导孩子如何去写。没人去教孩子怎么去“看”妈妈，怎么去“听”妈妈；没人教孩子，其实，爱是“看”得见的，感情是“听”得到的，关系是“摸”得到的，从来就没有人教。所以，收上来的作文，无非三种母爱：一是下雨天送雨伞，二是病床前彻夜未眠，三是考试后语重心长，没了。

当然，这些也是母爱，只是孩子们在写这些事情的时候，缺乏形象感，缺乏画面感，不生动，不好玩，不动人，从而让人觉得有些假。其中的问题，就在于孩子们不太善于打开自己的感官去感知外部世界，只是在“写世界”，而不是在写自己看到、听到的世界。所以，命什么题无所谓，是写妈妈还是写老师，还是写一个陌生人，这个无所谓，重要的是，要在每一次训练前告诉学生怎么去认识这个人。

记得我在高中一年级教学的时候，作文序列训练的起始阶段，常用“看见”“听到”“声音”“温度”等主题词作为写作训练的题目，引导和鼓励学生调动自己的感官，训练自己的感官。孩子能感受到的世界越来越宽了，越来越丰富了，越来越深刻了，他就有话可说了，就不需要说假话了，也不会语无伦次了。他使用起那五种表达方式来，就不会出什么大问题。

感官是要训练的，否则，它是关闭的，是迟钝的，是模糊的，甚至会用假象来欺骗你。语文老师讲课文，也得从这个方面下功夫。比如讲《听海》，讲《看海》，讲《赶海》，我们是不是借此充分发展了孩子的某一类感官？

训练的时候，就可以采取屏蔽其他而突出其一的方式，逐个训练。同样写《我的妈妈》，今天只能“看”母爱，下次只能“听”母爱，再下次你还可以“触摸”到母爱；母爱会表现为画面，也会表现为声音，还会是温度，还会是质地……

王永涛：这样下来，对学生感官的调动就成一个系列了吧！真没想过，教作文还可以这么教。这么去启发，有点开启生命觉知的意味。接下来，再深入下去，会训练什么呢？

黄　春：是的。训练感官，丰富孩子所能感受到的世界，是写作训练序列中的起始阶段，然后再引导孩子体验情感和提升思维。

你问到的“系列”，在我的做法里，一般来说就是三级：第一，丰富世界；第二，体验情感；第三，提升思维。当然，我说的这三级，绝不是说一定要先完成第一级，才可以开始第二级。不是的，这三级是同步同时进行的，只不过在不同的阶段会有不同的侧重而已。

王永涛：这一点我能理解。这样的训练逻辑已然与现在大多数老师的训练逻辑不同，不是立足写作技巧，而是立足于学生表达的内在需要和内在储备。

黄　春：如果将我们所谈的语文教学，放大到小学一年级到高中三年级这十二年的长度的话，我以为，小学阶段的表达训练主要是要盯住第一级，尽可能地扩大和丰富孩子的世界；初中呢，加入情感体验；到高中，提升思维品质。你看，写作好的同学，一定是“世界很丰富”的同学，一定是“情感很细腻”的同学，一定是“会思考”的同学。你要是去问他：“谁把你教得这么会写的？”他一定会说：“我也不知道。”即便他能说出一两个老师来，那也肯定只是个别曾鼓励过他的老师罢了。而实际上，都是自己练就的。

王永涛：情感体验、提升思维品质，这两级的设计您能大致说说吗？

黄　春：好的，先说说丰富孩子的情感体验。情感体验，来自两个方面，一个是自我经历的直接体验，一个是阅读所得的间接体验。这两种体验，都非常重要，它们之间，是相辅相成的关系，是相得益彰的关系，不是加法，而是乘法。

阅读而得的情感体验，实际上是孩子们更主要的情感体验渠道，毕竟，我们的亲身经历是有限的。因此，语文课就很重要。语文课文的学习，不要老关注在“写法”上，要更多地关注在“主题体验”上。我就不愿意将《背影》讲成一节动词课，不愿意将《荷塘月色》讲成一节比喻课。它们更应该是一节情感体验课，体验“真实而琐碎的父爱”，体验“真实而琐碎的烦恼”。

如果我们的语文课文的学习，能借以充分地丰富和发展学生的情感体验，那该是一件多好的事儿啊。

王永涛：那么，从课文里的间接体验到学生自己的生活体验，这中间的鸿沟如何去填满？

黄　春：一个人各种体验之间的连接和转移，是不需要刻意去做什么的，这是本能，是人自身就会融合的事情。我们只是从理论上因分析的必要而将其分为直接、间接，而实际上，人们自己并不会觉得有什么内外之分和直接、间接之分。

王永涛：也就是说在课堂上体会到了，自然就会增加他生活中的感悟能力。

黄　春：我想应该是这样的。一个人从哪里获得营养并不重要，是家里的饭菜，还是餐馆的饭菜，还是医院的药片，这不重要，我们的肠胃不会做这种区分，吃进肚子，都是一样的。

王永涛：现在有这样一种现象，有的老师强调语文的工具性，很多课文被处理成了写作范本或是某个语文知识的载体，忽视了带领学生进行情感体验。

黄　春：先纠正一点，语文具有工具性，并不是说语文课文具有写作的示范性，可以作为模仿的工具。阅读教学，为的是让人能够拥有更宽广的世界，我们不能过分地将课文窄化为语言表达的模仿材料。课文在写作表达上的示范意义，或者说学生对于好文章、好语言的模仿和学习，是一个自然而然的过程，刻意不得。

王永涛：可现在语文老师感觉一讲课文主题好像就成了政治课、历史课，是“不务正业”，只有讲语言、讲写作技法才是语文课。

黄　春：讲成政治课、历史课，当然是不对的，我们必须将其放在生活和艺术的领域来进行玩味，才是语文的正道。语文课文（准确说是文学作品和语言材料等）当然会涉及天文地理、古今中外、三教九流……但是，语文课，就只是语文课。很多专家要求语文老师自身要成为“百科全书”，也有些老师热衷于将自己搞成“百科全书”，就是基于你刚才提到的这个怪现象的一个误导。

王永涛：我们刚刚讲到情感体验，作文教学中如何进行情感体验的训练？

黄　春：情感体验，不是在作文教学中进行的，而是在整个语文教学乃至整个学校教育和校园生活中完成的。真正具体到写作训练的时候，也就是学生下笔写文章的时候，那只是对学校教育教学的一次检验，其本身是不能带有什么训练意义的。

王永涛：好的，那么思维的训练呢？

黄　春：思维的训练，也一样。我所说的这些分类分级的训练，都是依靠师生完整的教与学的过程来展开的。语文老师不要寄希望于“专门的训练课”，这个是不大可能有效的。

一场话剧排演，比你上多少节情感体验的训练课都管用；一场辩论赛，比你讲什么思维方法都有效。教学不是西医，哪儿疼就可以医哪儿；教学是保健，你活到了九十九，你却并不知道究竟是饭后百步走的好处，还是经常笑开口的功劳，这就对了。

王永涛：您说到这儿，我理解您前面说的命题的序列了，如果有这么一个内在的训练逻辑，那自然命题就不会随意而杂乱了。

黄　春：对。先“丰富世界”，再“体验情感”，再“提升思维”。这是写作序列中的一个维度。

王永涛：也就是还有其他维度？

黄　春：当然有，比如，先“大胆写，放开写，喜欢写，尽量多写”，再“简洁地写，有设计地写，反复写，边写边改，写出样子来”，再“好好写，快速写，一气呵成写”，这也是一个序列。先有量，再有质。说到这里，我就想起了我之前跟你说过的，我到北京四中工作之后，在教育教学的理念上得到了颠覆性的改变，写作评判就是其中之一。我说与你听听。

以前教书判学生作文，不管是日常写作作业，还是期中、期末的考试作文，我都会以“好作文的N多标准”来进行综合性的评阅。结果呢，孩子们写作的得分都比较低，尤其是高二、高一；有时候替同事判初中生的作文也一样，努力地“手松”，也还是给分很低。因为我以为，那作文就是不够好嘛，不是这不好，就是那不好。后来到了北京四中，第一年我也这么判作文，心想北京四中的学生，必须要求更加严格一些才对。后来，很快的，我从高二接手的那些学生就闹意见了：“我们以前的作文分都挺高的，老师都说我们写得很好，为什么到您来教，我们就变成不会写作文的人了？”当我以“我的要求更高”“都是为了你们能更好”的理由去回应的时候，学生并不买账。

后来，老教师找我谈话，很久，我才明白过来。他们告诉我，任何学习的过程都是分步前进的，我们不能拿着最后的那个综合性的结果标准，来衡量学生的阶段性学习成果。老教师一眼就看出了，我的教学是没有步骤、没有设计的，指出了我每次布置的教学任务，尤其是写作的作业，是没有具体目的的。我才明白，如果你的教学任务是“鼓励学生大胆地写，多多地写”，那么，学生只要写够了你期望的字数和篇幅，你就应该判定他已经完成了学习任务并且达成了学习目标，就应该给出相应的分数。如果你写作训练的指向是“书写真情实感”，那么，那些真正写了真情实感的作文，就应该获得相应的分数；相反，那些不那么真实的写作，即便再怎么花哨，也不可以得高分。这就叫作教学和训练的序列性和针对性。

作文的好，当然有N个维度，N个标准。如果你口口声声强调的是A，然后评判的时候却N种标准一块儿上，这就叫作“教学的盲目性”，用俗话来说就是耍弄了学生。

（六）每个人都有自己的那棵树

王永涛：关于命题，除了要有内在训练逻辑，还需要什么呢？

黄　春：可以给题目，但不要过多地限制所谓的“文体”。题目的选定，原则之一是要依据教学训练序列的需求，原则之二是要有意思，就是要“好玩儿”，要让学生愿意去书写。有了这两个原则，其实，具体命什么题目，就无关紧要了。最要紧的就是，老师要能回答出一个问题：“请问你为什么要让学生在这个时候写这个题目？”只要老师内心是有明确答案的，就是好的。

王永涛：您能举个例子吗？什么样的训练目标您命了一个怎样的题目，而且还是学生觉得有意思、好玩儿、愿意去写的？

黄　春：嗯，我记得我和我的同事们都有个习惯，每到高三最末尾的那些日子，我们都会带着学生一起回想：这三年来都写过哪些“好玩儿”（有意思）的作文。我可以记起的，比如有：“看”“听”“说”“色彩”“声音”“温度”“痕迹”“退”“忘”“跪”“让”“知道”“行走”“错过”“失去”“味道”“之后”“品牌”“青春”“尊严”“来过”“成熟”“英雄”“瞬间”“我的乡土”“京城记忆”……

比如“看见”“声音”“温度”，就是我们试图努力打开学生的感官去感受世界，从而丰富学生的自我世界。学生们书写的时候还是感觉很有意思的。因为他们似乎从来没有这么认真地专注于用一种感官去体验他的世界和他的生活。孩子们忽然会发现，原来，我们能看到很多以前看不见的东西，能听到很多以前总以为听不见的东西；同样，我们总以为自己看见了、听到了，其实呢，似乎又不然。这种感悟，就是写作训练里极有价值的收获。

我还清楚地记得，在课堂上我和学生一起闭上眼睛，坐在教室里一起聆听这个平常的世界。如果你没有试过，仅凭经验和想象，你以为你能听见什么呢？

王永涛：安静的教室，好像听不到什么。

黄　春：使劲儿想想吧。

王永涛：风吹树叶？噪声？车流？电扇？空调？虫鸣？

黄　春：嗯，你能听到屋里空调的嗡嗡声，你能听到窗外的风声、车鸣、虫叫……可是，你听过自己的心跳声吗？你听过身边的人的心跳声吗？

王永涛：没想过。还能听见身边的人的心跳声？

黄　春：除了声音，你是不是还能听出别的？你是不是能从听到的声音中辨别出每个人的动作、神情，以及别人都在想什么？……这节课结束，然后，孩子们开始写作，你就能知道，交上来的作文会有多“好看”。

王永涛：您刚才说的这些就是孩子们在课堂上听见的吗？

黄　春：是呀，他们都写在作文里了。

王永涛：那真是要试试才知道了，看来感官是需要开启的。

黄　春：我们没有试过，所以我们总以为听不到什么新鲜的东西。其实，实际上的感受远远超出你的想象。像这样的命题，就是教师明确自己想要学生做什么、练什么以及得到什么的命题，就是一个好命题。我们要努力将学生对于书写的纠结，转移到对这个有趣世界的探索和感受上来，然后，写，就不是问题了。

王永涛：那我跟您请教一个我自己的命题。虽然我觉得有内容可写，但学生写作时还是觉得纠结。

黄　春：你说。

王永涛：讲完课文《白杨礼赞》后，我告诉学生们，我在校园的花园里看见了一棵特别的树。然后我就带孩子们去看，先看花园里同种的树木，认识了这种叫天竺桂的树，然后才带他们看那棵特别的树（一副手套从树干穿树而过），然后回班给他们读了王鼎钧的《那树》，引导他们把树看成是一个生命，想它所想，感它所感，然后给时间，以“那树”为题写一段文字。学生们一听要写就纠结了。过了好一会儿才慢慢找到思路，动笔写。

黄　春：一副手套从树干穿树而过？

王永涛：嘿嘿，想象不出吧？就是树干中间有一副破旧的手套，与树长在了一起。

黄　春：难得你这么文艺、这么浪漫，这的确是可以成为一节好课的。或者说，这应该会是一次很有意思的写作教学活动。我相信，这个题目，会成就好几个平时爱写并且善写的学生。事实是这样吗？

王永涛：写得好的是少数几个人，其他同学最终也能交上来一段话，但看得出写得很勉强。

黄　春：对，并且我能猜到，依然是“那几个”。对吧？

王永涛：对啊对啊。

黄　春：写得好的，写得不好的，写得不好不坏的，每次也都是“那几个”，是不是？

王永涛：是的是的。

黄　春：所以，我不怕你不高兴，斗胆说一句：你的教学设计，只是命了个题，布置了一个写作的任务，然后等着收考卷，然后评判。你本以为学生们会都写得不错，但结果似乎“一切依旧”。你似乎觉得自己命了个好题（因为你自己很喜欢，很有感触，甚至很想写一篇文章来抒发一下），但对于学生来说，那只是一个题目（因为是老师定的）。你也似乎觉得你已经有了一段很浪漫的引导和激发（你带着学生去了现场，亲眼看了这棵树）。但对于学生来说，这一切行为都是被动的，并且没有别的选择，也没有自觉的余地。这个，和你给学生一张一副手套从树干穿树而过的照片，然后让学生看图写文，一样。

王永涛：那我应该怎么做呢？

黄　春：你想，如果是某个学生自己忽然发现了这么一棵树，那他将会写出一篇多么好的文章来啊。因此，教师要做的激发与引导，不是将自己的发现设置成答案或目标，然后将学生循循善诱过来，而是要鼓励孩子们自己去发现。

王永涛：您的意思是，要引导学生自己去发现，而不是将我的发现呈现给他们？

黄　春：你为什么要告诉他们有这么棵树呢？你为什么不让孩子自己去遇见？校园里，除了这棵树，别的树难道就没有属于它的故事？

如果你以“校园里的树”为题，学生们就会各自写他自己看见的、注意到的、喜欢的、有感触的那棵树，肯定就有孩子也会写到那棵一副手套从树干穿过的树。如果万一谁都没注意到，哈哈，那就将这棵树，留给你自己写好了，写完后跟孩子们分享一下。我敢和你打赌，所有的孩子都会在下课的第一时间，冲出教室，去找老师写的那棵“一副手套从树干穿树而过”的树。他们冲出去的那一刻，你原本想有的教学效果，就生发出来了。

王永涛：我想真按您这个设计，一定是能达到这个效果的，这个赌，我必输无疑哈。我发现这棵树的第一反应就是这是个很好的写作题材，于是就这么端给学生了。

黄　春：你看啊，这个过程中，每个学生都写了“自己的那棵树”，每个学生都听了（读了）“老师的那棵树”，每个人都忽然发现自己熟悉的校园里居然还真有一棵“一副手套从树干穿树而过”的树。这个教学和训练的过程，其丰富性和实效性，是不是就远远要大于你当初的设计呢？况且，每个环节，大家都是高高兴兴的。

你记住：好东西，不要急于“端”给学生。教育的智慧，在于“犹抱琵琶半遮面”。那后半截盖头，一定要让学生自己去掀。

王永涛：是的，您的设计，充满了发现的趣味。而我的设计里，学生是被动的。嗯，有道理，我发现我干过太多这样的“端给学生”的事了。

黄　春：另外，教师不要让自己的喜好，成了孩子们的天花板。什么意思呢？每个孩子，都会有自己觉得“很有意思的树”，它可能不是“戴着手套”的那棵，可能是别的，是他那个座位的窗外所能看到的那唯一的一棵，春夏秋冬陪着他上语文课、数学课、英语课，陪他快乐，陪他忧伤。这棵树可能什么特点都没有，就是他能看见的唯一一棵，就已经很有意思了。老师应该让每个学生讲述自己的“有意思”。让学生感觉到，我们每个人觉得有意思的事情，老师都看到了，都关注到了；而并不一定非要是“一副手套从树干穿树而过”才是特别的树。说不定，还有的学生看到一副手套从树干穿树而过时，会感觉瘆得慌，对他而言，可能这棵树没什么美感，他根本不敢去想象这棵树的故事。而你非要他写篇文章，又不能写自己害怕，还要揣度老师想看到的主旨，那岂不是师生间的一场相互折磨？

王永涛：是的，受教了。不能以老师的发现、老师的趣味为出发点要求学生去理解，去附和，而要激发学生去发现属于自己的“那棵树”。

黄　春：对，老师的趣味，是用来激发学生趣味用的，而不是要从学生的身上激发出“老师的趣味”来。说的有点拗口。哈哈。

王永涛：我奇迹般地理解了，哈哈。

黄　春：你可以以“那棵树”为题，写篇教学随笔了，一定是一篇好文章。

王永涛：我想是可以的。我还有一个经常用的写作训练，也想请您指导一下。我会让学生此刻看看窗外，然后下笔成文，看到什么就可以写什么。然后学生也很纠结。我想了想可能有这样的原因：一是我给的时间太短，二是按惯例他们写完我会评改，所以他们老觉得要写得很好才叫写。您看是这样的原因吗？

黄　春：你说的原因应该都有，但最根本的原因，可能还是你没教他怎么看。这个“看”，包括了“听”吗？为什么要“看”？要“看”出什么来？学生都并不明确。你可以参考我之前介绍的那个“听”的教学设计，来改善一下。

王永涛：当时指导了一下：“目之所及，心之所想。”算不算是指导呢？

黄　春：嗯，没那么容易，哈哈。

王永涛：其实我觉得当时学生写作还有一个困惑：他能看到的东西很多，但是他不觉得有什么值得一写的，这个问题怎么解决呢？

黄　春：凡是设计和布置某个学习和训练任务之前，老师都要换位思考一下：我愿意参与吗？我会尽全力去参与吗？我愿意为之努力去做好吗？我知道如何才能做得更好吗？这些问题都明确了之后再操作。一般情况下，人是没有意愿将他所能看到的每一样东西都写下来的。你每天下班回家，也不会总和家人聊起你路上看见的每一件事情和每一个现象。除非，有东西忽然触动了你。

“又是两周过去了，该是写作文的时候啦。这个周末，大家回去写一篇作文，这是我们本学期以来的第二篇大作文训练，希望大家好好写。题目呢，我会在今天放学前让课代表告诉大家。”你听过这样的话吗？你觉得学生们会好好写吗？他们会愿意写吗？他们知道怎么写就算是“好好写”吗？他们有“写得更好”的办法吗？

为什么我说“依然是那几个”呢？愿意写的、会写的、写得好的，永远是“那几个”。并且，“那几个”都不是我们老师教出来的，人家是小学学得好，人家是家庭教育好，人家是在外面补习班里学成的，人家是天生的会写。这些不愿意写的，不会写的，写得不好的，也永远是“这几个”甚至是“这几十个”，他们还真都是我们教出来的，就是经常说刚才那样的话的老师教出来的啊。

王永涛：您说得很对，让我惭愧一下，检讨一下！

黄　春：我们做老师的，其实都这样做过，只是多少而已，只是有没有意识到而已。我年轻的时候曾经干过更傻的事情。

为了完全仿真高考，我从高一开始，就进行限时作文训练，一个小时一分钟都不多给，并且我要等到全体同学都把作文本摊开，把笔握好了，我才转身向黑板上写下本次作文训练的题目。粉笔刚落，我就开始计时，到点就收，毫不留情。我以为这很好，很严格，很认真，很像样子。实际上，唉，现在想来，真是害人不浅。因为那样的训练，对学生来说就是一场折磨，不仅丝毫无益，还日渐损耗了孩子们对于写作的兴趣和信心。

王永涛：这么说，当孩子没有表达欲望，只是为作文而作文时，就是一种挫伤孩子写作积极性的行为。每一次写作都应该是学生有表达内容、有表达需要才进行的，那么激发学生的表达欲望应该是老师的首要作文教学任务。

黄　春：你说得太对了！好老师，一定是善于"挑逗"学生学习兴趣的老师。对于写作这样一件需要极大的情感参与的事情，尤为明显。数学题可以哭着做，引体向上可以哭着练，但是，作文，是不能哭着写的。

王永涛：其实我觉得哭着不管干啥都是干不好的。

黄　春：那是。

王永涛：可这么说，难道不能有限时作文训练了吗？

黄　春：之所以要限时作文，其目的和意义就在于要让学生适应考试的要求。这种训练，就不要指望学生能在写作水平上有多少长进，而只可以期望通过训练，能够习惯于"考场速度"（读懂题目要求的速度，构思谋划的速度，书写成文的速度），习惯于一气呵成。因为考试时候的写作，是没有什么搁笔沉思的可能的，是没有什么修改余地的，更不可能推倒重来。

但凡我们老师明确了此类训练的根本目的，你就不会加以更多的教学期望。在我看来，限时作文学生只要能够在规定的时间里，就规定的命题顺利完成一篇文章，这篇文章的水准大抵上还能达到他本人平常水平的七八成，就很不错啦。

自然的，这种训练，就是在模拟考试，那么，教师是不能有任何过程性指导的，你就是个命题者、监考员和阅卷员，甚至这三个角色，你都可以让别人来做，可能效果还更好。

（七）讲作文就是“灰霾与黄脸婆”

王永涛：大作文的讲评，也是我们工作中的难点，总觉得讲了之后学生并没有太大收获。您的作文讲评课是怎么处理的呢？

黄　春：我知道，我们所能见到的几乎所有的作文讲评课，都是由这么几个要素构成的：说说本次作文的主要优点和主要问题，诸如审题、选材、中心……，然后就此再次强调写作的要求，再当堂朗读几篇范文建议大家向他们（也总是“那几个”）学习，最后是“希望下次大家能写得更好”，下课。

王永涛：对啊，时间很短，又要照顾整体，这样讲似乎高效一点啊。

黄　春：我不能说这样的讲评就毫无用处，比如鼓励了写作好的“那几个”。当年我自己的写作兴趣和自信，就是这么一次次被鼓励出来的。可惜的是，这几乎是这种讲评课的唯一用处，并且次数多了，“那几个”也可能慢慢地变得并不在乎。更严重的是，我们太轻率地使用了范文表彰的手段，初心是树榜样，带群体，然而，结果有可能是榜样没树多好，群体反倒是被打压、刺激、冷落得不行，以致越来越自卑，越来越不愿意写作文。慢慢地，全班同学都不跟老师玩了。

我是不太主张有“作文讲评课”的，至少不能太多，至少不能有刚才我所描述的那样的讲评课。

王永涛：那您怎么讲评？

黄　春：我习惯用笔来讲，以文讲文。凡是年轻教师来找我问教作文的事儿，我都会毫不例外地先反问一句：“这作文，你自己写了吗？”很多老师在判阅作文的时候，拿不准标准，这篇和那篇到底谁好一些谁差一些？到底给多少分合适？纠结得要命。要不就是收上作文（尤其是考场作文）随手一翻，就开始抱怨："都写的什么玩意儿啊！"我就想问，我们老师自己写了吗？写得怎么样？我们自己写的时候，觉得难以下笔的原因是什么？据我所知，老师几乎是不写的，老师似乎只负责看着别人写，然后对学生辛辛苦苦写完的作文开始评评点点、指手画脚。而这样的评点和指导，都是主观臆断的，都是想当然的，也肯定都是云里雾里的。

你想当个游泳教练，你就得自己游过泳。游得不太好，还不行，你最好是冠军，最少你也得是参加过大赛。自己不会，连水都不下，怎么教别人？你知道吗，我曾经有过三十多年的心理阴影，我怕水，因为小时候被洪水冲走过，死里逃生。后来，谁教我游泳，我都学不会，不仅学不会，而且谁都不可能把我拉下水去，摁都摁不下去。我以为我这辈子都不可能学会游泳了，直到一个偶然的机会，我结识了一个世界游泳冠军。她说，怕水？那就别下来，坐在池边，涮涮脚，撩撩水，冲冲脸；等你想下水的时候，也别怕，你身边有我呢。于是我非常放松地在水边玩耍。你猜怎么着？很快，我就下水了。那心里的阴影面积，顿时就清零了。这就是冠军的力量，因为实力，所以智慧；因为懂水，所以懂你。我们教师呢？一个道理。我们总是坐在池子边，对着学生说：你看，鱼也能游，虾也能游，连乌龟都能游，再不行，狗也刨过去了……你怎么就不行呢？你得学鱼怎么摆尾巴，你得学狗怎么刨腿……但都不如你自己跳下水去，告诉学生：你们看着我。我那个冠军教练，就是这么把我教会的：你看着我。

王永涛：所以您认为语文老师要首先深谙写作之道？

黄　春：你说到"深谙写作之道"，我得问你一个问题。

王永涛：您说。

黄　春：自从你参加完高考，一直到你师范大学毕业走上讲台开始教别人写作，这段时间你写过规定时间规定字数规定题目的作文吗？你从开始教书到现在，教了十年、二十年，这其间，你写过这样的作文吗？

王永涛：没有，一篇都没有。

黄　春：你能确信自己当年初高中时写的作文，就是很好的作文吗？你确信自己十几年前几十年前的写作文经验，就足以成为今天教别人写的资本吗？我相信，不仅你我，谁都不能。因此，老师自己对于写作文的经历和体验，是需要继续有、经常有的。我的意思不是说老师就一定要写出非常好的那种文章来，不是说老师要能成为作家才好，不是。我强调的是，老师自己要有和学生写作时相同的经历和经验。你只有亲身经历，才可能知其原委。

王永涛：所以说老师得写下水作文，得跟学生有共同的写作经历。那您是每一次学生作文，都会写下水作文吗？

黄　春：是的，只要是我正儿八经地设计的作文训练，我是必须写的，并且一般不止写一篇，我还要换着角度尽量多写几篇。我甚至要换个性别，体验不同的学生对于一个话题的不同思考和不同的表达。否则，我一个男老师，怎么指导女生去审题、立意、谋篇布局？

我不能武断地说老师自己不写就一定没法教别人写，因为好像也有很多老师自己没写却教得好像也挺好。但我可以理直气壮地说，教师自己写了之后再去教别人写，一定教得更好，并且一定会有不一样的更好的教法。

因此，今天我们聊作文讲评，我首先想说的是：教师先写，先评评自己的作文。这不是说要故意地考考自己，而是要从自己的经历和经验中，去揣度学生的写作过程。你要相信，这个过程人人相似，师生无异。

找篇还留存着的，转你看看哈。那是一次期末考试，我命的话题作文“品位”。

我的无品生活

知道买衣服需要挑选品牌，那还是和一位“潮范儿”女友交往之后的事情。不久我们就分手了。我觉得体面远不如体贴来得更实惠。之后又交往了几个，大抵也都如此无疾而终，不是缠着我要去逛“中友”买“阿迪”，就是闹着要吃“麦当劳”“海底捞”，就连渴到不行了跑进超市买瓶水也还得挑“农夫”找“雀巢”。

那以后，很多年没再恋爱。在这个什么都讲“牌子”的年代，我越活越自卑。我不是“帅男”，不是“北清”，不是“海龟”，不是“二代”，连“草根”都算得有些勉强。于是，我自觉地将自己划归到“三无”之列，随手扔进婚姻的夜市，等待某位贪图小便宜的买主。

还真等来了，也没怎么讨价还价就成交了。结婚，生子，锅碗瓢盆，每天去卖菜的早市，买散装的大米，买成堆的大白菜。偶尔也去小区门口那家没名没姓只有炉子蒸笼的包子铺吃早点、吃夜宵，过起了与“牌子”绝缘的小日子。这才是我习惯的生活，衣，食，住，行，而不是“LV”“M”“LOFT”“BBA”，我并不以为高品位的生活就非得用品牌来武装。

结婚登记时需要的“碰头照”，是在街边一爿有着窄窄的小门脸儿的小快照店里照的。撑布景、调灯光、按快门、打印照片的是一位小伙子，估计还是单身——也或许有了对象。“木婚”纪念的时候，我提议再去那家小店照张“碰头照”，老婆欣然答应。寻到那条小街，却不见了那方门脸儿。估摸了一下位置，我们从一家鞋店走进门去，刚要打听原来的照相馆是不是已经撤摊儿了，却忽然惊喜地发现在满是老北京布鞋的货架后边，居然还是当年的摆设：布景、相机、两盏灯光，只是地方局促了许多。小伙子不见了，换成了一位大叔。

“你这儿连门脸儿都没有，能有生意吗？”“嗨，你还甭说，还真有几个回头客。”哦，我不就是它的回头客吗？且这一回头，便是五载飞逝。

“街对面那些照相馆，抢去了生意。人家都是品牌连锁的，我们敌不过，只好改换了行当。”“那你还要撑着？”“嗨，不也有一些像你们这样不大讲究的吗？”

“我不讲究？我要是个不讲究的人，我大老远跑回你这儿来照‘碰头照’干嘛？”“呵呵……”大叔意识到话搭得不太妥，忙着到前头招呼买鞋的顾客去了。

“你也就是讲究点儿感觉。”理科出身的老婆，居然蹦出一句诗意来。

“感觉，多省钱啊。”

我们相视一笑，穿过“内联升”的布鞋架子，往家里走去。路过一个街心花园，老婆又猫着腰从一个“一律十元”的地摊里淘了几件还好看的小花裙，买给女儿夏天穿着去上幼儿园。砍了砍价，二十元三件。

忽然有一天，我们还完了银行最后一个月的房贷按揭。老婆高兴地说："我们庆祝一下吧。要不'麻辣诱惑'去？"我这才想起来，爱吃辣的我自从娶了位不吃辣的老婆之后，很多年没"辣"一把了。

"好啊，等等……"

我支好鸳鸯火锅，从橱柜里翻出去年我妈从老家带来的干辣椒，往沸腾的锅里撒下一大把。整个屋子都红了起来。从没吃过辣椒的小女儿，吸着鼻子说"真香"。"家里有个辣爹，还会少得了辣妞？"

老婆也舀了一勺辣汤，倒进她自己那边的锅底汤里。

怎么样，还可以吧？反正，学生们很喜欢，至今看见我，还会拿"我的无品老师"来奚落我呢。话题"生命"，我就写《一半求生，一半认命》；"色彩"，我就写《灰霾与黄脸婆》；"行走"，我就写《低头走路》……每次都写，习惯用博客的年代，就会存在博客里；也有很多是手稿，被学生拿了去，早不知所踪了。

王永涛：您这何止是可以啊！我要是您学生，看到老师写这样的作文，我得多喜欢我的老师啊！有生活经历，有真情实感，有人生感悟，这已经不是学作文这么简单了，学的是生活智慧、人生态度啊。哪怕学生仍不会自己写作文，也是收获满满啊。那您写完以后，怎么去讲评呢？

黄　春：怎么讲？刚才说过，用"笔"讲。用笔写完之后，继续用笔讲。我们老师，要将自己写作过程中的经验写下来，畅快之处、郁结之处，心之所及笔之所至都写下来。尽量去与学生共体验，共情感，共苦乐。此外，不仅要讲述自己，还要讲述别人，因为老师判阅了几十篇同学的作文，要同时讲述尽可能多的别人的写作经历（当然是你从文中读出来的或是和其作者聊出来的）。这些东西，是最值得分享的东西，都要写成文字供每一位学生细细揣摩。

如此一来，这样一篇"讲评"的讲义，往往会一两万字。这是我们的劳动成果，是我们教师的智慧。接下来，我们要"敝帚自珍"，将它好好排版、印装，在一个非常正式的时刻，送到学生手里。限于篇幅，我给你转一篇短一些的。

灰霾与黄脸婆
——写给“色彩”

前些时候，女儿从幼儿园回来后就抢着给我背诗：

秋天是一幅美丽的图画，美在哪呢？我乘上一片落叶做的小船，要去看看美丽的秋天。我问小草，小草轻轻地告诉我：“秋天是黄色的。”我问枫叶，枫叶沙沙地告诉我：“秋天是红色的。”我问白菊，白菊微笑地告诉我：“秋天是白色的。”我问松树，松树大声地告诉我：“秋天是绿色的。”我问大地，大地骄傲地告诉我：“秋天是绚丽多彩的。”啊，我终于明白了，秋天的颜色是那么的美丽。

在这个雾霾不散的京秋，我都快忘了秋天的样子了。前两天上课讲句子成分和语病，顺口举了一个上个世纪最流行的主宾不搭配的例子：“秋天的北京是个美丽的季节。”这话还在嘴里通过的时候，我就觉得别扭，怎么着都觉得这个句子的毛病，已经不是什么搭配不搭配的问题了。

其实，我们很容易将这句话说对了——北京的秋天，是个美丽的季节——只是，这个正确的句子，已经死了，死在了北京的烟囱里，死在了北京的车轮下，死在了都市欲望的温床上。

女儿背完她的秋歌，转头问我：

“爸爸，松树在哪里？白菊是什么东西呀？”

她没有问“小草”，因为她的图画书里经常有大片大片的草地；她在乡下的老家见过松树，所以她只是问北京哪儿有；她从未听说过白菊，我估计她都读不懂那个词指的是一种白色的菊花。

我没有回答她。我只是盯着她妈妈给她买来戴上的粉红色的小口罩，然后刮了刮她的小鼻子：“就你能问出这么调皮的问题来。”

女儿极喜欢粉色，她曾幻想着告诉我：爸爸，我的新家一定要刷成粉色的……还有，要是天空也是粉色的，那该多好啊。我说：“天空，粉色……嗯，应该快了吧。”

不过，药店里卖得最火的，还是要数蓝色的口罩。我猜想，大抵是因为这种颜色能稍稍满足人们对于蓝色的回想以及呼吸蓝色空气的那点儿潜意愿吧。

想起来，挺悲凉的。

没想到韩露老师为期中考试出的作文题，就是“色彩”。如果以上数百字算是开场白的话，那它其实也可以算是一篇以“色彩”为话题的作文雏形了，稍加丰富，就不次于一类文水平。这么说来，写作不难。

监考的时候，我就在估摸着孩子们的笔下会呈现怎样的种种色彩。约莫九点五十分，教室里的三十八张课桌开始变得“五彩缤纷”：梦的色彩，家的色彩，太阳的色彩，军营的色彩，中学的色彩，四季的色彩，母亲的色彩，岁月的色彩，生活的色彩，人生的色彩，生命的色彩，世界的色彩……

我还特意关注了一下上过我的写作选修课的孩子们的作品，让我感到欣慰的是他们基本上都在记真事、说真话、抒真情，至少基本上都在试图努力地表达真实的自己：梦是自己昨晚刚做的；家是自己三口五口有户籍的；太阳是校园科技楼顶的那一轮；军营是从小长大的部队大院；中学就在什刹海边上；四季的变换也来自于校园里的几棵银杏树；母亲不再背我上医院，不再语重心长，而又恢复了唠唠叨叨；岁月的流淌是一件新衣又一件新衣；生活里除了学习、考试、八百米、姥爷去世，多了逛个街、吵个架、发个呆；人生的意义在于成功、在于辉煌、在于不悔，同时也在于责任、在于感觉、在于寻常；生命有血液、有风雨、有吃喝拉撒睡；世界也可大可小、可近可远，有边界、有争斗、有雾霾……

写这些，多好啊。我没有去完全统计，但我相信，他们的分数都不会太低。

然而，尽管我的眼前似乎是一片绚烂，却并未觉得这诸多的色彩驱走了这连日的阴霾。因为在这些文章里，真实的生活和文学的色彩之间，多数时候还只是一种生拉硬扯的关系。比如：

我的学习很忙碌，所以，生活是红色的；

我的妈妈很爱我，所以，母爱是红色的；

我的童年很快乐，所以，生命是红色的。

稍微讲究一点儿的，也不过是这样：

我每天在跑道上奔跑，所以，生活是红色的；

我妈每晚给我送苹果，所以，母爱是红色的；

我小时候最爱吃山楂，所以，生命是红色的。

也还有一类同学，思考得极正确但又极简单：

医生就是白色的，军人就是绿色的，

结婚就是红色的，死亡就是黑色的，

春天就是碧绿的，秋天就是金黄的。

能不能讲点儿逻辑呢？

能不能有更多一点儿自己的体验和自己的表达呢？

你看诗人笔下的色彩：

一点飞鸿影下，青山绿水，白草红叶黄花。

白毛浮绿水，红掌拨清波。

日出江花红胜火，春来江水绿如蓝。

知否，知否，应是绿肥红瘦。

这个世界上的东西，绝大多数都不是纯色的，所谓赤橙黄绿青蓝紫，往往都是三三两两杂糅在一起的。这不，即便就是“一道残阳铺水中”，那不也是“半江瑟瑟半江红”的吗？就说是黑白照片吧，你也能分出深深浅浅的灰色来啊。这才是“真实的生活”，才是“文学的色彩”。

即便母亲每晚都给你送来一筐红苹果，你也没有道理说你妈妈的爱就是红色的，除非你能像这位诗人看牡丹那样“绕行惊地赤，移坐觉衣红”。因牡丹红，而地、衣皆红，想“绕”都绕不开，想“移”都移不走。一“惊”一“觉”之间，可见“红”之彤彤，“红”之通通。请问，你所写的母亲给你送的红苹果，有这么红吗？

我上文所谓的“生拉硬扯”，指的就是在“所以”处，过于简单，过于生硬。殊不知，彼“所以”之处，乃全文之精要所在，需你“绕绕移移惊惊觉觉”地细细写来。

色彩，它不仅是事物的一种物理属性，也不仅仅只是一种用好看和不好看、喜欢和不喜欢来评论的简单的自然现象。

我们都相信，色彩是关乎心情的，如此，方才有热烈的红、忧郁的蓝、活力的绿、压抑的黑等等之说法。

我们也都相信，色彩是关乎意义的，如此，方才有紫色之禁城、黄色之龙袍、青衫之下品、衣褐之黔首等等惯俗。这些，我们都知道。只是到了写的时候，容易概念化、标签化，泛泛言之而不能具体形象。以我所见，其要害就在于我们自己对于色彩的感知能力太有限。

以黄为例吧，我搜罗了几个词语：青黄不接、黄卷青灯、紫冠黄旗、面黄肌瘦、飞黄腾达、人老珠黄、橙黄橘绿、明日黄花、黄发垂髫、炎黄子孙、碧落黄泉、天地玄黄、黄冠草履、扫黄打非……这些词语中的“黄”，有多少种不同的意思？有多少种不同的象征？如果我是画家，我能用色板调配出来吗？如果我是作家，我能以文字描摹出来吗？

几年前有一次回老家，进家门时，老父亲接过我手里的行李箱之后刚迈过门槛，回头说了句：“你脸色有点发黄，工作是不是太累？”而我是从来看不出别人劳累之后脸色会变黄的，在我看来，黄种人的脸色，难道不就是黄的吗？我说：“没有啊，挺好的呀。”后来，母亲退休后来北京帮我照看孩子。我头一回发现以前一直以年轻漂亮著称于十里八乡的母亲，真的开始老了。因为我第一次发现，母亲的脸色，真的是黄的。母亲的脸，一天比一天地不好看了。可操劳家务的她，依旧整天微笑着，对着她的孩子，她孩子的孩子。

女儿说要画奶奶，我就帮着她找画笔。在一大盒好几十种颜色的画笔里挑挑拣拣了好几遍，也没能找到“奶奶的脸色”。还是女儿聪明，她先涂了层淡粉，后又涂一层桃红，再涂一层明黄，又涂一层葡萄紫，最后索性握着根黑黢黢的蜡笔，使劲儿地涂了好半天，对着奶奶说：“还是不像。”

当然不像了，她怎么能读懂奶奶的“脸色”？颜料工厂再怎么巧夺天工，也定是无法配置出“奶奶的脸色”的。那种黄，不是炎黄的基因，不是橙黄的成熟，不是铜黄的康健，不是菊黄的坚忍；那种黄，已经不是一种颜色，它是岁月，它是操劳，它是风霜，它是被排排后浪无情推向沙滩的祖祖辈辈。

她后来哭着去求奶奶，奶奶哈哈笑了：“你奶奶都黄脸婆了，还有什么画头。

去，去画你妈妈去。”

估计女儿也知道“黄脸婆”就是不好看的意思吧，便拉着我的手去找她妈妈当模特。我忽然发现，她妈妈的脸，好像也开始有些发黄了。

“妈妈才不是黄脸婆呢！”女儿生气地反驳我。

女儿的话，把爷爷逗乐了，连声夸赞孙女好懂事儿。

回北京的时候，母亲送我到车站。临走时嘱咐我：“工作上能少做就少做点，多照顾家里，你看孩子她妈妈脸色都发黄了。这女人呀，老起来很快的。”

后来，女儿每每在画画时找不到最合适的画笔，我就告诉她：“有些颜色，可以看在眼里，可以印在心里，就是没法画在纸上。”

她肯定听不懂，因为她一边听一边不停地在一大堆各种颜色的画笔中挑挑拣拣。

忽然记起曾经教授过的一篇散文《花未眠》，其中有一段关于色彩的讲述，很是适合我现在的想法：

“去年岁暮，我在京都观察晚霞，就觉得它同长次郎使用的红色一模一样。我以前曾看见过长次郎制造的称之为夕暮的名茶碗。这只茶碗的黄色带红釉子，的确是日本黄昏的天色，它渗透到我的心中。我是在京都仰望真正的天空才想起茶碗来的。观赏这只茶碗的时候，我不由地浮现出坂本繁二郎的画来。那是一幅小画。画的是在荒原寂寞村庄的黄昏天空上，泛起破碎而蓬乱的十字型云彩。这的确是日本黄昏的天色，它渗入我的心。坂本繁二郎画的霞彩，同长次郎制造的茶碗的颜色，都是日本色彩。在日暮时分的京都，我也想起了这幅画。于是，繁二郎的画、长次郎的茶碗和真正黄昏的天空，三者在我心中相互呼应，显得更美了。”

你应该揣测到我现在想说什么了——除却真情体味，你还有丰富的阅读经验也同样能帮助你养成一双观察色彩的明眸善睐。

你读过“红豆生南国，春来发几枝”，于是你应该更懂得红色的爱意。

你读过“葡萄美酒夜光杯，欲饮琵琶马上催”，于是你应该更懂得紫色也可以很豪迈。

你读过“满面尘灰烟火色，两鬓苍苍十指黑”，于是你应该更懂得有时候黑白的单调也可以蕴藏浓烈的情感。

当眼前的色彩和记忆中的色彩相叠加，当现实中的色彩和文学中的色彩相叠加，物理的色彩会焕发出生命来，生命的色彩会漾溢出情感来，情感的色彩会显现出形象来，形象的色彩会萌生出意义来，意义的色彩会携带着物理来。

日本黄昏的天色，之所以有别于中国黄昏的天色，有别于美国黄昏的天色，正是因为此时此地此景，作者不仅拥有日本的天，还有日本的碗，日本的画，因为他的名字叫“川端康成”。

韩露老师命我不许和你们一同去秋游，赶紧写出5000字来。

哎，老了，这么篇烂东西，居然憋了我6个小时。

——这不，眼都绿了，脸都黄了，手都青了。

2013年11月8日星期五，你们正游山玩水的时候

这是某次期中考试结束，我们备课组责成我撰写的“作文讲评万言书”（篇幅所限，删去了一些案例解说），这已是惯例。你不觉得，学生们很愿意读吗？成为传统之后，每次作文之后，他们甚至会很期待。有兴趣做更多了解，你可以关注“四中语文”微信公众号，里边会有我和我同事们的《作文讲评》万言书。然后，我们并不需要安排什么特意的讲评课，如果你愿意，你就给一节课让大家读，只是读，啥都不用讲；如果你不愿意（或已成惯例），那就甭管它，学生们自然会在他可能的第一时间如饥似渴地读，这就够了。

王永涛：我觉得我做不到。

黄　春：你说你做不到，哈哈，一是你没有尝到过其中的美妙滋味，二来，是我们并不需要经常做这件事，一个学期两次，足矣。

王永涛：所以，这就是您的“讲评”。我正想问您一学期进行几次这样的写作。

黄　春：哈哈，另外跟你算一笔账：一学期两次，一年四次，三年十二次，一共大约15～20万字，正好一本书，你的作文教学的专著。某年教完高三，我突发奇想，还就真弄过一册。将这三年里写的“万言书”整理整理，归纳归纳，

再用些学生作文以及教师批阅为案例，一本写作教学的书就问世了，我给它取名叫《笔尖上的成长》。不仅是学生，教师的成长也要依赖于“笔”。如果你能坚持几轮，你就是作文教学的专家。

（八）教之不如聊哉

王永涛：您这样的讲评既是对自己写作经历与心得的陈述，也是对如何作出好文的引导，那我们老师对于孩子作文中的具体问题，就不直接去干预了吗?

黄　春：当然不是的。这正是我下边想谈的作文讲评的又一个重要方式：面批。倘若真要对学生的写作，针对个体和针对问题地进行指导和帮助的话，唯一的办法，就是面批。注意，面批，不是“当面批改”。其实我不喜欢“面批”这个动词，但是大家说习惯了，也就用吧，不过我要澄清我所说的“面批”的含义：面对面的，聊一聊关于写作的那些事儿。其实，叫“面聊”准一些。

王永涛：什么样的孩子或是作文，您觉得需要“面聊”？

黄　春：千万不要让学生有这样的固定直觉：老师约我面批作文，肯定就是我的文章写得不好了呗，肯定要听一番老师的教导了呗，那肯定就要按照老师的要求和建议，回家重写一篇了呗。哈哈，我相信，有很多老师，他的学生一定会是这样想的。这就完蛋了，事情还没开始，就已经失败了，就已经注定此次“面批”无效了。

什么样的孩子和作文需要面聊？如果老师有选择地和孩子面聊，一来曲解了面聊的本义（以为面聊就是重症监护和特别关照），二来也就势必造成了我刚才说的那种现象（吓死学生，孩子并不愿意来）。因此，我说的面批，是全员的，没有选择的，只有时间和档期的先后。

王永涛：都聊一聊？针对他的写作情况来聊?

黄　春：关于写作文这个问题，每个学生在每个学期中，至少应该有一次和老师面对面有较长的时间比较充分的“面聊”（面批）。所以，一个语文老师，几乎每天都会约一两个学生聊聊写作。一个学期下来，基本能保证这个频率。

王永涛：您这个“较长时间”，是指多长？

黄　春：一个小时以上。倒杯水，坐下来，慢慢聊。

王永涛：那我明白了，不是就某一篇作文聊，而是就写作这个事儿聊一聊。那我能猜猜你的开头吗？你会先问学生，比如写作的困惑，或者最近写了点儿啥比较得意的东西。

黄　春：开头？哈哈。这个，完全可以和谈恋爱一样。“今儿天不错啊！怎么样，最近忙不？累不累？……”

王永涛：好吧，我还是太直接了。

黄　春：聊天嘛，不要变成审问。师生关系，自然一点，成人和小孩也是人和人，没什么区别。老师，不要把自己太当回事，总想教育别人。中国人有个毛病，就是喜欢把小孩看小了，把大人看大了，把老人看老了。

不要一上来就是：“来，看看你的作文，你看啊，这里……不好……那里……有问题……”不妨拿出自己的东西来：“来，看看老师最近写的，你觉得怎么样？……”“给点意见呗。”

王永涛：估计这么去聊了，就算没聊作文本身，学生也会更亲近老师，更愿意学语文的。

黄　春：你理解得太对了。让学生比刚才更愿意学，比之前更愿意跟你学，就是师生谈话的主要价值。但你别指望谈一个小时，孩子就会写作文。

一位医生，如果能走到病人床头，坐下来，和他聊聊天。这位病人，也许就更好了。因为他不害怕了，他从医生的淡定从容中相信自己有希望了。医生不能去吓唬病人，教师也不可以。“面批”，就是像医生那样，和每个病人聊聊天。而不是当面下药，更不是当面下猛药，还告诉你“再不吃，就完了”。那就真完了。

王永涛：嗯！这一个小时的面聊，要是能打消一点他对作文的恐惧、排斥，也是莫大的收获；若是能激发一点他对写作的兴趣那就更好了。

黄　春：是啊，那就是超值了。

王永涛：高明！我发现我以前从来没有这么去思考过。其实做这个工作并不难，相反，师生都很轻松、愉快。

黄　春：还有个秘笈，要我告诉你不？

王永涛：跪求哈。

黄　春：哈哈，如果能不让学生知道其实人人都会被面聊的，那就更好啦。你不知道或者你忘了吧，能被老师单独约见喝茶聊天，那是一种荣耀啊。这叫“教育心理学”，黄氏的。

王永涛：哈哈哈，受教了。

黄　春：一学期两次的大作文训练，一学期一次的项目写作，每周一次的随笔；随笔是面（没什么指向，以量取胜），作文是线（具有明确的训练方向，必须有所得），项目是点（突破某一个专题），这就是我平时作文教学的框架了。

王永涛：前几年我们这里推行的作文评改方式是学生互评，您听说过吧，您觉得这是一种有效的方式吗？还是仅仅解救了老师，对学生的写作并无益处？

黄　春：偶尔为之，未尝不可，作为一种体验。但对于教学来说，我是强烈反对的。

王永涛：为啥？

黄　春：那可能就是老师为了偷懒，而硬生生要给自己创造的“学生互评”去寻找理由，因为这种做法肯定没什么真实用处。知识和问题，是可以讨论的，但关于“学习结果的评议”，必须是老师和学生之间的事情。与其让学生在写完了之后相互评议，倒不如在开写之前互相聊聊，还有可能激发出一点什么东西来。事实上，连写之前的交流，我都不赞同。因为写作，是一个要有点“小秘密”感觉的事情。我把我想写的东西都告诉别人了，可能就会少了很多书写的新鲜感和成就感。

你要知道，能评议一篇文章，尤其是同龄人写的文章，那得具有多大的本事啊。我们老师去评议学生的文章，都不是一件很容易做得好的事情。那种“学生互评”课，结果很可能就是看上去很热闹、看上去像在合作研究学习而已。

有些学科，那种具有规范程式和标准答案的作业，学生间做一做互评，也许是个好办法，但也不能常用。作文，不可以。

王永涛：作文互评还有一个环节就是在学生评完后，老师再评。但是也没有超出以前的老方式，就是老师写几句评语。

黄　春：只会增添评议的混乱性，弄得被评议的学生一头雾水、莫衷一是，越来越糊涂。再说了，没有人愿意自己的作文让别人评来议去的。给老师评议，已经是百般无奈了。试想，换做你我，一个成人，我们愿意吗？一群人给你提各种“不好”，你还愿意继续写吗？作文，写完了就写完了，不要再去议它到底有多不好。即便是教师写评语，或者教师来评议，也是尽量找其优点、闪光点，放大了说，夸大了鼓励。

在我刚刚说的那篇教师的“万言书”里，老师可以以自己的文章和写文章的过程体验为例，说一说什么是不好的，就可以了。不要说太多学生的不好，要相信，学生会自己对号入座的，你给他留个面子，他才能还你一个改观。

（九）拒绝套路

王永涛：为了让学生在考场上能短时间写出一篇深得阅卷人喜爱的文章，老师们在初三阶段会进行作文模式的训练。就是教一两种学生容易掌握的篇章结构、行文思路等，让学生依葫芦画瓢，写出一篇在形式上比较讨人喜欢的文章。作为一种应试策略，您觉得这可行吗？

黄　春：这个问题，哈哈，你自己在问的时候，语言中就使用了不少含有贬义色彩的词汇。

王永涛：是的，我不这么干。

黄　春：这个问题所涉及的，不是教学理念和方法的问题，是教师品德的问题，比让学生罚站更有损师德。我们就不讨论了。

王永涛：另外一种接近的方式更普遍，就是范文教学。这是基于写作始于模仿的认识，您怎么看这种作文教学方式呢？

黄　春：以优秀为示范，当然是可以的。然而，绝不可以将优秀的作文僵化成模本，要求众人皆学之，这就不对了。优秀的示范意义，不是用来被模仿，而是用以激励和鼓舞、引领和指导。

假如我们接手的班级里，有个别学生，就是不会写作文，真不会写，文字表达的能力真的很差，也没有什么写的欲望，怎么办？在我教书的经历里，这样的孩子，好像每届都有。他可能是天赋的问题，也可能是以前的学习经历里就没有接受到适合他的教学，这不怪孩子，况且毕竟每个人的长短是不一样的嘛。但是，既然是我的学生，我就要想办法，想一些适合他的办法。比如，这个时候，我觉得，范文就很管用。我会告诉他："你每次的写作练习能自己原创，当然好，实在憋不出来，也没关系，你可以抄范文。不过，因为抄比写要容易，所以，你每次要抄两到三篇。可以吗？"一般情况下，学生都会欣然应允。作为老师，我会专门为他积攒一些适合他来阅读和模仿的好文章，有的是书上摘来的，更多的是他身边同学的好文，印给他，供他选择、抄写。抄着抄着，也许他的感觉就来了。总之，范文，是教学的一种资源，而绝没有"范文教学"这样的一种教学模式。凡是弄成了"模板""模式"，那十有八九是要离谱的。

你说到"范文"，当然指的是优秀的范例文章。我就想到了它的另一类范文：错误典型，也是"范文"。我曾经在一些老师的作文讲评课上，发现老师将班级学生作文中不好的段落和句子，都摘录下来了，并且印成讲义，发给学生人手一份，还不忘用投影仪播放出来，要求全体同学来评鉴"它们都病在哪里"。

王永涛：您是不是觉得这是很不合适的？

黄　春：幸好，他没有将每段文字的原作者标注出来，否则，你可以想象，那节课，将会如何"误人子弟"。然而，同学之间都熟悉得不得了，你就是怎么隐姓埋名，人家也知道这句话是谁写的，那段文字是谁的大作。

王永涛：我好像也这么干过。事先会跟这些同学打招呼，但他们仍然会觉得难为情。

黄　春：这是非常不好的，无论是哪种内容的教学，还是哪个方面的教育，在专业的教育中，是不允许这样做的，他侵犯了学生的尊严。

自然科学的一些解题过程，你把典型的错误案例搬到课堂上去当众讲评，或许还好，毕竟那东西有标准答案，错了就是错了。而写作呢？无所谓绝对的好和绝对的不好，何况是断章取义，很难让当事人自己心服口服。要知道，每个人在写作的时候，都是认为自己写出了自己的最高水平的，都是以为“这样写比较好”，才落笔的。

还是那句话，中小学生写作文，它就不是个“技术活儿”，中小学语文教学关于写作的教学，更多的还是要从保护和激励孩子表达的欲望和胆识、丰富孩子的世界以让其有表达的需要和可能着手。

（十）尘封的天赋

王永涛：听您说这么多，好像自始至终也没有提及什么“写作技巧”。

黄　春：是呀，是不是觉得有点儿白聊了呢？写作有技巧吗？也许有，但肯定只有在有了基本的写作愿望和写作经验之后，技巧才会发挥作用。写作教学有没有方法？也许有，但也肯定只能是在师生都你情我愿之后才可以谈方法。就像我刚开始时说到的，如果你认同写作是人表达情感的方式之一，那么，你就会理解并接受写作、唱歌、跳舞、绘画和喜怒哀乐哭笑诉闹一样平常的道理。写作，作为一种表达手段，它是一种本能，每个人都有写作的天赋，它本身就不是一件需要我们后天从零开始一点一点去习得的新本领。只不过，很多人的写作天赋被掩盖了，被桎梏了，被扭曲了。这也说明，每个人都能够写作；而更重要的是，每个人都需要写作。从而，每个人都可以从写作中获得精神的快乐和情感的愉悦。教师的本领，就是要让写作成为学生生活的一部分，成为人生的一种方式。这样，写作就能从一个独特的方面丰富并优化我们的生活。

至于写作训练，其实就是如何唤醒自身写作天赋的问题。那么，究竟是什么东西，尘封了我们的写作天赋呢？比方说考试。很多人写作，似乎只是为了考试，于是有了“考场作文”“应试作文”这一说。他们考试（作业）之外从不愿写作。

比方说题目。很多人将作文题目和数学题一视同仁，也分难易；很多人将作文题目和政治题一视同仁，只是在回答问题。

比方说分数。很多人的写作目的是得分。想得分不是错，而写作过程中总惦记着“分”，那便是大错，大大违背了写作的规律，而适得其反。

比方说技法。不少同学都在努力地向老师、向各种指导书寻求写作的“技法”，以便求得“一招鲜”的法则或套路，却作茧自缚于所谓的“技法”。

比方说文体。“我爱写散文，不爱写议论文。”很多人都这么跟我说。殊不知，写作能力和文体无关。且写作之前并不需要思考“究竟是写什么文体”。

比方说文采。追求文采是应该的，但是，为文采而文采，就是画蛇添足、邯郸学步了。

比方说“政治”。很多人将文学中的说理，和政治逻辑哲学中的说理等同起来，于是，文章便苍白、生硬了。

比方说“历史”。中国历史丰富的典故资源，使得我们的写作，往往成为历史典故的堆砌和卖弄。我常常感叹，为什么一说理，就需要请出“死人”来说话呢？弄得文章很像是一场“阴间辩论会”。

比方说“科学（自然）”——大概是数理化比较吃香的缘故吧，即便是喜欢文学的学生，文章中也充斥着科学家的故事。

比方说老师。唯老师是听，并不是一件好事情。毋庸讳言，我们所听的很多作文课，不乏有束缚、误导甚至是摧残。此外，“作文是写给老师看的”，使得学生为迎合老师而畏首畏尾、缩手缩脚。

比方说同学。同学久了，作文样子都会相似，同学间的“赶超氛围”“风格导向”，实在很重要。

比方说读者。学生们的写作，其读者面过于狭窄，估计有些同学十几年来创作了数百篇文章，而读者只有老师。于是，我们就形成了定识：为老师写作。

这些现象，着实需要改变，亟待改变。既然写作是本能，那么，写作就应该回归到生活中去，回到自己最本真的心灵里去。教师应该带着同学们去反思，去想一想：我文章中所写的或打算写的情感是我由衷的情感吗？那个观点是我心底认同的观点吗？那些内容是我熟悉的内容吗？那件事情是我体验过的事情吗？也就是说，文中作者的生活，真的是“我的生活”吗？

王永涛：我可不可以这么理解，作文教学的本质不在技法、技巧，作文就是生活，就是做人，怎么生活就怎么作文，怎么做人就怎么作文，所以作文指导要站得更高，要能影响到学生的情感和观念，也要站得更近，要能观照学生的真实生活。

黄　春：非常正确。我记得我多年前在编撰《笔尖上的成长》一书的时候，看着是厚厚的一本，教学生写作文，其实从头到尾字里行间始终就只几个字：真生活，真性情，真作文。

碰上学生和读者找我签书，我一般也只写三句话：会生活，真性情，好作文。

第四章

何止于教
——语文课堂该什么样儿

（一）教材只是个例子

王永涛：一谈到课堂教学，肯定绕不开教材。现在，“教材只是一个例子”的观念已经人人皆知，但是面对这样的理念，一线教师还是有很多迷茫的。这个例子的价值、运用，该怎么对待？您是怎么看待我们手上的教材的呢？是否认为选入教材的文章，都是有一定教学价值，甚至就是更有价值的作品？

黄　春：理论上讲，应该是这样的。教师不可以去责怪教材和考试，任何学科都不可以，因为这不属于教师需要考虑和可以改变的事情。

教材的编写，是一门独立的学问。尽管现行教材不能尽如人意，但那也是学术专家们的成果，有其自身合法合理的编写逻辑。谁都能说出一堆教材的不好，但也不是谁都能编出一套让所有人满意的教材来的。另外，没有人要求你必须“教教材”，任何专家都会跟你说：“教材是拿来用的，不是拿来教的”，“教师不是教教材，而是用教材教”，“教材只是个例子，每个教师可以也应该用得不一样”。

王永涛：您这个观点对我们一线老师很重要，尤其是年轻老师。前些年，对语文教材的抨击很盛，这让老师们有点无所适从。我记得我刚毕业那年，学校里一位语文老师在做一个研究，邀我加入，课题记不清了，但大致就是对教材中自己认为不好的篇目，或是改动过的篇目进行甄别，基本是找改得不合理、不好的地方。我当时觉得自己能力有限，没有参与。现在想来，如果老师们，尤其是年轻老师沉浸在研究教材是否合理，可能会是一种误导。像您说的，那不是语文老师的本职工作。

黄　春：这种事情，自己琢磨琢磨，也不失为一件有意义的事情，能帮助自己更好地理解教材以及理解教材的意义。教材难免有错误和不妥，发现了，有理有据地提出修正的建议，是很好的；但是，正儿八经地去做研究做课题，就稍微显得过了一些。

王永涛：谈到“教材只是一个例子”，那就是说教师对教材可以有独立的解读，对如何教有充分的自主性。可这个自主性对教师的要求就高了，尤其是年轻老师。年轻老师可能会苦恼，可能更希望有章可循，有法可依，有例可援，您有什么好建议吗？

黄　春：其实，语文教学在不同的学校，都会有不同的样式。也就是说，每个学校都会在自己的教学理念指导下，形成自己独具特色的教学样态，包括教学内容的选择（取舍，详略，轻重，先后）和教学形式的选择与创造。年轻老师，其实也包括老教师，可以遵循这个传统，在学校的传统教学的惯例中，慢慢适应，慢慢创造。

对于语文而言，其实，并没有什么是“必须要”的教材内容。教材，就是一个材料汇编，准确地说，是一个可供选择的材料库。每一个学校，都可以也需要将这个公共材料库，整理成自己适用的材料资源（所谓的“校本化”），并且，每个具体的备课组和每一个个体教师，还需要在校本材料库的基础上，加工成具体可操作的“我的教材”。

王永涛：那是不是说，我们可以摒弃教材上的例子呢？不知道其他老师是否有这样的困惑：教材上的教学内容自然有编者的意图，但有的内容学生和老师都觉得无趣，这时候老师要调动学生就很难了，但是又不得不上。这时候，我们直接放弃，不上，行不行呢？

黄　春：教师在面对统一教材的时候，需要做两件事情。第一件事情，是要想方设法获取编者意图。你刚才说得很对，编者，总有他的意图，这个意图，还肯定具有一定的合理性和先进性。毕竟，教材编者都是本学科专业领域和教学领域的专家。这个工作，能帮助我们解决很多“迷惑”：为什么选这篇课文？为什么按这个逻辑编排？等等。当我们理解了教材的选编原则和逻辑关系之后，或许，我们之前并不太接受和并不太喜欢的东西，就变得可以接受和渐渐地喜欢起来了。

第二件事情，就是对教材进行“为我所用”的处理。删，增，补，改，换，调，都是可以的。在不改变教材的大原则和大方向的前提下，教师有权利也有义务对教材进行“自我加工”。在这个加工过程中，教师可以适当照顾自己的好恶倾向，但也不可以完全照着“我愿意我开心我喜欢我乐意”的“我的地盘我做主”的自私逻辑来肆意更改。你不喜欢的，学生未必不喜欢；你认为无趣的，对学习而言未必无用。

我相信，只要教师是本着让教与学变得更适恰、更有效的初心而进行的整理加工，那么，在教师喜欢、学生喜欢和国家教材的统一性和原则性之间，是可以找到平衡点的。

王永涛：您说的这两点的第二点不是件容易的事，“删”是容易的，增、补、改、换都不容易，所以，很多老师干脆不删了，就按照教材教，不会出大问题，也不用费那么多神去搜罗、整理材料。于是，老师勉强教，学生勉强学。

黄　春：那就是教师的自我标准和自我要求的问题了。好教师，是一定会做和必须要做这些工作的。一个只照着教材教的老师，一定是不合格的。教师的基本功当中，就有“建设教材”这个要素。

王永涛：“建设教材”也就是您说的形成“我的教材”，这是一个缓慢而长期的工作，您有什么好的建议给年轻老师吗？

黄　春：要说建议，那么，刚才说到的第一件事，是必须要做的，并且要做到位。在我的观察中，好像很少有学校和教师有意识地去努力获取编者意图。实际上，每个版本的教材，在推行使用的时候，都有编者意图的说明。这类的讲座和报告，是很多的。老师先要了解编者的想法，然后才谈得上进一步自我研究。

年轻教师要认认真真地读教材，在上岗（开学）之前，反反复复地阅读教材，百八十遍地读，结合编者意图，形成自己对教材逻辑的理解。然后，你才可能理解和把握教材中的每一个内容的教学意义：我们可以通过某个内容进行哪个方面的教与学？我们若想达成某个教与学的目的而可以借助教材中的哪个内容？这些看似相同的教材内容（一篇一篇的课文）其实可以设计怎样的不同方式的教与学？等等。

之后，才是进行整理加工。年轻教师可以从小步子走起，比如增加一点阅读材料，更换一篇文章，调整一下内容顺序……慢慢的，我们就熟悉起来了，就会了。

王永涛：您的建议很实在，也可行。我在这当中还听出了对教材的使用，要慎重对待，小步建设。

黄　春：那当然，没有任何一个老师的个人力量，能够超越一个教材编写团队的智慧。教材，不是拿来批判的，而是拿来使用的。我们需要建设的，其实，就是一个校本化和“为我所用”的工作，而不是推翻教材，自己搞一套，那肯定是不行的。我们没这个能耐，国家也不会允许。

（二）下课是冒号

王永涛：很多年前就有人抨击语文课是“少、慢、差、费”，所以课改中语文课堂的有效性被大家所关注，您怎么看语文课堂的有效性？

黄　春：的确是“少、慢、差、费”。尽管这是四个不同的形容词，但其实是一个问题，就是我们的语文课文的教学，长期以来，没什么用。我倒是觉得“少”和“差”是关键问题。

先说“少”。你看，老师就抱着几本教材这么点文章，把学生圈在课堂里，六年，三年，再三年，总算起来，也就那么几百篇文章，还是短短的文章，加起字数来，可能都不及一本《红楼梦》。

再说“差”。我们长期以来弄偏了课文教学的目的，弄错了课文的作用，所以，导致对课文资源使用得很差。于是，那么点文章，那么多语文课时，那就只好“慢慢讲”，往往一篇课文，要讲它两课时、三课时，甚至更多。那就“慢”啊。

我记得我上小学的时候，每当开学初发下新书，就迫不及待地翻看（小时候没见过什么书，新鲜），不到一会儿，一本书就看完了。然后开学后老师要求每篇都背下来，我就在早读的时候开始背书，不到两星期，一本书也就背完了（至少那些不怎么讨厌的文章都背完了），不是我天才，是文字就那么多，唱几遍也就都熟了；并且，也基本都读懂了。然而，我们的语文老师，还要带着我们，用一节一节的课，一字一句地讲，一直讲到放假（往往还觉得课时不够，需要“赶进度”）。一个学期又一个学期，一节课又一节课，真是熬人啊。

很多文章，其实肯定是写得不错的，很好的。但是，经过老师那么一讲，不仅变得索然无味，而且有的还变得面目可憎，你能怪学生上课不好好听讲吗？这大概就是“少、慢、差、费”的来由吧，费时费力，也费了学生的学习欲。

王永涛：您描述得好形象！作为语文老师，感觉挺悲哀的，挺沉重的！

黄　春：不过，近些年，这个现象已经有所改观，都在进步。比方说，“少”的问题，绝大多数的语文老师都会在教材之外，帮助学生拓展一些文本资源。语文教材的目的之一或使用方法之一，就是以其为例，连接更多的文章。为什么我说“教材就是个例子”，其中一个含义，就指的是这个。一篇课文，讲了三节课还是四节课，这都没关系。关键是，这么一个长长的过程中，学生们接触到了多少文字，进行了多少阅读。因此，我看到很多学校和老师，都会印有自己校本的阅读讲义，都是老师推荐给学生做拓展阅读的文章，这就很好。如果我们的语文教学，十二年里，能够让孩子的阅读量大大增加，几倍几十倍于教材，那么，“少”的问题就基本解决了。新课改中大力提倡“广泛阅读”，并且建议了每个学段的基本阅读量，也是要在这个方面努力推动。

王永涛：嗯，所以，“少”是能克服的，增加阅读量就是克服“少”的途径。

黄　春：是，读得越多越好。不读书，还叫什么语文学习？我在教高中的时候，我设计给学生的阅读量，大概是每天 5000 字，这个不多，就是一篇课文加一点拓展文字，就 5000 了。再加上学生自主的阅读，估计每天能达到 10000 字。每天读 10000 字，对中学生来说，是很容易做到的。即使是小学生，问题也不大。

王永涛：这个阅读量平均到每天好像不多，但是一年下来就是几百万字，不管是小学生还是中学生，这个阅读量都相当了不得了。那您给学生的这些阅读拓展材料，是怎么来的呢？也就是在具体的课文教学中，如何去拓展学生的阅读？

黄　春：如何拓展，方式有很多。比方说，当你真正将教材课文作为例子的时候，就很好办，同一个作者的其他代表作，同一个题材的其他著名篇章，同一个风格的更多代表作品……都是可以的，只要抓一个由头，都是连接的点。当然，这么多的点当中，教师要有所选择，要选择那个和你的教学目的点吻合的生发点。这样的拓展，才是自然的，才是更有效的。不会那么生硬，不会为拓展而拓展。当然，即使是为拓展而拓展，也没有什么不可以。读了，都是好的。

刚才说的通过连接点来拓展阅读，是一个方式，一个带有极强的教师引导和规定性的方式，另外还应有一种更高级的方式，那就是“激发拓展”。

一篇课文的教学，怎么样才算是成功的教学呢？这当然会有也应该有很多的标准，但其中不应该缺少这一条，那就是：在学完一篇课文之后，学生能够因兴趣被激发而自主进行相应的拓展阅读。因此，教师在讲授课文（说得更准确些，是教师与学生在学习同一篇文章）的时候，要多多注意通过此文激发起学生某一种学习和求知的兴趣及欲望。简单地说，就是教师要让学生觉得“这文章很有意思”“这题材很有意义”“这作者真的不错”等等，从而激发起学生在课后自主拓展学习的欲望，他就会去图书馆找其他的书和文章看看，他就会找到办公室来跟你继续探讨；在某个周末，这个学生到书店买书，偶然遇见此类书，便会不自觉地驻足，翻一翻，买回家……这就是激发拓展，这是一种更高级的拓展。

王永涛：好一个激发拓展！课堂学习的结束不是语文学习的结束，课堂学习恰恰起到了一个开启的作用，为孩子们的语文学习打开了一扇窗，是一个开始。

黄　春：对！打开一扇窗，你说得很形象。基础教育里，对于基础知识的学习，以及基本能力的培养，实际上都是为学生打开一扇窗。所谓基础教育之“打基础”，不仅是基础要牢，而且更重要的是基础要宽，也就是窗子要多，要亮。

通过几篇选文，《社戏》《祝福》《阿Q正传》等，就能帮着学生看见整个鲁迅的文学世界和精神世界，这就是以教材为例，帮学生开窗，这就是语文教学的真谛了。

语文（课文），应该没有“讲完了”的时候。或者说，可以“讲完了”，但不可以“读完了”“学完了”。这就是我并不喜欢（不赞成）老师在课堂（临下课前）做课堂总结（那种只承上而不能启下的总结）的原因。下课，不是句号，而是冒号。

王永涛：我想到我长久以来的一个压力。学生上完课时，很喜欢来问我“老师，明天讲什么？”颇有点儿小期盼的意思，这让我小有压力。讲什么更好？准备好了没有？讲得够不够？现在想想，其实从我这儿听多少，不应该是语文课最大的收获。

黄　春：学生能期待你明天讲什么，已经是为师的莫大幸福了，说明你讲得很好啊。你说得很对，讲得很好是基本前提，但不是语文教学的全部。讲完之后，学生听完之后，能否持续他的自主阅读和自主学习，这很重要，只有能够激发出学生持续、持久的自主拓展学习的“讲得好”，才是真的“讲得好”。

王永涛：那，如果改善了语文课堂的“少”，是不是后面的“慢”“差”“费”就都解决了呢？

黄　春：因为时间总是有限的，你“多”了，就必然要讲求“快”，要讲求“效益”，要追求“有用”，那些“慢”呀“差”呀“费”呀，也就能相应地得到解决了。

（三）王淡人的瓢儿菜是种来吃的

王永涛：课文教学在我们平时的教学中占了大部分，这方面，您有什么经验是特别想要跟我们年轻老师分享的吗？

黄　春：如果要说经验，也是建议，我特别想说的第一条，就是老师务必要读懂课文。你可能会觉得，读懂课文，这个会有问题吗？这算什么经验？我们老师会读不懂课文吗？

王永涛：的确觉得这应该不是一个特别难的事情啊。

黄　春：真的如此吗？其实，每一位老师，面对那么多课文，难免会遇到不懂或错懂的几篇。你想想啊，我们所教的课文，大部分都是我们自己当年上学的时候没学过的新课文。即使是学过的老课文，我们也难保当年老师讲的就是对的。这些课文，在我们大学也好，工作后的进修也好，也没有老师带着我们一篇一篇地学习过。真的，我有时候想想这个事情，都会吓出一身冷汗来。我们自己都没学过，自学，看几遍，看看教参，就开始教别人，你不觉得恐怖吗？一位医生，自己都没见过这种病，也没见别人治过这种病，琢磨琢磨，就开始下药，就开始动刀，你不恐怖吗？幸好，语文教学，好也没那么好，坏也没那么坏，不痛不痒，错一点歪一点，关系不大，不至于要命。

有时候我都跟师范大学的领导说，师范大学，是不是该把中小学的教材教一遍啊。我们常常看到新老师在工作第一天领到教材时，都瞪大了眼："啊！现在的中学生，都学这么深的东西啦？"是啊，这个惊叹，难道没有一部分心虚的成分吗？所以，很多老师怕换教材，语文老师尤其怕。这个版，要换成那个版，可不愿意啦。不就是因为又要面对很多新课文吗？

王永涛：可我们还有教材解读资料，还有这么多年的阅读经验呢！您说读几遍课文，读一下教参就认为自己懂了，我觉得有可能啊！理解有深浅嘛！读懂，这是不太好定义的，读到什么程度算懂？

黄　春：有的课文，是可以很容易懂的；有的，就未必。它不是深浅的问题。给你举个例子。《我的叔叔于勒》，教过吗？

王永涛：教过，经典老篇目了。

黄　春：好，课文主题是什么？用你所说的"主题型文本"，你打算教什么主题呢？

王永涛：批判菲利普夫妇的拜金主义，批判资本主义社会中金钱甚于一切的价值观。

黄　春：然而，是吗？真是这样吗？老师这样的主题定义，经得起学生反问吗？学生问："老师，如果您家里有这样一个弟弟，您会怎么做？""他穷困潦倒，好吃懒做地啃你家的时候，你会希望他出去打工吗？""当你听说他在外发财的时候，你会替他高兴，引以为傲，并主动向别人说起他吗？""当他并没有发财而是落魄在外的时候，当你的女儿好不容易找了一个人可以嫁出去的时候，你会让弟弟出现来破坏这件事吗？”你会怎么办？我会怎么办？我们的选择，能比菲利普夫妇好多少呢？我说的“学生问”，是真的有学生问，我就是那个被问者；我要是学生，我也想问，只不过要看我的老师是否允许和欢迎我提问。

王永涛：这些问题好像都不是能用拜金主义主题来解释的，这里面是有人性在。您说这些问题都是学生问的，那么您是允许学生问、鼓励学生问的？

黄　春：是的。记得教授小说《项链》，我的学生直接就站起来了：“老师，我觉得马蒂尔德非常可爱，是个很好的姑娘，一般女人都没有她这么好。”“她没有任何值得批判的地方！”我当时就傻了。我傻了，不是学生劈头提问的举动，而是我马上就反应过来了，孩子提的问题其实一直都深藏在我自己的心里，只是大家都说她可恨、该批，所以，我也跟着就这么理解，就这么讲了。都说姑娘虚荣、幻想。天哪，谁不虚荣？虚荣有错吗？谁没有幻想？幻想有错吗？谁不期望更好的生活？马蒂尔德为此做错了什么吗？没有！人家一不偷二不抢三不娼四不骗五不赖……连闹离婚都没有。骂她“没钱就没钱，借什么项链”，这就更是冤枉人家了，出席高档舞会，不打扮一下，那才叫没修养呢。没有，就借用一下，这多好。又骂“啊，一疯起来，就忘乎所以，项链掉了都不知道”，妈呀，谁不丢点东西啊，你没丢过手机吗？又骂“该死吧，一夜狂欢，十年青春”，这恰恰是她的可贵之处，难道不是吗？面对家庭灾难，面对自己闯下的祸，一个女人家，不躲不藏，直面困难，努力解决。十年青春，无怨无悔，你做得到吗？人家小两口，清贫的时候恩恩爱爱，落难的时候依然恩恩爱爱。多难得啊。不就是穷的时候爱幻想吗？我倒觉得，有幻想比没幻想还要好。我的学生，就是这么反驳我的。我哑口无言。弄得我忽然间在马蒂尔德面前矮了下来。是啊，如果有一天，我必须倾家荡产（还远远不够）去还债，我会不会有点儿想逃？所以，无论是《我的叔叔于勒》还是《项链》，还是其他类似的作品，人家无非是在讲述小人物的小日子（《项链》还讲人生无常）。

我曾经在听了一节《我的叔叔于勒》的公开课之后，总觉得哪里不对劲，然后就写过一点随想，不妨转给你看看：

我们都是小人物，普普通通，平平凡凡，说不上卑微，更说不上伟大。我们平凡地求学，我们平凡地工作，我们平凡地生活。

我们都过着“小日子”，我们的日子里，有上课，有考试；有伙伴，有对手；有柴米油盐，有家长里短；有喜怒哀乐，有生老病死。我们的日子里，有小小的开心，有小小的烦恼；有淡淡的失意，也有偶尔的幸福。

其实，我们都是这样的。每一个人，都是。

我们每一个人，都有菲利普夫妇那样的艰辛。我们要努力地学习和工作：勤勤恳恳乃至废寝忘食地听课、写作业以便获得更好的成绩考进更好的学校，甜言蜜语乃至送情送礼地讨得上司领导的欢欣和赏识，加班加点乃至拼死拼活地赚取更多的财富以改善自己的生活、证明自己的价值。我们要尽可能地节俭，我们会将一张草稿纸正面用完再用反面，先用铅笔再用钢笔；我们不敢和别人比吃比穿比名牌，我们也会去农贸市场跟小商小贩讨价还价，我们也会耐心地等到某商品打折降价才去购买。这些，我们和菲利普夫妇没有任何的不同。

因为我们都是小人物，我们都过着小日子。我们都要在自己的生存线上，挣扎出属于自己的一方空间来。

于是，我们免不了有些功利，免不了有些私心。

我们免不了会像菲利普夫妇那样，将遗产的份额计算得清清楚楚；免不了像他们那样，生怕被别的亲人拖累了自己的生活；免不了像他们那样，千方百计要为女儿的婚姻寻求一个富裕的归宿；免不了像他们那样，梦想着得到一个亲人的资助从此沾上别人的光。

因此，我们也会以“葡萄太酸”为借口来缓解吃不到葡萄的酸楚，就像克拉利斯夫人说“吃牡蛎会拉肚子”一样。我们也会以“近朱者赤，即墨者黑”为借口亲近那些成绩好的同学而疏远那些成绩不好的同学，就像菲利普夫妇望穿秋水天天翘首盼望大洋对岸发了财的于勒，之后又谈之色变唯恐避之不及地躲着眼前落破的于勒一样。我们也会在相亲的时候向媒人打听对方的家境如何、收入如何，就像那个小职员在看完了于勒的信之后，便立刻结束了犹疑终于下定了求婚的决心一样。

因为我们都是小人物，我们都过着小日子。俗话说，吃不穷，穿不穷，算计不到，才真穷。于是，我们是需要“算计”的。我们要算计哪个菜市场的鸡蛋更便宜，我们要算计周末的工作是不是有加班费，我们要算计哪个亲戚比较富裕且比较大方值得交往，我们要算计前来提亲的这个男人是否有钱买房买车。

“小人物”，心里头必须有个“小算盘”；“小日子”，手里头必须赚点“小便宜”。

这些，都无可厚非。它是“小人物”的无奈，它或许还就是生活原本的琐碎的样子。或许还可以说，我们的生活，正是有了这些“鸡毛蒜皮”和“斤斤计较”，才真正有了生活的味道。要不，那些觉得“活着没啥意思”的人，大多都是挥金如土的花花公子呢！

因此，我们这些“小人物”们，就这样，不高尚地活着，有些卑微；不高雅地活着，有些世俗。然而，卑微，不等于卑鄙；世俗，不等于低俗。

我们可以像菲利普夫妇那样在每个周末带领全家去海滨散步，但是，我们决不会像菲利普夫妇那样，硬是要假装出一副派头和排场，来一种阿Q式的精神自慰。

我们可以像菲利普女儿那样为了买一条滚边而与商贩讨价还价，但是，我们决不会像菲利普夫妇那样，在孩子施与他人小费表达同情与爱心的时候，破口大骂。

我们可以像菲利普夫妇那样要求一个好吃懒做的兄弟外出谋生自食其力，我们可以像菲利普夫妇那样期待一个发了财的兄弟回来救济自己，但是，我们决不会像菲利普夫妇那样，拒绝接纳一个闯荡失败的兄弟回家享受一点骨肉之情。

我们不会，因为我们纵使只是一个小人物，那也说明我们首先是一个人。我们需要具备的一切德性中，首先必要具备的就是人性；我们可以抛弃的一切德性中，最不能抛弃的也是人性。

我们勤劳，我们善良，我们诚实，我们努力地向着自己的理想勇往直前。

我们孝敬父母老人，我们关爱兄弟姐妹，我们和同学同事友好相处，我们努力营建一个充满情谊的交际圈子。

我们同情弱者，我们救助灾民，我们爱护地球，我们努力地使得一切生命都能得到平等的尊重。

于是，在我们小人物的小日子里——

我们家庭经济不宽裕的时候，我们的母亲不会时常用尖刻的闲话去对付他的丈夫，而是省吃俭用，一起努力，共同奋斗就好；

我们一家人去海滨散步的时候，不一定非要穿上一尘不染的礼服，衣冠整齐、兴高采烈地享受自然享受天伦之乐就好；

我们得知亲人发了大财，也不必将那封信拿给所有的人看，更不必立刻就计划用别人的钱去买房子，放在心里头，替我们的亲人高兴一下就好；

我们不幸遇上了一个穷亲戚将要前来投靠，决不能视而不见，躲躲掩掩，恶语相加，尽一点力所能及的接济，给一份温馨的亲情关爱就好。

叔叔于勒，我为你祝福。你流浪了大半生，终于耐得住艰难困苦努力地经营着自己的牡蛎摊子，祝福你今后的人生，少一些孤独，多一些顺利。

侄儿约瑟，我为你祝福。你避免了我在你父母面前的一场尴尬和不安，你友好地称呼我为“先生”，你给了我十个铜子儿的小费，你给了我同情与尊敬的眼神，祝福你今后的人生，多一些财富回报，少一些世态炎凉。

这是我所说的“读懂课文”的意思之一，我们不能随随便便地贴标签，不能轻率地就随着别人喊口号。人，永远是文学的核心关怀；不要脱离“人”去阅读去理解去评判；我们也是人，很多东西基本上是相通的。

王永涛：听了您的解读，真是恍然大悟。老师要读懂文本，是不是要讲究一些方法或途径呢？

黄　春：这个问题，我可以给你另一篇教学随笔《用生活帮助阅读》，那是我在教授高中课文汪曾祺的《故乡人》时的一篇教学后记，给你作为一个参考。

汪曾祺先生的《故乡人》作为写人记事的佳作，被选入了某些版本的语文教材。《故乡人》因其语言亲切、题材亲切而被老师和学生们给予了更多的关爱。笔者刚刚带领学生完成了该篇文章的阅读欣赏，我能感觉到学生对于《故乡人》

一文由衷的喜欢，乃至于他们中有的人抱着文章三遍五遍地反复读着，很多人还陪出了许多的眼泪。

我高兴于学生们对于人事与人性的关注，高兴于学生们在阅读中表现出来的良知与仁爱。然而，在交流中我发现，不仅是学生，就连同教授该文的诸多老师，对于《故乡人》的理解，却也都存在许多值得商榷的问题，以至于很多人对于文章情感的理解走向了一个一个的误区，而这又恰恰可能是偏离了作者的初衷的。

我身边的学生以及语文教师，几乎全部是“城市的”和“现代的”。90后的都市学生自不必说，做老师的也以80后的年轻人居多了。他们的生活阅历，也决定了他们的生活体验与《故乡人》中的故乡生活之间是遥远的、陌生的，是有隔阂的。他们的自身生活经验中，那样的故乡生活经验是空白的；并且，他们的阅读经验中，此类题材也是几乎空白，或者说是苍白的。而我们都很清楚，阅读，是要以阅读者自身生活经验和阅读经验为前提的。换句话说，任何人的阅读，都不可能脱离自身的生活经验与阅读经验。因此，《故乡人》的阅读，绝不是都市生活体验和小资阅读经验所能支持的；它也绝不是和别的一些描写农村生活和小人物生活的样板化作品那样的脸谱化、政治化或是简单的人道化、人性化可以相提并论的。而缺乏类似生活体验的阅读者，便很容易也很正常地就会站在某些简单的角度去进行各自的阅读理解。这种阅读，难免是要曲解文本深意进而违背作者本意的。

或许是因为我的生活阅历和他们有些差别吧，自小生在农村长在农村学在农村的我，对于汪老笔下的故乡生活有着更能被唤起共鸣的因子。我在一遍一遍的阅读中所感受到的，和周围的读者有着本质的不同。

以下提出几个问题，和大家商榷——

一、我们究竟要对“打鱼的”一家三口的生活状态，报以怎样的情感态度？

我的几个学生在阅读交流时说道：

“湿了水的牛皮罩很沉很沉，生活，似沉甸甸的磐石，压在这一家三口，不，最后变成了一家两口的身上。”

“贫穷的印记已经在他们心中深深地烙刻，以至于他们都无力欢笑、无力埋怨，以至于无所希望，也就不用说失望了。”

“他们不逃避，默默地承受着，其实他们是在用自己的坚强，支撑着整个时代。”

“拉大船的，放鱼鹰的，和一家三口的一戳一戳形成了鲜明的对比，突出了一家三口生活的极其艰难。”

…………

学生们觉得一家三口的生活是贫穷、艰难、辛苦的，于是，就此揣摩一家三口的心理是麻木、忍耐、守旧的，自然，对于一家三口的情感态度就是同情、怜悯、悲哀的。学生们说得很精彩，他们紧紧扣住“话越来越少”“水越来越凉”等语句加以分析，以至于许多同学（包括在场的老师）都纷纷地红了眼圈噙了泪水。不过我要问的是：

沉默，一定缘自生活压力吗？多少人在生活的重压下变得絮絮叨叨满腹牢骚易怒而又暴躁啊！

沉默，就是不高兴吗？就是无所希望吗？他们打鱼是为了糊口吗？你怎么想象有那么一个餐餐顿顿靠吃鱼活着的人家？

坚强，我们能从哪里看出一家三口的坚强呢？女承母业算坚强吗？沉默寡言算坚强吗？十五六岁打鱼，算坚强吗？

拉大船的一定很轻松吗？放鱼鹰的一定很惬意吗？他们不会死于风寒吗？他们一定更加富有吗？

或者再问：“汪曾祺先生在晚年的时候写下这么一篇回忆故乡的文章，是要表现故乡的贫穷（还有强烈的贫富差距）、故乡人的麻木（根本不思改变），或是坚强（在命运面前决不低头）吗？”不是的吧。《故乡人》不是《石壕吏》也不是《故乡》，汪曾祺不是杜甫或鲁迅。

也有人说：“他们在静水里打鱼，用最简单的工具，捕小鱼，捕乌龟，还有那一家三口无需言语的默契。他们是幸福的，快乐的。故乡的生活，有一种田园诗般的美丽。”持这种看法的人不多，所有的，大抵是几个平日喜好田园诗词并满心浪漫的小女生和正处在恋爱季节的年轻女老师。那我就问她："你愿意天天这样吗？"她们就不说话了。

把自己放在旁观者（风景欣赏者）的角色上，人们很容易对艰辛产生艳羡。要不，越来越多的富人为何总喜欢在周末假日去最原始的乡下"田园"一下呢——他为啥不永远地住下？《归去来兮辞》中写道"农人告余以春及"，大概陶公的心情和农人是大不一样的吧。

话说回来，一家三口，不贫穷？不艰辛？他们心里没有怨言？没有无奈？没有麻木？我们难道不应该寄予一些同情和怜悯？那种鱼米之乡简简单单的打鱼场景，难道没有几分诗情画意？他们难道不会因为生活的简单而带着几分满足？都有的吧？

我在总结学生的发言时说了这么一段话：

"卑微之人，对待自身卑微生活的卑微的酸楚和快乐。它不以赚取他人眼泪为目的，也不以使人艳羡为己任。他们只是：自己活着。"

小人物，有小人物自己的小小的艰辛的遭遇，也有自己的小小的幸福的权利。中国社会底层的劳动人民，都是这样过着自己的生活的。即便你到最穷苦的地方，你看到丘壑般的一脸愁苦的同时，你依然能发现到灿烂的笑容——笑得比富人还甜还真实。

一个城市摄影家，扛着价值数十万的索尼相机，在一大片油菜花地里捕捉到了一个扶犁耕田的老农。那时，他是无论如何无法理解老农的心理的。就像我身边的这些《故乡人》的读者一样，他们也无法理解拉大船的小财主、放鱼鹰的小小财主和那一戳一戳的一家三口的生活，究竟是哪般滋味。

二、"金大力"有一个怎样的道德世界和人格世界？

乡下人得了个绰号，远不是名人取字取号那般讲究的结果。哪次在路边撒尿无意间把一只脚搭在了旁边的土疙瘩上被人看见了，从此，人们便唤他"狗撒儿"。"大力"呢？不定是哪天他和小伙伴逞强，一怒之下翻动了河边的一块捣衣石；不定是哪天某伙伴忽然莫名其妙地将他与戏里的金大力联系起来，从此，便唤他"金大力"。我们实在是不必对"金大力"的"大力"做穷根究底且非要从文中找出“大力”的证据来。

“伸手就能取风鱼咸肉、剩饭淘箩”，就一定大力？至多是个子高点儿。

“一天挑二十四担水”，就一定大力？农村人谁都能挑。

“一个人就能将脚手架往上提一提”，就一定大力？脚手架无非就是一块厚点儿长条形的木板。

如果这些都不算，那就该是无形的“大力”了——“金大力是瓦匠头儿，他善于组织管理，有很好的组织能力和管理能力，还有很强的服务意识，且有很好的人际关系。”没错，按照现代管理学的时髦话来说，的确如此。于是，在进一步分析金大力的“大力”之缘由时，就很自然地归结到金大力的“自我定位准确”“有默默奉献的精神”“大公无私不谋私利”……听起来，俨然一个领袖人物的风采，以至于学生们谈到金大力时，都洋溢着十分的敬仰和钦佩，觉得是自己的学习榜样，并希望自己班的班干部也能如此。

他们对农村人太不了解！在乡下，每一个聚居地方，无论大小，都有这样一个“金大力”，也只有一个这样的“金大力”。他不是自我修练的结果，而是一方土地的需要，一种必然的产物。这个人，是全村人的主心骨，分田分地，婚丧嫁娶，架屋铺路，年节祭扫，乃至于哪家兄弟纠纷妯娌拌嘴，他都是人们公认的“领袖”，都听他的旨意。因他最木讷而最被人信任，因他最憨实而最能给人安全感。这一点，社会学家费孝通先生曾在他的《乡土中国》里有详细的论证。金大力就是。没有绝活专长，没有花言巧语，甚至没有可以排在大门口以威慑他人的几个大个儿子或是几个嫁处不赖的闺女。他开个茶炉子，会点儿泥瓦活儿，肯定还种点稻子，得空的时候还打几条鱼。他不求人，也不被人求。就是这样，一个似乎什么都有又似乎什么都没有的人，是“领袖”的自然人选。久而久之，他也就自然了。很自然地帮人张罗盖房子，很自然地提来自家本要卖钱的水给匠人们喝，很自然地检查火星关好门窗；也很自然地断不会偷工减料，很自然地断没想过中饱私囊。

若一定要给金大力安上一个道德崇高或是人格魅力的帽子，我想，那一定是受了《感动中国》的影响，以为世间的一切善举，都是三思而后行的心灵选择的结果。——这未必适用于“故乡人”。

三、钓鱼的医生，一个何等淡泊的居士？

一个学生在演讲中说道：“春雨秋风，瓢菜豆花。温暖，平和，淡定，从容。这是一种多么惬意、多么自然的享受。也是王淡人所追求的人生境界。不求闻达，不慕高官厚禄……”听上去，似乎是在说“陶渊明”。

而“王淡人”是“陶渊明”吗？王淡人钓鱼，边钓边吃。说不定，他就是饿，就是想吃，就是喜欢吃。和风雅无关。要不，他怎么专钓鲫鱼？

“一庭春雨瓢儿菜，满架秋风扁豆花。”郑板桥的这副对联，是害得很多人高抬王淡人的罪魁祸首：王淡人，连郑板桥都不是。

王淡人的瓢儿菜是种来吃的，他的扁豆花结扁豆也是用来吃的。他只是喜欢这个对联——其实没有人不喜欢，只要认识字。王淡人就是当地少数认得字的人之一，于是他喜欢上了这句对联，还唤起了识字人（很难说是读书人，更不能说是文人，因其医术是祖传而不是学院派的）内心的那点酸劲儿：那就在自家菜园里种上瓢儿菜、扁豆吧。扁豆有，扁豆架都是现成的；瓢儿菜呢？本地人不大吃这东西，不如大白菜来得甜，那就去托朋友弄点种子来种上。当这一切都妥当之后，王淡人满足了，一种识字人心底的酸味的满足。难怪汪曾祺老先生也说他太愣：种什么不行？非要那么认真？就是这点儿“认真”，露出了王淡人的本性：他种瓢儿菜、扁豆，和王维的“莲动下渔舟”不同，和陶渊明的“采菊东篱下”不同，和孟浩然的“把酒话桑麻”不同。他和生活是那么紧密，但他和风雅之间的确有些矫情。

还有所谓药费问题。病人看着给，给什么都行；没啥给那就磕个头，实在不愿磕也没关系；你就是转身拍屁股跑人，他也决不会追出门去拽着你掏出点什么来；那个吃喝嫖赌抽得该死的汪炳差点毁了他的全部家当，王淡人也是自我安慰地说了句“我还有”。有人便说：王淡人高尚——济世救民，不计私利，甚至可以“毁自家，纾人难”。我倒认为有一句王淡人自己的话，可以帮助我们理解一个更真实的王淡人：“他会死的呀。”

看来，对将死之人的恻隐之心，是“故乡人”的道德底线。这和冷漠的都市邻里关系形成鲜明的对比，更和落井下石的厚黑学背道而驰。于是，王淡人的举动，大大出乎了现代都市人的“可信范围”，他们因难以置信而对其倍加崇拜。“至人无已，神人无功，圣人无名。”甚至有学生把这句话和王淡人联系在了一起。真有这么了不起吗？

如果我们脱离了生活环境，那么，我们就很容易走向“扣帽子”的歪路上去。文中的王淡人，一个以祖传医术为业的医生，他真实地生活着，钓鱼、种菜，行医、救人，也许空暇时看看书、读读对联。我们极度敬仰他的“精神”，大概更多的是因为我们的身边太缺乏这种真实的道德。而在王淡人的心里，或许不算得什么，或许不这样反而不是。因为他生活在“故乡”，生活在那个旁人能轻易被一句“他会死的呀”而说服的故乡；而不是在“现代的都市”，不是在我们需要求医托、找关系、塞红包的现代化大牌医院。

四、淡淡的故乡情

以上质疑，或许会使得读者认为我这人有些冷血，有些不够意思，有些侮辱了故乡人的崇高品格，有些亵渎了作者对于故乡人的情感——那种同情怜悯、热爱崇敬的情感。我说恰恰不是。我向来反对将某种情感贴上一个单纯的唯一的标签：没有哪种情感是百分百纯粹的。最真实的情感，应该是最复杂的，是最说不清道不明的，是最无法用一两顶帽子就能盖住的。比如：一个人对母亲的情感，一个游子对故乡的情感，甚或就是我们一个教师对学生的情感……都是这样。更何况是汪老笔下的那样的一个故乡，那样的一群故乡人：贫穷、艰辛，勤劳、淳朴，善良、无私……

每每读《故乡人》，我都能想起我的故乡人，甚至能对号入座：我故乡的“打鱼的一家三口”，我故乡的“金大力”，我故乡的“钓鱼的医生”。正是这个原因——它的人物能让你觉得就在身边，它的人物能让你复杂难解，它的人物能让你感觉生活原来很幸福，所以，我才深深地喜欢：喜欢《故乡人》，喜欢故乡人，喜欢所有卑微的生活。

阅读，是一件相当主观的事情，以至于我们实在无法去寻求一个共同的感受，不过也没有必要。我在质疑周围人的阅读感受的同时，更想为阅读的多元化添一把火。我希望每个人都能从自己的生活体验和阅读体验出发，从那么多的名篇佳作中读出自己的人生感悟，那就是真正属于自己的感悟和收获。

倘若我们的某种生活体验或阅读经验，哪怕部分地能和作者的生活体验相吻合的话，那么，我们的阅读就能更加贴进作者的本意，更容易获得和作者的共鸣，也就更能收获到作品的尽可能多的阅读价值。一言以蔽之，好好生活吧。

王永涛：您的意思是不是我们对作品的理解其实不能那么地想当然，得联系生活，设身处地？

黄　春：是的。不理解作品有时候还会出大问题。有一次我去初中听课，老师讲沈复的《童趣》。老师倒是讲得很生动，但听课的时候总觉得很别扭。回家一想，原来是思想和价值观出了问题。课文不长，原文如下：

余忆童稚时，能张目对日，明察秋毫，见藐小之物必细察其纹理，故时有物外之趣。

夏蚊成雷，私拟作群鹤舞于空中，心之所向，则或千或百，果然鹤也；昂首观之，项为之强。又留蚊于素帐中，徐喷以烟，使之冲烟而飞鸣，作青云白鹤观，果如鹤唳云端，为之怡然称快。

余常于土墙凹凸处，花台小草丛杂处，蹲其身，使与台齐；定神细视，以丛草为林，以虫蚁为兽，以土砾凸者为丘，凹者为壑，神游其中，怡然自得。

一日，见二虫斗草间，观之，兴正浓，忽有庞然大物，拔山倒树而来，盖一癞虾蟆，舌一吐而二虫尽为所吞。余年幼，方出神，不觉呀然一惊。神定，捉虾蟆，鞭数十，驱之别院。

老师以一首自创的诗歌《童年的早晨》开场，孩子们对文章的内容理解、字词解释、文句翻译等都很精彩。之后，教师抛出一个问题：同学们，你们自己有类似的童趣记忆吗？孩子们发言踊跃：

A：小时候家里养了一对仓鼠，父亲和我故意让它们断食三天后丢进一粒果子，然后在一旁欣赏它们之间的争斗。

B：小时候家里有很多蚂蚁，我先用水浇，无效；再用火烧，便将蚂蚁全烧死了。

C：小时候抓到一只蛤蟆，然后把它埋进土里，后来挖出来，它居然没死。

…………

孩子们讲述的时候，自己开怀大笑，全班也笑得前仰后合。而我们几个听课的老师，却越听越沉重：这是“童趣”吗？这就是他们的“童趣”？这大概是属于“趣”一类的，要不，他们怎么都快乐地笑着呢？然而，难道只要笑了，就是快乐吗？或者说，难道只要快乐就是趣吗？难道童年的趣味，一定要以对小生物的虐待和残杀的方式来寻得吗？

我们来看看沈复都对“小生物”干了些什么：留了满帐蚊子并对其“喷以烟”，而后“怡然称快”；“捉虾蟆，鞭数十”，以维护自己“观虫斗”的兴致。

孩子们的“饿仓鼠”“烧蚂蚁”“埋蛤蟆”，和沈复的“熏蚊”“鞭蛙”，有何不同吗？当然有：沈复熏蚊，是徐喷以烟，其目的是想欣赏“群鹤冲烟而上”的青云白鹤图；

沈复鞭蛙，其用意也只是“驱之别院”而已，并未用鞭加于其身。

至于沈复坐观虫斗，那也是二虫自己的生存世界，其间互斗也并未因人而起；即便是一方毙命或是两败俱伤，那也不同于“父子饿鼠”来得残忍呀。遗憾的是，教师意识到了这种不同，但兴许由于其他的原因而没有就此生发，以授之人道。而我以为，这实在是很重要的。

沈复的《童趣》，是他的《闲情记趣》中的一篇：闲情，绝非无聊。

听完课回到家，好几天，都好像如鲠在喉。于是，就写下了一段文字《小天地里有大世界！小情趣里有大情怀！》借以反思：

孩子们引以为乐的诸多“趣事”，大抵都是因无聊而生的寻乐之举。在孩子们的回忆中，依旧是种种快乐的童年生活；而在我们这些干着教育的成人听来，却心有余悸：这些孩子们的儿时乐趣，孩子们对于“乐趣”的理解，会不会渐渐成为他们的“趣味观”；他们当年虐物，将来会不会虐人？一个可以用牺牲它（他）命来获取乐趣的人，你怎么相信他不会去拿硫酸泼熊？你怎么相信他不会为博美人一笑而去拔象牙？你怎么相信他不会为了泄愤而将炸弹扔往人群？你怎么相信他不会为享受权力的快感而将百姓玩弄于股掌?

打发无聊，本无可厚非。但是，倘若一个人能够在大庭广众之中将自己因为要打发无聊而玩弄出的花样，绘声绘色地讲述出来，并标榜为自己的人生趣味，那就变得很可怕了。我们的孩子，一边做着环保志愿者，疾呼生态平衡，追求生命平等，一边又自我陶醉且欲以此醉人地品尝着自己当年“火烧蚂蚁”的壮举，恐怕是极其讽刺的吧。

我估计孩子们没有理解何谓“闲情”，何谓“物外之趣”。看看沈复吧。

面对成群如雷的蚊子，童年的沈复视其为群鹤。群蚊因躲烟而逃飞，沈复视其为“青云白鹤”“冲烟而上”，一副仙道之人腾云驾雾般的逍遥。说形似，倒不如说是神似。小小沈复心中有仙，眼前之蚊才会似仙。

凹凸之土墙，在小小沈复的眼里，居然可以是丘壑；小草丛杂，居然可以为浩渺之林；就连一只蛤蟆跳来，小小沈复也当作是拔山倒树、排山倒海。这是怎样的一种情怀？小天地里有大世界！小情趣里有大情怀！这才是“闲情”：闲而不空，小中寓大。

忽然联想起今日给学生的一篇阅读材料中的一段：

周作人笔下的白菜比玫瑰还美丽，苍蝇比自由、意志、命运、天道还有趣。丰子恺专画儿童趣事，连老北京儿童的传统发式也一笔一笔精心画下来。他对那些“鬼见愁”“天齐庙”“朝天杆”“马子盖”等儿童发式的了解，不见得比绘画理论差，今天有几个理发师懂得这些发式，又有几个能照样子剪出来呢？时变缘常，人生的大道理，让他几笔童画，就道尽了。陈寅恪是位大历史学家，可落笔之处，竟是柳如是这位风尘女子……会读书的人，能做大事，更能做小事。现在的时代，是一个追求“大”的时代，人们总在抱怨着“小”：官职太小，房子太小，人生的用武之地太小……我们在一味地对“大”的追求中，越来越迷茫。而谁想过去“小”中寻找人生的乐趣呢？你看那工夫茶的茶具，绝不是为牛饮者准备的；如果你忙于生活，那么请你去麦当劳吧，那儿的可乐杯很大，吸管很粗。

教师，要带着自己的生活，去阅读。这也就带出了另外一个话题：一个没有

或匮于生活的人，是很难读懂书的，教师更是这样。

王永涛：用生活帮助阅读，这可以说是“读懂课文”的要诀了吧。

黄　春：语文就是生活，语文教学，就是带着学生一起观照生活。“只有真正放到生活中来，语文教学才可能真真实实且自自然然地发生。”这是北京四中特级教师刘葵老师的观点，也是我们的努力追求。在北京四中工作的十几年里，我和刘葵老师的办公桌始终是或前或后，或左或右。“教育要自自然然地进行，就要与我们的生命同步，与我们的生活同步。”这是刘老师写在她的教学思想著作《青青园中葵》扉页上的话。多年来，我看到她带着学生们走出教室去观察校园里同一棵树同一根枝桠上几乎同一个位置的某片树叶的四季轮回，看到她建议学生们清明时节和各自家长一道探寻家族历史、编写家谱，找寻家族的根系，你说，这是生活呢，还是工作？当她在网站上为毕业的学生保留一个延续交流的主题空间的时候，当她用“我心目中的男（女）朋友”为题鼓励学生们大大方方，畅谈爱情理想的时候，你说，这是工作呢，还是生活？

好的教育，一定是好的生活。只有将我们的生命体验、学生的生命体验和教育教学融合起来，我们的工作才是真实自然的，才是高尚的。比如，教育者自身好比是教科书的一个部分，一个最重要的部分；语文老师自身，应该好比是一本厚厚的语文书，一本最有味道的语文书。

王永涛：这样的老师真好！这样的语文真美！这是在教学，更是在带着学生一起观照生活。这跟在故纸堆中跋涉的学习方式太不一样了！学生们肯定非常喜欢这样的老师和这样的语文。

黄　春：是的呀！给你看一段放假寄语：

这样的一个假期已然开始了，庆祝一下吧。关了闹钟，睡个懒觉，伸个懒腰；掏出被禁用已久的手机，打开被锁藏已久的电脑，和好朋友聊一聊分别之后的生活。泡个热水澡，沏杯爱喝的茶，冲一壶咖啡也可以，在这样一个冰雪迟到的冬天，找个有阳光的窗户，挨着坐下，一边翻看着闲书，一边回想着过去的一年……给身心放个假吧，是假期，就应该有不一样的生活。

这样的话，是我们四中语文老师在每一个假期来临时，要留给学生的话语。是不是很生活，也很语文？

（四）不做“滴滴”司机

王永涛：谈到课堂教学，我马上会想到四个字：教学流程。我们的课堂教学总有些一般化的程序、教学环节，甚至分课型研究出基本流程。您觉得一堂课从哪儿讲起，讲些什么，最终讲到哪里，是否有个相对固定的流程会更好操作，或者更容易上得好呢？

黄　春：语文作为人文学科，学习的起点，应该从“人”开始。这个“人”，指的是学习的主体，对于课堂来说，就是师生。语文教学，要从师生自己的生活体验开始，而不是“别人的生活”。

我不想评论流程这个概念是否科学，我想即便有流程，也应该从“我”这个源头流出来才好。教材就是个例子。从哪里讲起？讲些什么？最终讲到哪里？这里的“讲”，换成“学”更好——当然是从“我”讲起，讲“我”的事儿，最终讲回到“我”。语文课的“人文性”，就体现在这里，它一定是“为我服务”的。

我们就拿讲课文为例子。我们一定要从作者介绍、背景简介讲起吗？不一定，除非这个内容和“我”有关。我们一定要按“整体感知”然后再到“局部分析”然后再到“总体概括”的总—分—总流程吗？也未必。我们似乎习惯了“作者简介”“背景介绍”“文章大意”“段落层次”“文章主旨”“问题讨论”“艺术特色”“拓展阅读”的所谓流程，其实我们是被教参误导了，或者说是我们曲解了教参。教参的内容，是辅助老师理解教材内容，并没有规定教学的方式，也没有规定教学的目标，只是一些基本资料的罗列，然后按照一个常规的顺序，呈现给我们而已。然而，我们误以为那个顺序，就是教学的顺序，然后，我们的课堂就有了一个流程，从“作者”开始，到“特色”结束。

王永涛：可不可以这么理解，我们的教学要建立所学与生活之间的联系，并最终让所学对生活产生影响。这是我们的目的，只要奔着这个目的去，过程可以不拘一格？

黄 春：是的。我们万不可让“流程”，变成了“导航”，语文老师，不是“滴滴”司机。教师的专业性和创造性，就在于我们能够在星罗棋布的城市地图上，确定我们要去的地方，并且找到真正属于我们的路径。

王永涛：我们可以按“流程”全面解读文章，但我们可以不或者一定不能这么千篇一律地去教学。

黄 春：是的。

王永涛：您这么一说，我突然生出一种如释重负的感觉，原本就没有那些个“必须”要学要讲的东西。同时，也生出一种跃跃欲试的勇气！这种流程化教学真的是大流，我看到好多快退休的老教师，仍兢兢业业按部就班地教学，鲜见教学活力。

黄 春：我们不能成为“滴滴司机”，我们是“自驾游的领队”。我见过很多课堂，老师成了“滴滴司机”，变得谁都能当老师。你看，“要去哪儿”，从教参抄；“怎么去”，按教参来，那不就是一样的吗？那还要我们教师干什么呢？

专业性，更是在那些没有规定的部分里体现出来的。同样是治病，无论是什么病人，医生的方子都一样，按照教科书来，那就不需要医生。好的医生，专业的医生，一定是从教科书来又跳出教科书的，他的眼里，必须是“这个病人”；他的方子里，一定是“我认为”。一个行业的专业性，首先表现为规定性，但其实质意义和价值，恰恰在于规定之外的无规定区域。换个比喻：规定性是舞台，方圆有度；无规定性，是演员的艺术空间，任你施展。你如果不想自己落入“匠气”的窠臼，就要在无规定的地方下足功夫。

王永涛：您能多说说课堂教学中的规定性吗？流程不应是规定性的，什么才应该是呢？愿闻其详！

黄 春：规定性，就是语文学科的基本规律，就是课堂教学的基本要求，就是语文老师的基本功。这些东西，我们在师范大学里都学过，在各种职业培训里都练过，在诸多的测试里都被考过。

王永涛：其实我觉得，这个问题，老师们不一定很清楚。或者说，您在实践中会有更深刻的认识。

黄　春：这三个规定性，也可以说成是：我们的语文教学，第一必须是科学的；第二必须是有效的；第三必须是美好的。我们的语文教学设计，必须要合乎语文学科的习得规律，我们不能想当然地胡来。我们的课堂行为必须是有效的，无论是哪种方式的教学，都必须是落在实处的，不能总是飘在云里雾里。我们语文老师，要通过自身的基本功，给学生以语文的美的示范和影响。这就是规定性，是不可违背的。当然，这里说的三个话题，每一个都是一个宏大话题，不是几句话就能说清楚的，也不是我就能说清楚的。没有人用直白的语言描述过这些问题的答案，谁也给不出准确的定义。所谓规律、原则等等，其实也都是广大参与者在长期的实践过程中，慢慢摸索而形成的一些共识。这些共识也会随着更多的实践而得以慢慢修正，以日益趋近于规律和原则的本身。在这个维度上，我们每位教师，都永远在路上。

（五）要讲就好好讲

王永涛：我上课的时候，常常觉得自己讲得不够，不够丰厚，不够深入，但是现在对课堂的要求是老师要少讲，尽量少讲，留出足够的时间，给学生学习、表达和思考。我觉得很矛盾。

黄　春：每个人都不可能“足够多”，我们个人所拥有的，能讲给别人听的，总是有限的，我们口袋里的那点儿知识，那点儿学问，那点儿本事，不出几天就都倒完了。所以，不要指望着老是自己讲，要更寄希望于学生学。

我一再告诫我自己的，就是：我和学生的关系，不是我教他，更不是我讲他听，而是我和他一起学习，有我在，他更爱学习，更善于学习。老师的讲，也是为了激发学生的学习兴趣和学习动机，所以，讲也是必需的。老师不讲，学生即便有学习的愿望，但他并不知道该如何学习。

曾有很多学校做法太过：用具体明确的时间，来限制老师“讲”。规定“老师的讲，不能超过十五分钟”什么的，校长坐进教室，拿着秒表掐算时间，这就是邪道了。

王永涛：是的，真有这样的学校。您觉得这样的规定合适吗？

黄　春：该讲，就得讲，还得好好讲！一个不会讲、不敢讲、讲不好的老师，一个从来都不能连续讲三个小时不打磕巴的老师，肯定不会是什么好老师。

我指导新教师的时候，他们总是来问我：黄老师，怎么组织教学活动啊，我用什么教学形式更好呢？我说，你还年轻，就一个方法最好：讲！年轻教师，自己讲都还不会，怎么可能把握好其他的方法，非乱套不可。大胆地讲，好好地讲，从上课讲到下课，从开学讲到放假，一直要讲到老师讲多久，学生都不烦了，我们再考虑别的教学方式。讲授，是基本功；讲授，是基本能力；讲得好，是高级的能力。真到讲得好的时候，讲，就是最经济实惠的教学手段。

当然，如果你不会讲还要瞎讲，那就算了，让孩子自己读读想想，反倒更好。有很多学校所开展的教学改革，这模式那模式的，估计那些做出各种“限讲令”“自主学”的学校，正是针对这个情况来的，那当然是合适的。

王永涛：哈哈哈，您说得很实在，看来任何的教学改革、教育模式，都有针对性，不能一概而论对或错。我们老师，就更要对这些“改革”“模式”，对自己和学生的适切性有清醒的认识，不能随波逐流。

黄　春：是的，老师一定要有判断力。有人说什么“老师讲，就是以老师为中心，所以，老师要靠边站，要少讲”，这其实没有理解什么叫真正的讲。真正的讲、好的讲，一定是心中装着听众（学生）的讲，心中装着谁，谁就是中心。

不要以为小组讨论就是以学生为中心了。很多老师组织各种形式的花样活动，我看，他心里装着的，只是“教案里下一个环节干什么”，装的其实是自己，期望的是活动顺利、课堂顺利。你会没见过那样的话吗：“好，停！因为时间有限，我们还有下边的展示环节，所以，各小组的讨论就到这里。下边请……”你看，“时间有限”，这是什么逻辑？

王永涛：好的讲是心中装着学生的，心中装着谁，谁就是中心，您这个观点一出，“学生中心”的形式教学行为，亦可休矣！您这是为“讲”正名啊！很多老师说“课改让我不会教书了”，估计就是不能光明正大、理直气壮地“讲”了。

想想我们老师真不容易啊，总是在一波又一波的改革浪潮中沉浮，一不小心就得呛几口水。

黄　春：关键还是在自己，我们自己对教育和教学的本质，要有正确的理解，然后我们才可能坚守自己的道路。

王永涛：不论讲还是不讲，讲多还是讲少，都是为了把课上好。有这么一种教学理念叫“一课一得”，讲究每堂课都有点的深入，不用面面俱到，您认可这种做法吗？

黄　春：当然！“面面俱到”，本身就是个自带贬义色彩的词汇。所谓的“一课一得”，对于个别特别有特点的文章（课文），可以是一篇课文一个所得；除此之外，绝大部分的情况，这个“课”，不是课文，而就是“课堂”。

我们有那么多的语文课时（全世界所有学科中最多的学习课时），为什么要那么着急呢？为什么总想在一时半会儿里，就吃进所有的东西？一节课，不管是40分钟，还是45分钟，很快的，没说几句话，就下课了。所以，一定要围绕一个问题，好好说好这仅有的几句话。

事实上，一节课，学生往往会感觉时间过得很慢很慢，那正是因为他的老师讲得杂七杂八，不知道究竟要讲什么。而老师呢，反而觉得时间过得贼快贼快，原因也正是自己“什么都想讲而什么都没怎么好好讲、什么都没讲够就下课了”。

王永涛：是的，我常常觉得课堂时间太短，学生收获太少，这也是困扰大多数老师的问题。这短暂的时间里，我们要做哪些事情才能让课堂效率最大化？

黄　春：怎么让效率最大化？唯有专一。我听过无数的语文课，一般都是讲课文。几乎所有的课，都是从作者介绍和写作背景开始的。事实上，并不是所有的文本阅读都会和作者是谁有那么紧密的关联，也并不是所有的文章，都是“合时而作”的。即便有那么必要的关联，也未必都是要在还没读文章之前就弄清楚的，有时候还没读就知道背景、意义、目的了，读的兴趣顿时就没了。先讲半节课“四一二反革命政变”，再读《荷塘月色》，你不觉得难受吗？况且，还有很多课，讲作者介绍也行，可是呢，往往将这个作者的一辈子，甚至八辈子都讲了一遍，和文章根本没啥关系。这就是“慢”，就是“差”，就是“费”。

阅读，不一定要记住和了解作者。谁看电影，最后记得住编剧和导演的名字？如果被记住，也一定是因为我们看了很多他的作品，或者，他的作品太有特色太让我喜欢了，激起了我的好奇“谁这么厉害”，我才去看“作者是谁”，然后才记得他的吧。没有人在欣赏舞蹈的时候，关心演员的名字和生平。我们不认识他，是因为他还不够著名。对于阅读，也是如此。而我们做了很多本末倒置的事情。课文没怎么读，作者倒是记住了，连生卒年都记住了（因为有时候还考你）。

我跟你描述一下我听过的一节课，很有代表性的：

“同学们，我们都学过鲁迅先生的哪些课文呀？”

“……”学生们一通说，3分钟过去了。

“好，今天我们一起来学习《社戏》。大家打开书。”我以为要开始读课文了。“我们一起来回忆一下鲁迅先生的生平，说说你们对他的了解吧。”

“……”“还有吗？”“……”学生们又一通说，10分钟过去了。

“好，我们今天一起学习《社戏》。”我以为要读课文了。“本文写于1922年，我们先一起来看看那个时代的背景。”5分钟过去了。

“本文就写于这个时代。好，我们今天来学习《社戏》。”我以为要开始读课文了。“这篇文章比较长，生字词也比较多，我把它们写在黑板上，我们一起来认识一下。”

“……”学生们一通读，5分钟过去了。

“都认识了吧？拿出听写本，我们开始听写，看看是不是都记住读音和写法了。”

“……”老师一通念，学生一通写，5分钟过去了。……“叮铃铃——”一节课过去了。无数次说“我们今天学习《社戏》”，学生们无数次想翻书，手到书边，又被无数次喊停。你说，这节课要干什么呢？我们有很多的课，就是这么“杂”过去的。老师们还天天嚷嚷课时不够用，还总到校长那儿去吵着要加课补课。

王永涛：您举的这个例子确实是普遍存在的，“面面俱到”，每篇课文都有固定的、千篇一律的流程，这是“杂”。那么您说的“专一”是怎么个专一法？

黄　春：怎么个专一法？很简单啊，你的教学设计里，期望《社戏》这篇文章的学习，能带给（要带给）学生怎样的东西，那就直奔这个东西去就好了。你要讲鲁迅的一生，那就专门来它一节课、两节课，三节课都行；你要讲鲁迅的作品，那就把鲁迅全集搬到讲台上来，一本一本地给孩子们介绍。今天，你要讲《社戏》，那就好好读课文，好好讲课文：你的教学目标是“体会江南水乡文化生活，并引导学生关注自己家乡的文化习俗”，很好，那就读相应的文字，然后共话江南，分享家乡；你的教学目标是“体会人物描写方法对刻画人物形象的作用”，很好，那就读相应的语段，然后讨论各种人物描写方法各自的功能与效果。只有不备课的老师，才会眉毛胡子一把抓。

王永涛：您的“专一”跟“一课一得”是不谋而合的。语文课堂的厚度应该是这些“专一”汇合而成，而不是零碎知识的堆叠。

黄　春：好的语文课，就是这样专一地给学生好好讲的课。回想自己教过的一万来节语文课，感觉最好的，还就是那些好好讲了的课（其实不多，很少，但是也就够了）。有一回讲《滕王阁序》，当然得讲“落霞与孤鹜齐飞，秋水共长天一色”：

王勃的《滕王阁序》字字珠玑，句句妙绝。然而，这两句话却是经典中之经典，俨然成为了最能代表王勃文才的句子，成了滕王阁的象征。此联也成了重修后的滕王阁一楼大门处的第一副楹联，和“瑰伟绝特”的大牌匾一起，以豪迈的盛情迎接四方游客，也成了江西南昌人一千多年来的骄傲。我更觉得，和诸多的写景名句（名篇）一样，当年王勃登阁远眺，为后人留下了一幅“只可意会，不可描摹”的胜景：你不能去翻译它（所幸的是，此句自身平白晓畅，无需翻译），你也不能去画它，你更不能妄图在人世间的某个地方寻得它，即便你也守着整个秋日重登滕王高阁，你也绝无可能与它邂逅。

当然，面对美景与美言，在语文的课堂上，我们不可以“哑口无言”，我们决不可以告诉学生“自己意会去吧”。“落霞与孤鹜齐飞，秋水共长天一色。”其妙，妙于何？怎么讲？课上一位学生率尔而对：“拟人！”我大吃一惊，小心追问。对曰：“说‘鹜’飞，是可以的；而说‘霞’在飞，便是‘拟人’。”此语一出，满堂哗然。是啊，即便认为“霞”本不能“飞”，那充其量也只是将“霞”拟作“鹜”，是为“拟物”而已。实际上，将“人”拟作“物”，方为“拟物”。比如，说“我轻轻地飞了起来”，便是“拟物”中的“拟鸟”手法啊。满堂哄笑中，这位“拟人”的学生看上去有些赧颜。待全场肃静，我轻声说道：“尽管本句并未采用‘拟人’‘拟物’的修辞方法，然而，我在读‘落霞与孤鹜齐飞’这个句子的时候，越读得多遍，就越会觉出其中的‘拟人’味道来。不信你们试试。”

大伙儿又读了几遍之后，另一个学生，舍书而作：“此句中‘落’‘孤’二字，虽为对自然之物的客观描述，但其间隐含着的，是诗人王勃的‘落’‘孤’心境。”太妙了！常说“一切景语皆情语”，到这个时候，我的学生才真正有了主动的体会。“情景交融”自然不能算是修辞方法，但是，由这种交融所产生出来的艺术效果却是相同的，甚至是更为高级的。“落”，是霞光隐退的“下落”，也是诗人心中的失落；“孤”，是鹜鸟单飞的孤单，也是诗人心中的孤独。

请回看前文：“鹤汀凫渚，穷岛屿之萦回。”在王勃的视线里，明明有那么多的鸟，明明到处都是鸟，为什么他只写“孤鹜”飞天？正如此刻的滕王阁大宴，明明是“胜友如云”，明明是“高朋满座”，为什么王勃依然感觉到形单影只？我提醒学生：诗人在后文中有没有直抒此意的句子？

有啊：“关山难越，谁悲失路之人？萍水相逢，尽是他乡之客。”

在一个“失路之人”看来，在一个似乎觉得“身世漂泊雨打萍”的人看来，“热闹是他们的，我什么也没有”。于是，王勃的眼里，跳过“鹤汀凫渚”，只有“落霞”与“孤鹜”，相依相伴于水天之际。

如果你说这种“落”“孤”之意，很有杜甫“飘飘何所似，天地一沙鸥”的感觉，我是有几分赞同的。然而，王勃毕竟不是“百年多病”的杜甫，这位可以“请缨”“投笔”的才情少年，要蓬勃得多，昂扬得多。要不，他怎么可能在之后的文字里，高唱“穷且益坚”呢？

其实，给我“拟人”感觉的，还有一个“齐”字。落霞与孤鹜齐飞，一个“齐”字，绝不仅只是表达时间上的同时而已，你细细读它，难道不会心生落霞孤鹜“相邀相伴”“比翼”的和美吗？一片“失落”的云霞，一只“孤独”的野鹜，“齐飞”的时候，很浪漫，很温情。谈不上“钟期既遇”，也可谓“相怜相惜”。

人与物之间的“比拟”，不仅仅表现为一种简单的修辞方法，更是一种由人情观照自然、从自然读懂人情的人性素养。这种素养，充满了智慧与情怀。

学生又提到了动静结合。此联上句写霞鹜齐飞之动态，下句写水天一色之静态，确乎动静结合。古诗写景，大多有“动”有“静”。比如：“人闲桂花落，夜静春山空。月出惊山鸟，时鸣春涧中。”“独怜幽草涧边生，上有黄鹂深树鸣。春潮带雨晚来急，野渡无人舟自横。”“鸟宿池边树，僧敲月下门”“明月松间照，清泉石上流”……在或静或动的背景前，那或动或静的神来之一笔，便是整个意境的灵魂所在。“落霞与孤鹜齐飞，秋水共长天一色。”浩渺一色的水天背景，干净，透明，安详；冲飞的野鹜，在夕阳落霞的陪伴中，似有愁怨，又显得温暖。虽为动静结合，但本联中动静成分却并不等同，说是“以动衬静”更贴切吧。虽有胜饯盛筵，但听不到管弦丝竹；虽有“舸舰迷津”，但听不到人笛喧嚣；虽有“野鹜冲飞”，但也听不到拍翅长鸣。滤去了一切声音的画面，宁静得很。其中，还有那种被我称之为“空间美学”的诗歌意境。在“一色”的水天背景前，成片成片的落霞在冉冉退去，在落霞的怀抱中，一只“孤鹜”正从“汀渚”飞向天际。有点，有线，有面，一幅立体的图景，在读者的眼前浮现出来。你看，“大漠孤烟直，长河落日圆”“星垂平野阔，月涌大江流”……王勃的这一句，和所有古诗的景物描写一样，点面结合，层次分明。西落的云霞和冲天的孤鹜，交相辉映于水天之际，实在是一幅壮丽而温情的画面。是图画，就还得有色彩。都说“自古逢秋悲寂寥”，然而，王勃笔下的秋色，却灿烂得很。夕阳中血红色的晚霞，倒映在澄澈的江水中，染红了几乎整个原本清爽的天地。一只孤鹜——你可能已经无法辨认它是白鹜还是黑鹜了——以一个黑点的形象，身披霞光，翱翔在水天之间，忽远忽近，忽高忽低。这是一种蓬勃的色彩，一种激情的色彩。尽管登阁望远的王勃正当失意之时，然而，他并没有为这秋日黄昏的江南抹上灰黑的阴霾。这也正是王勃可爱的地方，你读整个《滕王阁序》，都能有此体会……

你看，就是这样一次简单而寻常的讲，你只要好好讲，不就很好吗？

王永涛：的确如此。基于最寻常的师生互动，教师只要问到点上、引到路上，只要打开了学生的求知之门，然后，我们的讲就会成为最经济最实惠的教学手段。

（六）别把教书这点事儿弄得神秘兮兮

王永涛：有老师主张根据不同的教学目标，将课文里的篇目进行分类对待，比如“语用型文本”，便是就课文的某一处可取的阅读或写作的点进行教学。您对课文有这样的分类吗？

黄　春：我没有这样分过，在我周围的同事里，好像也没这么去分的人。在我的教学设计里，课文是为我的教学服务的。老师不应该被教材牵着鼻子走。如果是这种硬生生的区分，我肯定是不能认同的。我们的语文教学长期以来的积弊，其中一个原因，就是我们总是给文章进行分类。

对于某一篇课文来说，它是可以经常地反复地出现在我们的课堂里的，是可以为我们的不同教学目的服务的。碰到一篇自己喜欢的课文，就觉得这也好，那也好，也可以讲这个，也可以讲那个，于是，就讲个没完。这都是不对的。

王永涛：这么说，您平时的教学设计不是围绕一篇课文，而是围绕您自己的教学目标来的，对吗？您有自己的教学体系，而不是教材。

黄　春：对，这是教学专业性的要求。自己都不知道要怎么学语文，然后就被教材牵着走，按着教材的顺序来，这肯定是不行的。同时，教材又没说“本文要教什么”，于是就瞎猜想。

王永涛：您能跟我说说您自己建立的这个教学体系吗？一学期、一学年的都可以。

黄　春：这不是一个可以亮给别人看的体系，它是一种对学科的理解，是对学习的理解，然后转化成一个老师对自己手头工作的理解。打个比方。我们逛街，累了饿了就找家餐馆吃饭，找到哪家是哪家，没怎么选择；或者，身边正好就有一家，你就走进去了。这个时候，如果想尽量吃得好一些，那我们就可以也只能根据这家餐馆的特色，来尽量享用它最好的美食。这就好比一位没有自己的教学设计的老师，遇到了“明天要教的课文”，我们只好这么做，也应该努力这么去做，这没问题。但是，作为一种专业工作，我们不能天天“偶遇”餐馆，我们要主动去设计安排：为了孩子的健康成长，我们需要吃些什么；这些营养所需的食物，都在哪里，去哪里能够获得，多吃什么，少吃什么，先主要吃什么，后主要吃什么；为了享受美食，我们需要体验一些什么特色餐食，这些餐食在哪里有，先去哪里，再去哪里。教材是什么？教材就是一位家庭主妇所在的社区，社区里有，正好；社区里没有，就去远一点找来。我们总不能被所在的社区所限制住了，身边有个川菜馆，那我就一定要去吃辣椒；身边没什么新鲜蔬菜，那我就用吃肉代替。教师是教学设计和组织的主动者、能动者；教材，是为我所用的。

我所说的“教师自己的设计体系”，并不是要求老师对自己每天的教学、每节课的教学，都是先有一个流水线一样的详细而明确的流程，这不可能做到，也没必要做到。但是，专业的妈妈，一定会有自己的宏观菜谱，一定会让孩子“营养适时并且全面”。

王永涛：您这个比喻非常生动，这是主动构建和遇什么教什么的区别。那我们年轻教师应当如何来建立自己的教学体系呢？您有没有一些经验给我们呢？

黄　春：无论是年轻还是年长，每位教师都应该努力让自己站得高一些，看得远一些、广一些。年轻教师先要甘于沉下去，沉到教材里去，然后还要善于跳出来，俯视你所熟悉了的这片土地。这个时候，你就会看得见这片土地的结构、肌理，这就是你所发现的教材的逻辑，于是，顺序、详略，轻重、缓急，也就都出来了。

懂教学的校长，一定会给每位教师预定本学段的全套教材（小学六个年级，初高中三个年级）。做得更好的学校，还会存有基础教育全过程的全部教材，以供教师学习备课之需。为什么要如此，正是因为我们都主张教师要站在一个整体的高度，去梳理自己的教学。举个例子，一位教师在接手起始年级教学的时候，第一件事情就应该是总揽从起始年级到毕业年级的全部教材，要清楚地知道：学生在这个期间都要学什么内容？这些内容是按照什么标准进行分类的？这些内容出现的顺序是什么？然后要进一步思考，这些内容都适合我的学生吗？这样的分类有利于我的教学推进吗？这些内容的顺序是否需要做一些调整？我如何去评价我的教学质量和学生的学习效果？比如，阅读教学（含各类文本的阅读和各种能力的培养）如何有序开展？写作教学如何有序推进？教学资源要进行怎样的建构？需要设计哪些教学活动？如何安排检测、考查和考试？回答完这些问题，就可以开始构建属于自己的（或备课组的）学科教学纲要了。即以教材为基本蓝图，对教材内容进行适当的增、删、补、换、调、改，对教学形式和教学活动进行初步的规划与设计，对教学评价方式进行系统的研究和拟定。注意，这些思考和规划，都是全阶段的，不可以只盯着眼前的这个学期，更不可以只是对备课（写教案）留了一点点“提前量”而已。

我所谓“体系”，无他，即《学科教学课程纲要》。

王永涛：看来，您经常提及的这个《课程纲要》，真是一个必要的工程。

黄　春：是的。教师的专业性（科学性、有效性、可操作性、独特性等等），就藏在他所构建的《课程纲要》里。一位合格的教师，必须自己构建属于自己的课程纲要，要有对自己工作的总体思考和规划，哪怕不成文只是脑子里的想法也可以。事实上，很多老师并没有这个东西，教起书来，总是过一天算一天，应付完今天这节课，再想明天那节课怎么办。即便有些老师会提前备课，往往也是很短视，只关心我最近干什么，接下来干什么。这是不行的。

教师，要在见到学生的第一天，就能清楚而明确地告诉学生“我们将要学习什么”“我们将要如何学习”“我们将会在不同的阶段学习哪些不同的内容”“每一个不同的内容，我们将按什么步骤展开学习”“我们将接受怎样的不同方式的检测与考试”……好比一场游戏开始之前，游戏的主持人需要向全体人员说明游戏的内容和规则。当你在阐述游戏内容和规则的时候，你要知道，每一个参与的人，都已经同时在心底里盘算“如何取胜”了。教学也一样，教师对教学是清楚明白的，他就能让他的学生对自己的学习变得清楚明白，他的学生就能在第一时间开始筹划自己的学习过程。

王永涛：我自己的教学中远没有这样的远见和规划，所以对学生在我手上的三年能学到些什么，自己内心是模糊的，不够清晰的。有这样的《课程纲要》，我们的教学还是处在较为模糊、随意的层面，学生就更是不清不楚了。

黄　春：教师，要努力克服那种我们似乎很是习惯了的“把教书这点事儿弄得神秘兮兮”的做法。未来学什么，怎么学，未来考什么，怎么考，这些事情，学生拥有事前知情权，不要总是回复学生“你猜？”尤其是考试，老师们往往不愿意让学生知道将要考什么。明明自己知道考什么，就是不告诉学生；明明是自己出的题命的卷，就是不告诉学生考什么题、为什么要考这些题、可以如何去应对这些题，这是不科学的。

王永涛：将学习目标、学习内容、学习方法、学习活动、学习要求都清清楚楚规划出来，就等于规划好了学习路径，老师和学生只要按图索骥，就能从从容容地学好语文，这个规划就是教师自己构建的课程纲要。

（七）优秀教师的“七成定律”

王永涛：我们说了很多教师的行为，那您对学生在课堂上的行为有什么要求？

黄　春：教师对学生提的要求，一定是他的教学理念的一种反映。所谓要求，一般包含两点：一、建议、鼓励甚至要求要做什么；二、不提倡、不鼓励和禁止做什么。常规的课堂纪律就不说了，这不属于语文课的特别要求。如果单就语文课堂的教与学而言，我先说说第二点：不提倡、不鼓励和禁止做什么。我不提倡有语文课堂笔记本。某学生愿意有就有，但我不要求都有。这个可能和很多老师的要求相悖了。“不用笔记本，那课堂听讲怎么做记录？”我相信有些学科的听讲，是需要做笔记的，并且应该有专门的笔记本，因为那些学科有大量的“知识”，并且还是课堂上当时来不及记住的东西，需要课下去整理、巩固，以后还需要经常拿出来反复记忆。这个时候，笔记就很重要了。然而，语文，本身就没这类“知识”，更没多少需要那样精准记忆、逻辑梳理和反复记忆的“知识”。

记得有一次，我们学校的一个学生跑来找我，拿给我看她最近刚刚完成的一张语文知识思维导图。我一看，哇呀，从词汇到短语到句到段到篇，还有与这些东西相关的什么结构形式，分门别类，画了大大的一张 A3 白纸。这样的知识网络图，我好像也曾在一些不入流的教学辅助书里见到过，从字、词、句、段、篇，给你讲个一溜够。我问她：你怎么想起画这个了呢？她说，老师让学生们都画。之后，那是我平生第一次十分功利地问那位老师：“这个，考试考吗？”“不考。”“不考你让学生辛辛苦苦弄这个干什么呢？为了学习或练习什么？”老师也没说上来。后来我特意去翻了翻这位老师所教的学生的课堂笔记本，看看学生们都记了些什么东西。我估计你能想得到，孩子们的笔记本上，记的都是什么。

王永涛：不外乎就是一些课文内容、课文解读、基础知识、拓展知识吧？

黄　春：嗯。我看到了“作者介绍”“写作背景”“文章分段及各段大意”“本文写作特色”……你见过百度百科上对一篇文章的介绍吗？就是那个样子的东西。每张每页，字里行间，都闪烁着两个字：“没用”。有用吗？你会让学生记这些东西吗？

王永涛：偶尔会！

黄　春：但事实往往是这样，没有人会拿着语文笔记去复习，也没有这个必要，原因就是因为记的东西都不对路。孩子们在课堂里，要花费大量的时间写笔记；如果老师要求得严格，下课还要去抄，去补，记得不好还得挨批评。费时费力伤感情，所以，我不主张在语文课上用笔记本记笔记。

王永涛：您觉得这样的“知识”笔记，是不适合语文学习的，您不提倡。那您倡导孩子们在课堂上怎么学呢？

黄　春：对于学生在我的课堂里听课学习的要求，我强调的就是参与，并且，是用实际行动的参与，比如“说”。我鼓励学生“说”，提倡表达。包括：回答、提问、质疑、对话、讨论、争辩……当然也还可以包括应和与喝彩，老师讲得好，同学讲得好，就得及时用话语去赞美。一节课下来，你没说话，一句都没说，那不行。除非有些课，我明确说了“你就好好听着，我来说，不许插嘴”。

我知道，鼓励课堂上积极发言，几乎是每个语文老师都会提出的课堂要求。但是，我所提倡的“说”，不局限于“回答老师的问题”，课堂发言，不能狭隘或局限成“回答老师的提问”。

王永涛：那学生的说是随时的吗，还是有发言规则？毕竟人多，没规则估计得乱。

黄　春：你说的“随时”“没有规则”，是怕“乱”。乱，怕什么？这样的乱，没什么可怕的，甚至是可以得到鼓励和提倡的。我们的语文课，怕的是“静”，静得太“有序”，那不完全是一个好事情，那可能意味着“死亡”。

只要我没有事先说“下面的话，请不要打断我”，我的学生可以随时插我的话。有些时候，老师的“讲”是需要连贯性的，是需要全体安静、完整地聆听的。那么，老师要事先说明（实际上，师生相处久了，这样的默契，很容易形成）。其他时候，师生是一种对话状态，那就应该鼓励师生之间、同伴之间，真正地“对”起来，你一言，我一语。

王永涛：会不会担心课堂效率？比如多人同时发言。您会不会要求学生聆听他人的发言？还是说，他们能自发做到？

黄　春：这就是我会向你继续介绍我对“说”的更多要求。教师对于学生的“说”，是需要教育和培养的。教育的第一任务，是教会学生做人，然后才是做学问，这个道理，已经是大家的共识。做人，就包括了怎么说话、怎么问话、怎么插话、怎么对话、怎么听话、怎么质疑、怎么反对……其间有表达技巧的问题，更有表达礼仪的问题。如果这个都没解决，或者说，老师连这个都不教好，那就谈不上其他的了。所以，为什么要担心乱套呢？偶尔叽叽喳喳一阵子，有什么关系，不是很好吗？每个人都有表达的需要，这个需要，未必是非要别人都听见不可，说出来、说了，就是一种需要的满足。

教师不要太过要求课堂的“整齐和有序”，真那样了，并不一定是件好事情。我见过有的课堂（当然我自己也有过类似的时候），老师提了一个问题，然后教室里就炸开了锅，老师压都压不住。那是一位年轻教师，眼看就组织不了课堂了，急得都要哭了。事后，她组里的老教师就开始教她：“你还年轻，学生不怕你，所以，你少提问，尤其少向全班提问。你要提问呢，就点个别学生问，不许其他同学接话茬……”其实呢，问题出在哪里？出在老师所提的问题本身，老师抛出来的问题，太简单，一点思维量都没有。

谁让你提一个所有人都能不假思索就能回答的问题了？这样的问题，有什么意义呢？这种时候，叫“乱堂”，其实是老师提问的质量造成的。有些老教师就有办法，他要求学生在回答这类简单问题的时候，要全班一起回答。啊，显得十分有序，显得全都教会了。那就更傻了。

你的关于“乱”的担心，是有道理的。只是，我们别忘了，“教会学生如何在公众场合说话”，是我们每个老师的责任和义务。鼓励孩子表达，并教会孩子表达礼仪，这是真正地推动学生参与。我经常听到有同事抱怨：某某班，总爱插嘴，乱死了，一点秩序都没有。说得好听一点，叫“这个班，太活跃”。这样的现象，怪谁呢？怪班主任吗？难道不也应该自责吗？教会孩子“会说话”，比教会孩子答对问题重要得多，这正是我鼓励孩子“说”的缘由。只有“说”了，才能“会说”。我们很多时候是用“保持安静”（就是“闭嘴”）来要求一个人在公众场合的礼仪的，那是因为我们没有教过孩子怎么说话，担心他乱说，于是那就干脆“不许说”。哈哈，就显得“我教的孩子很有礼貌”了。这无异于掩耳盗铃，自欺欺人。

上课不许说话，课间不许说话；走路不许说话，吃饭不许说话；睡觉不许说话……我们经常能够在学校的各个地方，看到“不许喧哗”“保持安静”的标语，我们也经常看到我们的老师在组织学生集体活动的时候喊的最多的一句话就是：“别说话！”

王永涛：天啊！您不说还不觉得，您一说，我觉得我们的孩子们太可怜了！

黄　春：我去过很多国外的学校（当然也有国内的一些好学校），没发现谁禁止说话，哪儿都可以说话。老师也好，学生也好，在哪里、在什么时候，都可以说话。但是，你却仿佛感觉不到他们在说话，谁也没有打扰到你。就连上课的时候，很多孩子也会交头接耳，但是，旁人听不见。这就是中国餐厅和外国餐厅的区别，人家不是不说话，人家是在“好好说话”。

什么叫“好好说话”？“在我可以说的时候，我觉得需要听见的人，都听清了”，就是好好说话。所以，悄悄话，咬个耳朵就可以了；公开发言，就得站起身来，先让大家注意到你，然后再清晰响亮地开口。

王永涛：我们老师在这方面真的是培养得少，扼杀得多。您觉得老师应该怎么教学生“好好说话”呢？

黄　春：你问我如何培养学生说话的礼仪，我也不是这方面的培训专家。并且，寻常百姓，不是特殊行业，也不需要接受太过专门的礼仪培训，那样倒容易过了（我不赞成动不动就请礼仪培训师）。能够注意以下这么几点，就很好。比如我要求：公开发言，必须站起来，说完了，即刻坐下。同时，当有人正站着（还没有坐下）的时候，你不能站起来（抢话）。这就是基本礼貌。再比如：我特别强调，站起来发言，有话要好好说，要说清楚（语速，音量），要说完整（有头有尾），要说明白（有条有理）。还有，说话，要看着听的人。因此，但凡是要说一段超过一分钟以上的话，我都会请同学到讲台上来说，面对大家，好好说。

王永涛：看来教会孩子“好好说话”，课堂发言不乱，并没有那么难，只是老师要有这样的意识去引导和培养。

黄　春：“不乱”真的不难，难的是说好。学生在课堂里“说话”，有一个现象很普遍：学生说不好一段完整顺畅的话，往往需要教师在一旁帮着启发和引导，我们的行话称作“挤牙膏”。挤了半天，也没太明白他想说什么，然后，不得已，老师还要怀着七分揣测：“我重复一下刚才这位同学的发言，他是想说……”我是不主张老师这样去“挤牙膏”的，我要求学生一口气说一句或一段完整的话，一遍不行，可以再来一遍。所以，学生站起来回答问题，是需要事先组织好语言的。这个组织语言的过程，就是语文学习的过程，这恰恰就是“提问”“说话”的教学价值。至于说得对不对的问题，还在其次。一来语文的问题本身就没有太明确的“对不对”；二来，不对，才会产生交流嘛。所以，老师要“憋得住”，当学生“卡壳”的时候，断断续续地一个字一个词没有头绪地往牙齿外使劲挤的时候，老师要憋住，不要立马就上手去帮。慢慢地，学生就会发现，哦，我要得到一个说话的机会，是需要有准备的，是不能站起来随意说的。我一旦站起来或被叫起来，我是要好好说的（没那么好过关的呢）。

王永涛：学生都能“好好说话”了，课堂自然是不会乱的。但是，您前面提到的一点我还是有顾虑，那就是允许学生在课堂上“咬耳朵”。如果老师允许，那“咬耳朵”的现象会不会比较多呢？

黄　春：怕错过教学内容？怕频繁咬耳朵？哈哈，我有一次去听课，坐在后排学生的身边。老师忽然放下书本，向这边走来，叫起两个学生：“你俩刚才说什么呢？”“没说什么。”“没说什么，我看见你们的嘴巴在动。旁边的同学，你是不是听见他们在说话？”“我们没听见。”“没听见？坐这么近，能没听见？还包庇犯错的同学？下课，你们几个，全都到我办公室来，把事情说清楚……”说实话，我也没听见他们说什么，我坐得离他俩最近，是挨着的。人家悄悄说了句话，谁都没打扰到，为什么就不可以呢？人家一节课，就偶尔那样“悄悄”了一下而已。

我们总以为学生说句悄悄话，就耽误了听讲，当然，客观上就是耽误了听讲，开了小差。但是，学生两眼瞪着你一声不吭，就一定是在听讲吗？也未必。还有，谁要求学生一节课里必须每分每秒都全神贯注了？大人也做不到，何况小孩。

王永涛：对老师来说，一天才上一堂课，就四十分钟，所以，肯定希望孩子们能集中精力，不要错过，哪怕一分钟。不过，听您这么一分析，我以后对咬耳朵现象倒是可以释怀一点了。

黄　春：我记得我以前的一位同事，语文特级教师，他说：“我最大的本事，就是能让百分之七十的学生在听我的课；这百分之七十的学生，有百分之七十的时间没有太走神。”这就是他的“七成定律”，大咖尚且如此，何况我等常人！老师当然希望学生百分之百听讲，听入迷了才好呢。哈哈，那是希望，是梦想，想一想，是可以的。再说了，学生走神，开小差，责任在谁？一场音乐会，听众提前离场，怪谁？

有些事情，提醒提醒，是可以的，也是必要的，但若一味责怪学生错了，就不对了。老师要苦练自己的课堂功夫，努力让人想睡都睡不着，想开小差都开不走才是。如果统计一下我的课堂，每节课有多少人在睡觉（包括打盹的），我看，也都能有三五个人，我已经很高兴了；其他人只是偶尔咬个耳朵，我已经很为我自己骄傲了。因为我自己听别人讲课（无论是当年做学生，还是今天去开会或参加各种培训学习），基本上是睡得多，听得少。

王永涛：哈哈，您好实诚。我发现自己对学生太苛刻了，总要求学生全神贯注。我们是铆足劲去上这一节课，但对学生而言，一天要上八九节课，哪可能每节课每分钟都聚精会神呢！

黄　春：十几年的求学生涯，那么多语文课，长着呢，别着急。

（八）“你真的不会卖血么？”

王永涛：好像不管哪个学科，都讲究个“课前导入”，引导学生进入本堂课的学习。您一般怎么导入课堂教学？

黄　春：上一节课就好比做一篇文章，文章有无数种开头的方式。或者说，任何一种形式，都可以为文章（课堂）开篇。我不太喜欢“导入”这个动词和概念。学生在课间和课堂之间的转换能力，比我们想象得要高很多；学生从“这个内容”到“那个内容”乃至学科之间的调频能力，也比我们想象得要高得多。由于一个“导入”概念的存在，我们实际上做了很多无用功。

我看很多老师的教案，开头第一个环节必是“导入”，然后必然要“设计”一大段导入的活动或话语，其时间动不动就是五分钟，挖空心思，从很远处扯过来。而学生心里明白得很“今天这堂课要学什么，老师，你赶紧哈”，很是浪费。我们老师习惯于自以为趣地设计一些所谓的悬念，卖卖关子，让学生“猜猜”本节课堂的学习内容，以为就是“导入”了。其实，真没这个必要。至少是，有时候有意义，但大多数时候没这必要。

当然，我说的没必要，是就那种“没事找事”的“导入”而言的。对于一节课而言，教师的开篇质量，是很关键的，它能决定一节课学习质量的高度。

王永涛：所以您反对的是那种仅仅旨在转换学生注意力、学习科目的导入。

有的老师可能认为“导入”是必需环节，所以才会冒出非必要，甚至是不合时宜的“导入”。

黄　春：听一位老师讲《许三观卖血记》，这是余华的小说《活着》里的选段。老师开篇导入：

“同学们，你们会去医院无偿献血，但是，你们会去黑市卖血吗？”同学们不假思索异口同声地回答：“不会！”教师：“好！但是，今天我们要学习的这篇小说，其主人公就去黑市卖血了。请大家打开课文……”这样的开篇，就显得有些简单了，不仅意义不大，而且，在情感态度价值观上产生了并不理想的引导。请问，这样的开篇，是要引起学生的好奇吗：“居然有人去卖血？”是要引起学生对主人公去黑市卖血的批评吗：“他居然去黑市卖血！”教师的本意当然都不是，但这个简单的开篇，就可能会将小说阅读的定位，导入这个境地。因为我看到的现象是，全班学生嘻嘻哈哈地翻开了课文。

王永涛：从学生的状态来看，这个导入几乎没有起到创设学习情境的作用，甚至还是反作用。

黄　春：对。后来我也讲这篇小说课文，我也“导入”了一下。

我的开篇也并没有什么标新立异的创举，只是将那位老师的“导入”继续深入了一步而已。“同学们，你们会去医院无偿献血，但是，你们会去黑市卖血吗？”“不会！”“不会，老师我也不会。”我停顿了几秒钟：“我们真的不会吗？你能保证自己永远不会吗？”

就追问了这样一个问号，你能想象得到，全班同学陆陆续续地安静和沉默了，每一个人的心里，越来越沉重：“我会吗？我不会吗？真的不会吗？真的会吗？会不会有那么一种可能我也会，并且是必须会？那些去黑市卖血的人，是为什么呢？如果有一天我也去了，那有可能是因为什么？……”

也就是几十秒钟的时间，也就是这么一个问题，全班同学静默无声。而后，在这种静默中，我轻轻地说：“我们翻开书……”我看到，有很多学生并不愿意打开书，他们翻书的动作很慢很慢，似乎这几页书，很重很重。我知道，这课基本就上完了，也差不多就可以了，后边看不看和学不学和我讲不讲，也已经不那么重要了。所以，我想说的是，对于“导入”，我们语文老师要很清楚自己“导入”的目的和意义。如果只是“引出一个话题和课题”，那么真是没什么大必要。“上节课我们学习了……这节课我们学习……”两节课的内容之间没有任何逻辑关系，这样的导入，就是多余的。尤其是学生明知道今天要学什么内容（课文），然后老师还要故设包袱，就显得弄巧成拙了，是会遭到学生“腹嘲”的。

王永涛：那，您觉得怎样的开篇是好的？

黄　春：好的开篇，要么营造一个体验环境，要么奠定一个思维高度，要么说明一段学习过程，如果达不成这些意义，那就“直接开始”。不过，一节课，无论你怎样开篇，刚刚说的这些意义，还真的是需要努力达成的。达成这些意义的环节，可以在开篇，也可以不在开篇，我们大可以在课堂过程的某个时间，适时介入。我们每一位老师的个人风格也各不相同，有的老师善于一开始就进入状态，有些老师属于慢热型，一切都喜欢水到渠成，那也都是可以的。

王永涛：所以，有意义的导入得是对学习、理解本课所学有帮助的。您刚才举的一个例子，算是引发学生思考，与文中人物的命运、境遇有关，营造了一个环境。我也曾听很多优秀的语文教师上课，他们的课堂，好多都是开门见山：“同学们，今天我们来学习……”

黄　春：我觉得，这就很好。我还可以举一个我做校长时的工作案例来进一步说明这个话题。学校会经常有活动，这些活动，也习惯上要有一个开场白，一般都是主持人来承担这个任务。主持人上场后，要说一大段的开场白，然后“我宣布，某某活动正式开始”，这个，我想你是熟悉的。

我当然也听过许多，在没做校长之前，就听过许多这样的开场白，就好比是听语文课的“导入”一样，几乎是千篇一律的。你会发现，这些开场白，和后面的活动本身的内容以及活动的意义之间，并无太多联系，只是“听上去很美”。

王永涛：哈哈，领导讲话，也会先说两句“听上去很美”的话。

黄　春：后来，我就对这样的开场白做出明确的限制，不允许有这些冗长无用的东西。我说，要不就直接开始，让师生在活动中慢慢体会到活动的意义；如果这种意义比较含蓄和有些深奥，那要直接在开篇安排一个讲话，清清楚楚地说明活动的意义，以便参与的师生能够在这个意义的引领下，更好地参与到活动中去。并且，这个讲话，一般都是由校长亲自来讲。

我自己就经常担任这个角色，负责这样的任务。这也是一校之长的责任。老师之于一班课堂，校长之于全校活动，必须有这个责任：说明意义。因为我们的高度，就是教育和教学的高度；一个高质量的开篇，就能帮助真正实现这个教育或教学的价值。

看起来简单的导入环节，实际上体现了我们对于事件目的与意义的追求！我们老师，尤其是语文老师，对于一节课的设计，在开篇上是要下功夫的。刚才我说什么样的开篇都可以，并不是说可以胡来、随意地来。而是说，要根据教学的实际需要，各不相同地来、有针对性地来，所谓“良好的开端就是成功的一半”，才会是一句真理。

王永涛：所以说，尽管“导入”非必需，但您认为，一堂课如何开篇是值得审慎思考的。

黄　春：是的。想想我自己在备课的时候，总是觉得很难很难，而最难最难的，就是如何开篇，道理也就在这里。一节课，前几分钟开好了，整节课就顺畅了，并且会超乎预料的好。

（九）让课堂与他有关

王永涛：课堂上，老师有时候并不能按预先的设想完成教学内容，主要问题在哪儿呢？

黄　春：应该说有这样的课堂很正常。没有人能够完全按照预设百分百地完成工作，连机器生产都不可能百分百合格，都有误差，更何况课堂教学这样的人和人之间靠语言沟通来进行的工作呢。你说的不能按预设完成教学内容的问题，我想，主要原因无非两种：一、教师的预设太主观，不够实际；二、课堂的实际状态较大偏差地脱离了预设的方向。第一种情况，应该说是一个“事故”，就是教师的备课出了问题。这是一个特殊情况，属于课前工作的内容，在这个话题里，我们不讨论。第二种情况，是课堂进行中的问题，我们不能称之为“事故”，而更应该称之为“故事”。因为，课堂教学进行当中发生“偏差”的问题，你很难说是好事还是坏事。所谓“生成性”，其实是课堂教学中被鼓励的。只有那些完全因为课堂组织能力不足而出现的偏轨事件，才是“事故”。而那些真实的生成于师生教与学过程当中的，临时增加、减少、改换等之类的事件，都是教学过程中非常美好的“故事”。倘若真有了这样的临时生发，那真的是一件值得祝贺的事情。真正的学习，可能就发生在这个时候。这样说来，我们为什么非要追求“完全按照预设”呢？

王永涛：学生在课堂上的沉默，您怎么看？

黄　春：你描述得具体点。沉默有很多形式，你说的肯定不是“瞌睡”吧？

王永涛：有一些学生，在课堂上几乎不举手发言，被动回答问题，可能也表现得很紧张，但是听课比较认真。这样的沉默，我们需要纠正吗？这样的沉默会影响学习效果吗？

黄　春：嗯。确实有相当比例的学生，属于这一种，并且随着年龄和学段的增长，这种学生的比例会越来越大。我们做老师的，对这类学生，那是几多欢喜几多忧啊。欢喜的是，他们听话，不捣乱，学习认真，决不影响我们的课堂纪律。犯愁的是，我们很难收到他们的及时反馈，不知道他们是会了呢，还是不会。另外，有很多老师是不太喜欢用这样的班级来上展示课的，哈哈，因为他们比较“闷”，课堂不好看，难出彩。

这样的“沉默”，是一个非常复杂的现象。有的学生是性格的原因，不够开朗的孩子，一般都比较沉默，不喜欢在公众场合（课堂也是个公众场合）抛头露面，他们心里有感受，脑子里有想法，甚至嘴上也有话要说，但话到嘴边也都会咽回去。有的学生是学科偏好的原因，有些喜欢的课和擅长的课就表现得很积极，相反，有些不大喜欢和不太擅长的科目就比较冷、比较闷。另外一个原因，也许就是师生关系了。有的学生不喜欢他的老师，可能就不那么配合，任凭你老师呼来喊去，他们也好像可以岿然不动，缄口不语。想起来，有点非暴力不合作的样子。我不知道，我所说的这些现象和原因，和你所感受到的是不是大抵相似。

王永涛：差不多吧。不知道这样的沉默是否会影响他们的学习效果？

黄　春：这个也得具体问题具体分析。每个个体的学习习惯和有效学习的路径都不一样。基于常理而言，一般来说是积极主动、好说好问的学生，学习效果会好一些。但即便这种，也会有例外。现在流行一个词，叫作“假”，哈哈，那也就有可能存在“假学习”的现象。课堂上表现积极的孩子，也有可能是“假积极”；那些表面看上去沉默的孩子，或许也是“假消极”呢。老师对于学生真实学习效果的观察和判断，肯定不能仅仅是“以貌取人”。但是，不管怎么说，课堂表现积极、主动的学生，其“真学习”的成分和概率，还是要高于沉默、被动的孩子的。所以，教师将课堂上得生动一些，有趣一些，能够吸引每一个孩子的注意力，能够激发每一个学生的积极性，无论何时，都是一件大事儿。

王永涛：激发学习兴趣，这是个老生常谈的话题，但也是挺难的一件事儿。想听听您的高见。

黄　春：很多老师都习惯于从教学方法上去找办法，但实际上，孩子是否愿意参与一件事情和一个活动，跟老师的方法没有太大的关系。最重要的，还是我们的老师在课堂上是否关注到了每一个孩子。反过来说，就是孩子是否觉得自己是被关注的。只要“是”，就没有太大的问题。

“这事儿跟我有关”，是每个人会对这件事儿产生兴趣的根本原因。不仅是孩子，大人也一样。对学生而言，老师你讲的内容是否与我有关，你教的知识是否与我有关，你设计的活动是否和我有关，这些问题，是最要紧的。如果能达到“和孩子有关”，那么，即便老师就是“满堂灌”，从上课讲到下课，那也不是问题。我们听故事，听演讲，听广播，不都是坐着从头听到尾的吗？不也是听得津津有味的吗？

说得更加冠冕堂皇一些，就是首先教师心里要有学生，然后教师眼里才会有学生，再然后，学生的眼里、心里才会有教师，最后，学生才会发生真正有效的学习。

王永涛：要让学生觉得这个教学内容跟“我”有关，很多时候不容易做到吧。我们的教材古今中外，内容宽泛，有的真的很难跟学生“有关”吧。

黄　春：比方说，语文老师讲课文吧，我们就得站在学生的主体角度，去讲课文，讲作品，一定要将文字和孩子联系起来，而不是将作品独立在孩子的世界之外，纯学术地讲啊讲。我们听过的语文课里，好的课，一定是和孩子有关的课。就好比我刚才举的那个老师讲《许三观卖血记》例子。老师问："同学们，你们会去医院无偿献血，但是，你们会去黑市卖血吗？"学生（异口同声）："不会！"然后老师说："好！但是，今天我们要学习的这篇小说，其主人公就去黑市卖血了。请大家打开课文……"你细细地琢磨一下，这种讲法就是心里没人的。这种导入，在课堂开始的第一分钟，就将学生拦在了文本之外：读别人卖血的故事。

后来在和这位老师交流的时候，我就建议说，你的提问本来是没问题的，但是，没问完。你应该再接着问一句："你肯定不会吗？"这个问题这要追出来，一群高中的学生，是会扎心的。"我真的不会吗？我肯定这辈子都不会吗？……未必！"OK，就这几秒钟心里纠结的过程，就是将文本和每一个自已联系起来的过程，然后，文中的主人公，就是"未必的自已和可能的自已"。

你说内容不好"和孩子有关"，其实上例就是"和孩子有关"的例子。

王永涛：嗯，您举了一个很好的例子，给了一个很好的示范。我可不可以这么理解，在教学设计时，老师得思考一个问题，学生为什么要学习这个内容？这个内容跟学生有什么关系？

黄　春：对。在学习课文的时候，学生，首先是一个读者；在学习语言的时候，学生，首先是一个"说者"。我中考和高考的时候，英语的分数都不算太低，但我至今不会说一句英语。为什么？就是当年我的英语老师在教授语言的时候，没把我们学生当作"说者"——语言的使用者。希望我们语文老师，少有这样的课堂。

王永涛：这是教学内容要与学生"有关"，那"关注每一位学生"呢？老师在课堂上怎样才能更好地关注学生？

黄　春：两条，一、教师的行为和学习的形式上，要关照到每一个学生；二、教与学的内容要与学生发生实际联系。

王永涛：教与学的内容与学生发生实际联系，其实就是刚刚谈到的课堂内容与学生有关对吧？教师的行为和学习形式具体而言应该怎样呢？

黄　春：教师的目光，教师的提问，课堂的互动，讲授的趣味，生生之间的交流等等，都是能够帮助老师关注到全体学生的要素。当然，以上这些，其实也都是外部条件，真正核心的内在因素，还是教师能否让教与学的内容使每一个孩子都感觉到了关联，这才是本质。

王永涛：课堂核心趣味才是最要紧的。不过，一些学习形式也很重要，比如小组讨论会比独立思考更能关注到学生吗？什么样的教学形式，可以更多关注到比较沉默的孩子？

黄　春：至于课堂形式，我的意见是：该好好听的时候，就安静倾听；该好好想的时候，就独立思考；该好好说的时候，就大方发言；该好好聊的时候，就充分讨论。每一种形式，都可以关注到孩子，也都可能流失孩子，重要的不在形式，而在于内容。

是否关注到了孩子，不在于采取了哪种形式，而在于教师如何组织该种形式，在于教师的实施效果。你一直提及“沉默的学生”，依我看来，他们之所以沉默，可能更多的原因是在本学科的学习和在课堂学习过程中缺乏自信。教师要想方设法激发学生的学习自信力。自信，未必非要以高分为前提，很多教师误认为好成绩才会产生自信，非也。自信力的产生，只和成就感有关。而成就感未必是高分感。反之亦然，高分感未必产生成就感。这原本就是两回事儿。所谓成就感，更多的指向是被关注、被尊重、被肯定、被鼓励。

（十）今天你留作业了吗

王永涛：说到作业，真是让人头疼。孩子们肯定希望作业越少越好，老师其实改作业也辛苦。但好像大家都有一个共识，就是必须得有作业。您会每天给孩子们留作业吗？您觉得留什么样的作业会让孩子们比较不难受？

黄　春：这个问题的前提问题是：为什么会有“作业”这个东西？就像成人工作一样，为什么会有“把工作带回家”（回家还要继续工作）这个东西？

在我们的常识里，工作，就是八小时的事情，老板给我们的正常工作量，也是可以（或必须）在八小时之内进行和完成的量。这么说来，“下班后回家继续工作”这件事情，就是额外的，非正常的（是要另付加班费的），对吧？

国家教育法以及课程标准给中学生规定的正常学习量，也是可以且应该在八小时之内进行和完成的，并没有哪个法律或课标对放学回家后的学习量做出任何明确的规定，充其量也就是个“建议任务”。那也就是说，家庭作业这个东西，并不是一个必要的学习任务。然而，从另一面来说：即便是工作，如果一个人在工作时间之余，从不想任何一点点工作的事情（不思考，也不去做），那么，他的工作肯定不可能做得比同事更好。相同的，学习也是，如果课外回家不继续学习，不去做一点功课，这个学生也很难学得更好。因此，从这个角度来说，作业确是一件有着重要意义的事情。那么，问题就来了，如果老师布置的作业（学生完成的作业），没有对学生的学习起到良好的促进作用，那么，这样的作业就是一种劳民伤力的额外的负担，甚至是有害的负担（它会很快地消磨掉学生对于学习的兴趣）。因而，教师对于作业应该是慎而又慎的。我的原则是：宁可任其无，不可滥其有。

王永涛：任其无得需要多大的勇气啊，估计领导和家长都不同意。所以，得请您好好说说“不可滥其有”，布置什么样的作业才不“滥”呢？

黄　春：哈哈，其实，“任其无”，是多么叫人欢迎啊。我们语文老师如果无作业、少作业，那么，我们的数学老师们该多么开心，家长和校长们该多么开心，孩子们该多么开心。当然，关键是没作业还能成绩好（这个其实真可以有），哈哈。至于“布置什么样的作业”的问题，我想说说教师对于布置作业的态度问题。我们做老师做久了，会形成一个惯性思维（行为习惯）：每天必须得留点儿作业，似乎哪天没作业，总觉得心里不踏实。于是，很多时候会为了留作业而留作业。我曾经在某个学校听教师评优的公开课（俗称赛课），老师的课上得还是很不错的。讲到结束的时候，下课铃声响起，老师条件反射性地说“下课”。结果呢？师生都互道再见了，一位学生（应该是课代表）大声说道：“老师，您忘了留作业了！”要你是那位老师，你会怎么应答？

王永涛：“今天没作业，因为大家已经学得很好啦。”

黄　春：哈哈，我太喜欢你了。然而，那位老师是这样应答的——他立刻涨红了脸，刚才讲课比较顺利的成就感一扫而空。是呀，忘了一个那么重要的教学环节，这评优还有戏吗？于是赶紧说：“哎呀，抱歉抱歉，我一紧张，连作业都忘了。同学们回到座位坐下，我们翻开课后练习，请大家回去后完成1—2小题。”这本来还好，不管怎么说，他是紧张得忘了嘛。然而，事情的滑稽之处在于，全班同学异口同声地喊道：“老师，1—2小题昨天做过了，作业都交给您了。”只见那老师的脸更加红了：“哦哦，抱歉抱歉，那就3—4小题吧，请大家做好，明天早上交来。”然后匆匆逃出了教室。作为评委，我当然没有给他优等的分数，尽管刚才我对他的课还是很有好感的。因为，一位对作业如此随意的老师，一定不是好老师。

你听我讲这事儿，是不是觉得很奇葩？然而，我敢保证，类似这样的事情，事实上并不少见。我自己年轻的时候，就干过这样的事。因为，那个时候，我和很多人一样，以为作业是一件必须的事情。作业嘛，反正有比没有好，做比没做好，多做比少做好。

王永涛：所以，首先得杜绝随意布置作业，咱们得认真思量每一份作业！

黄　春：是的。随意布置作业，实际上严重侵害了原本属于学生的自主时间，是极不负责任的。老师的课讲得不够好，都没太大的关系，毕竟学生只要坐着听听就可以了。然而作业呢？那就要命了，孩子们是要花时间动手去做的，写不完和写不好是要挨批的。家长也催，老师也催；家长也批，老师也批。

你应该体会过，家长和孩子的激烈斗争，其主战场都在作业上。家校联盟，围攻孩子，何其“惨烈”！如果攻下来的是一个有意义的山头，也就罢了，是件好事儿，有点儿牺牲也值得；但是，我们能保证每一个山头都是有用的吗？

王永涛：是的！我现在也是个一年级学生的家长。当老师布置了作业，我的第一反应可能不是这个作业合不合理，而是要看着孩子必须完成，尽量保质保量地完成。

黄　春：我也为人父母，也是一位学生的家长了，我看着孩子这几年的家庭作业，不夸张地说，八成都没用，都是折磨，师生间的互相折磨，家校间的互相折磨。那么多的作业，除了练就了“孩子无条件听话（听老师的话，听家长的话）”之外，毫无意义。

举个例子。昨天我孩子拿着一张语文卷子来问我问题，说是有一道题不会做。我拿过来一看，妈呀，某某省市某某培训机构出的一份期末考试的模拟题，气得我无话可说，在孩子面前还不能说学校老师胡来，满肚子的气你还不能发作。细细问孩子为什么不会，那可是一道按课文原文填空（类似于默写），她说：“这道题涉及的课文，我们书上没有，没学过。”是不是很无语？很多的老师，就是这样敷衍“作业”这件事情的。这样的老师，也肯定和我当年一样，以为快考试了，总得“模拟”一下，总得“练习”一下。然后，模拟什么和练习什么，就不管了，做了总比没做好嘛。苦了孩子，苦了家长。

王永涛：孩子们课后的时间大多给了作业，如果我们的作业并无太大意义那真的就是在浪费孩子们的生命啊！想想都可怕，可这种现象又普遍存在，我自己也每天都在做这样的事情。那什么样的作业，才是好的作业呢？

黄　春：倘若你要我说说什么作业是好作业（有意义的作业），那我想先从语文作业的功能说起。语文作业的功能，换句话说，即语文老师期望通过作业达到什么学习目的和效果。在我看来，语文学习的有些事情和功能，也的确是需要“孩子放学回家继续”的。比如背诵。我们不大可能在课堂内完成较大数量的背诵任务，而足够的背诵量又是学好语文的基础之一，所以，我会将一些较长篇幅的经典文章文段诵读和背诵，留成作业，阶段推进，逐步完成，定期检测。无论是小学、初中，还是高中，一定数量的背诵应该是学生学习语文的日常任务，是要长期坚持的。这样的背诵作业，其实也不是越多越好，也没必要字字句句锱铢必较。考试要考的，必须一字不错地背诵（这部分的量也不会很大）；考试不考但对学生学习语文有帮助的文章和文段，熟读即可，能大概背诵即可，可以背出比较经典的那几句即可，不必苛求。还有的东西，其实也可以选读、选背。同样是李白的诗歌，你爱这十首就背这十首，你爱那十首就背那十首，检测的时候也是你背了什么就默写什么，都是可以的。这样的作业，能减轻负担，能维护兴趣，并且照样能够达成同一个学习目的。

比如读书。我们也不大可能光靠课堂时间完成一定数量的阅读，而足够的阅读量也是学好语文的基础之一。我也会将大篇幅的阅读学习项目，留成作业，督促学生日日读书。说到阅读作业，我知道很多老师喜欢用写读书笔记、阶段检测、读书汇报会等方式来督促阅读和检查阅读效果。我不反对这些做法，但我反对滥用这些做法。凡读必写，凡读必考，会挫伤阅读兴趣和阅读的积极主动性。我喜欢纯粹，我希望读书就是读书，不要附加任何被监督的条件。如果我们担心学生的阅读行为“失控”（可能没怎么读），那首先应该反思的是我们教师自己对学生阅读行为的限定和监控可能是太多了。

比如写作。我们也不可能在课堂里让学生完成一定数量的写作训练。常常动笔写一写，也是学生学好语文的基础之一。因此，我也会将较成规模的书写项目，设定为作业，比如“每周随笔”之类的。这样的作业，我也是建议“尽量让书写成为纯粹的书写”，不要添加太多的附加条件，不要过多地限题，限体，更不要过多地做评价，尤其不要让学生过多地“修改”“重写”。写了就是写了，写了就是好的，写了就是进步。我们要充分相信（乃至天真地相信）学生每一次的书写，都是竭尽全力的。并且，只有得到我们充分的鼓励（乃至天真的鼓励），学生们才会越来越愿意竭尽全力地书写。而只要竭尽全力了，就是最有效的训练，就是最好的作业。

比如主题性研究学习。有一些比较宏大、深刻的主题式研究学习项目，那绝不是在课堂里几分钟时间可以研讨完成的。课上也许只是开了个头，更多更深入的研究肯定要在课后，甚至要在周末、节假日。这样的项目学习，我也会设计成作业，有组织、有计划、有步骤、有指导地推进。此类作业的有效性，也正取决于这“四有”。反思我自己的教学，凡是后来不了了之或是成效寥寥的这类作业，大多都是因为无组织、无计划、无步骤、无指导而造成的，尤其是无指导。教师的意义，就在于当学生展开了他们的研究过程之后，要适时地给予指导，否则，学生的研究就会流于泛泛的形式、浅浅的层面，就得不到更多的锻炼和进步。

比如一些专题训练、写字、说话、表演……也是需要借用课外很多时间来进行的。写字的练习可能在一定的阶段内需要天天坚持。朗诵会之前，我们要留给学生足够的练习时间，这就是学生们这段时间的作业；话剧演出之前，排练这样的“作业”时间，可能还得是好几周甚至几个月。

再比如行走与实践。走出课堂，走出校园，走出社区，走出城市，这肯定是要用课余时间的；去开展社会实践、社会调查、社会体验等，也是需要用到课余时间的。这些都是学生应该在放学之后乃至放假时去做的事情，都是“作业”，有意义的作业。

作业的内容和形式有很多，越多越好。当然，也不排除必要的抄抄写写，做做题，答答卷子。

王永涛：您列举的这些作业都是符合语文学习规律的，如果学生都能有效完成那是极好的。学生完成的效度，很大程度上依赖我们的检查和评价。这方面，您怎么看？

黄　春：有布置，就必须有检查。只是，检查的形式可以多种多样。如果超越一般的“检查”意义来说，我认为检查作业的核心价值，在于“反馈与交流”。对于学生而言，他们对于作业上交之后的期待，无非就是赢得赞赏，获得鼓舞。没有人交作业是为了遭到批评的。当然，我说的赞赏和鼓舞，并不排斥“指出问题，提出建议”。画勾和画叉，都可以成为一种赞赏和鼓舞，这和勾、叉本身无关，但和教师的情感、态度、价值观有关，和教师落笔时的初心有关。另外，这种赞赏和鼓舞，还需要来自于同伴之间，最广泛的同伴之间。因此，作业不是交给老师一个人看看、评评就完事的，我们要努力将学生的作业，展示给所有人。

我不知道你是不是很喜欢让学生用本本做作业，我不喜欢，我喜欢用纸张，一页一页地，一次就是一页，一张。这样，方便向公众展示学生的作业。你可以满墙去贴，满处去挂。过后，学生可以整理、装订、收藏，记录下自己的学习档案和成长轨迹。

我以前谈论过关于校园墙壁的事情。我们会发现，中国的校园和外国的校园，或者是好学校和一般学校，在墙壁文化上的巨大差别就是“是否看得见学生的作业”。我们有时候太喜欢墙壁的干净，白花花的，要不就是贴上很多没用的标语。但是，很多好学校，满墙壁都是学生的作业，各种各样、五花八门的，密密麻麻，层层叠叠，这才是校园啊。“让尽可能多的人看到”，既是监督，也是鼓舞，这是检查作业一种非常有效的方式。

王永涛：但我们不难发现，学生应付作业的现象普遍而常见。一部分学生完成作业的动机变成了“免受责罚”，而不是“赢得赞赏”。对于这样的现象，您是怎么看的？是作业太多？还是作业太简单？还是我们的评价出了问题？

黄　春：这个问题，就是我之前说到的老师对作业的设计质量的问题。你没有激发起学生完成作业的欲望，更没有激发起学生努力完成好作业的欲望，那就别想学生“好好写作业”；即使写了，也谈不上什么质量，谈不上学习和训练的太多效果。

作业的质量，取决于三个阶段（其实是全过程）：第一，作业的设计与说明；第二，过程的指导与提高；第三，结果的交流与反馈。我们大多数时候在作业问题上，并没有好好地管理这三个阶段。我们习惯于“布置+收+批阅+下发（偶尔讲评）”。这样的流程显得简单而粗暴，时间一长，谁愿意写作业呢？不是和校长检查老师的教案一回事吗？

刚才我说到了第三个环节，我们可以再说说前两个环节。

作业的设计与说明。设计，我先不说，这是个大话题，一言难尽，且因题而异。我先说说“说明”。我们的确需要好好反思一下，我们每次布置作业，都布置清楚了吗？都说“明白”了吗？都说出“意义”了吗？都说得“好玩”吗？十分明白，很有意义，将会好玩，这是布置作业的几个前提。我们很多时候是这样布置作业的：“P10—P12”“3—8 小题”，对吧？为什么做这些题？怎么做这些题？做成什么样就是好的？做了有什么用？做完之后干什么呢？……学生不知道（可能老师自己也不知道）。如果是这样，那就不要怪学生“应付作业”，愿意应付的，还都是好学生。

布置作业，还有一个极其重要的指标，就是“是否告诉了学生完成本项作业的步骤、方法和标准”。要让学生非常明白：做什么？怎么做？遇到困难怎么办？想做得更好怎么办？做到什么样子就是合格，什么样子就是优秀？我做这件事能获得什么成长？我从哪里着手和着想就能够找到做这件事情的趣味及意义？这样，才能真的变“要我做”成“我要做”。你要相信，只要明白了意义，人们就都会愿意去为之努力的。

王永涛：说实话，我从来没有想过，要把每一次的作业意义讲明白。我觉得我布置的作业不会多，也不难，挺容易做好的，做了之后也有及时反馈、评比，但仍然有孩子应付了事。我有时候想，会不会是孩子们对于作业已经形成了惯性态度，反正作业就是负担，完成大吉。

黄　春：小孩子玩电子游戏，从来不觉得是负担，为什么？就是因为他在做之前和做的过程当中，对以上问题非常明白。即便是我们逼一逼孩子，让他们“克服困难”（毕竟不是所有的作业都可以搞得很好玩的嘛）去完成学科作业，如果不明白以上问题，也是白费劲儿。我们需要往这个方向去努力，三个环节，都要做好，前后呼应，才能把一件事情做得完美。

这第二个环节，就是作业过程中的指导与帮助，往往是为我们忽略的。布置了作业，就坐等收阅。然后本来满心期待，结果大失所望，而后还抱怨学生不认真。不排除有不认真的孩子，但是，我相信，多数学生还是想把作业做好的。可惜，很多人没有这个能力，遇到困难不知道找谁，不知道去哪里寻求帮助，不知道如何做得更好，抄袭又不让（不敢，甚至是没处可抄），于是只好“就这样了吧”。这样的训练，是没有用的，因为学生在此过程中没有得到突破，也就没有进步和成长。会的依旧会，不会的依旧不会，那就不如不做这个作业。所以，过程的关注，是最紧要的。我们应该让学生知道“路”在哪里，“梯子”在哪里。

王永涛：可回家做的作业，老师确实是难于提供过程指导的啊。这是不是说，如果难度较大的作业、需要老师指导的作业，我们在布置时就应当想到如何进行过程指导的问题？

黄　春：你可能会狭隘地理解为“学生要能随时找到老师问问题”，哈哈，能这样当然好啦。但现实几乎不可能，即便通过电话、微信，也不是个好法子。我的意思是，我们要事先给孩子讲清楚：你可能会遇到哪些困难，当你遇到某个困难的时候，你可以怎么办。比如我们可以给出范例，可以列出参考资料，可以告诉学生去哪里寻求帮助（当然包括随时找老师），实在不行的时候可以用什么来作为替代品……就像是一位母亲，在为出门远行的孩子做教育和叮嘱那样，给他办法，给他信心，给他安全感。“不行就回家来”，给他退路。我这样比喻，你可能会更好理解一些，万万不可以“布置了事”。

（十一）总有办法让自己“在场”

王永涛：我们前面谈到了作业，谈到了作业的有效性等话题，作业中有一类比较特殊，经常让老师和学生感到困难，那就是长假作业。老师难于布置，学生难于完成。您觉得像小长假、寒暑假，这种长时间的假期，设计怎样的作业比较合理呢？

黄　春：我们先想一想，为什么会有“假期作业”这个东西呢？“假期”（尤其是长假期）和“作业”（尤其是和学业直接相关的作业）这两个概念之间，本身就是矛盾的，不是吗？学生放假，本来就是为了不学习的嘛。当然，这并不妨碍或者并未禁止学生在假期中延续一些学习任务。不过，教师如果能够从“假期”这个概念的原点出发，来思考“作业”这个问题，可能会得到一个更加清晰的方向。

王永涛：您说到这儿，我会想到作业的趣味性、实践性。

黄　春：我向来比较不赞成用“作业”这个词，总觉得太过“任务化”。学生接受起来，感觉是被动的：被要求的，被检查的，被评价的。原本属于学生自己学习活动的一个部分，因为“作业”这个概念，会让它变得不那么讨人喜欢。尤其是对于长假而言，如果有作业，孩子似乎对于假期连个美好的憧憬都没有。我女儿就常跟我说：“那么多作业，我宁可不要放假。”所以很多年来，我一直在想，如果“假期”还要有“作业”，这个“作业”的内涵和平时的作业没什么本质区别，以这种“作业”而带动起来的学习，与学生平时的学习没什么本质区别，那么，单从学习的效果来说，还不如不放假的好。毕竟，假期的学习，既不可能保证学习的时长，也没有老师指导。我想，那么多的学校千方百计地不肯放假，想方设法偷偷摸摸鬼鬼祟祟地加课、补课，大概就是出于这个考虑吧。如果假期作业，只是在数量上比平时作业多一些，那么，真的是还不如不放假呢。

我问过很多热衷于占用假期来加课、补课的校长，他们的回答基本相同："学生放回家，那么长时间，他们是没有学习的自觉性的，也不会学，不如在学校上课啊，多少还有些收获。"当老师的，是很担心学生在长长的假期中荒废了学业的。如果还没有补课，那就必得有假期作业。这大概就是"假期作业"这个东西得以产生的根源，是一个应"忧"而生的产物。这个"忧"，是担忧，是忧虑，是教师之"忧"。这个"忧"，和学生是无关的（相反，学生"喜"得很）。因此，应教师之忧而产生的作业，同样是与学生无关的。学生完成作业，是无奈之举。当然，也就很难说有什么太好的"作业之效"。

王永涛：但是，估计假期没有作业的话，家长和校长都是不同意的。所以，尽管学生不喜欢，老师很无奈，我们好像还是得布置作业。

黄　春：或许不是你想象的那样。我是校长，我就非常赞赏那些敢于不留假期作业的老师。敢不留假期作业，可以说明该教师对自己的教学效果非常自信，他有足够的自信在规定的时间里完成好教学的任务，还可以说明他对自己所教的学生充满自信，他对他的学生自主学习的意识和能力有足够的信心。这样的教师，多好！

我也是家长，我是多么希望我的孩子没有假期作业啊，我万分希望孩子能在工作日（学习日）就能很好地完成学习任务。

王永涛：可很多老师都没有这个能力和这种自信吧。

黄　春：你错了，很多老师是有这个自信的，只是校长不信任老师，家长不信任学校。很多老师留假期作业，是被校长要求的，是被家长绑架的，或者说是被不成文的传统和习惯要求的。

如果将"假期作业"仅仅视为"作业"，那么，这份"作业"对于学校（校长），对于教师，对于家长，以及对于学生自己，大多也只是一份"心理慰藉"而已：反正我没全闲着，反正假期我也学习了。顶多有人考虑如何能多做一些作业，但很少有人认真考虑"如何让假期的学习更有效"。我说的"更有效"，不是在作业这个维度上追求的更有效，而是“比上学还更有效”。几乎没有人这么想，可能也没人相信这个事情：“假期学习，可以比上学还更有效。”

王永涛：我注意到您说的是“学习”而不是“作业”，这是否意味着不是被动地完成？这个比上学更有效的假期学习，是怎样的呢？

黄　春：你的注意是对的。我说了，从正儿八经的书面表达而言，我不提倡用“作业”，而应该用“学习”。任何课堂之外的学习，也都是学习，为什么非要叫“作业”呢？学习才是和学生自己相关的事情。你问的问题，我们还得从“学生为什么要放假”说起。你认为“学生为什么要放假”？为什么“学生的假期”比任何职业都长？

王永涛：学生需要学校以外的成长空间，更为广阔的空间。我们要给学生实践知识的时间？学生需要更完整的成长生活？

黄　春：尽管没有任何人能说得清“为什么学校要放那么长的假”，可能所有人都忘记了最初设置寒暑假的初心，但我们可以重新想一想，来重新认识学校假期的意义。你说的很对，至少是合理的。学习，需要校园里的集中的共性化的空间和时间，也需要校园外的分散的个性化的空间和时间。你很难说是哪一个空间和哪一段时间更有利于学习。因为对于学习而言，这是两个必需的不同的环境和条件。我和你的思路是一样的，放假，给予了学生别样的学习空间和学习时间。这种空间、时间，不是大小长短的区别，而是“被规定”和“有自主”的区别。

非常赞同你的那句话“学生需要更完整的成长生活”，学校的教育再完整，也不可能涵盖人成长的全部要素。因此，没有任何人有权利剥夺孩子的假期。假期，就是学生自己的，学校教育甚至都不可以去过分地指导孩子如何度过假期，因为这一部分的工作，更需要家庭和社会来负责。每个家庭都不一样，这是最好的“因材施教”，学校不要把自己的手伸得太长，这并不完全是一件好事。

学校教育之外，还有家庭教育，还有伙伴教育，还有社区教育，还有社会教育，还有孩子的自我教育，只有教育的资源足够丰富，孩子的成长过程才可能足够完整。

王永涛：嗯，您说得很有道理。学校现在是管得太宽、太多，反而压缩了孩子自主成长的空间和可能性。这么说，你是不赞成学校和老师布置假期学习任务？认为假期学习完全由学生和家长自主安排？

黄　春：我们刚才思考和分析的，是宏观的大道理。在这个前提的共识下，我们谈谈假期里的学习。我并不反对学生在假期里继续学习，相反，我还提倡继续学习。假期里孩子会有不一样的生活空间和时间，我坚信，这种不一样的空间和时间特质，会产生不一样的学习效果，那种在校园里无法产生的学习效果。我曾经思考过好几年，这种区别到底在哪里。后来，我想到一个概念，未必很科学，但大抵可以描述这种学习状态的区别。我认为师生在校园里集中见面的教学活动，叫作“现场教与学”；而假期这种师生不见面的分散、个性化的教学活动，我称之为“非现场教与学”。你是否记得，我们在之前的聊天里，在说到某个话题的时候，曾经提到过这个概念。

王永涛：是的。

黄　春：这个概念，主要就是针对“假期学习”提出来的。老师，习惯于关注“现场教与学”，而不太关注“非现场教与学”，至少对这方面研究得很少。我们上过很多研究课、公开课，但似乎很少有人涉及“假期里的课”。所以，我们对于学生的假期学习，基本是放任形式的，而担心放任的唯一表现，就是“留很多的作业”。因此，我们在继续深入探讨“假期学习”之初，还得回到“作业”功能说起。我们还原一下我们习惯了的“假期作业”的全过程，也许你可以描述一下。

王永涛：老师布置一堆作业，学生假期里用各种方式，完成或完不成，开学老师收上来检查，有的老师会草草评价一个等级，展出优秀作业，有的老师可能都不会检查，不了了之。

黄　春：哈哈，你说得很具体，很形象。抽象一下，就是这样的过程，我们分两头说。就教师而言，就是布置作业—收作业；就学生而言，就是接受作业—写作业—交作业。

王永涛：是的。

黄　春：你会发现一个十分严重的问题，在这同一件事情里，师生两个主体在事情的开端和结尾处，都是相遇的，唯有在这件事情最重要的过程里，师生是没有交集的。具体说就是学生在写作业的时候，老师是闲着的。这就不正常了，想想这大抵也是学生骂老师的把柄吧。当然，我这里说的“骂”，是从孩子的狭隘的不理解老师、感觉不公平的角度来说的，这个当然不很重要。重要的是，学生写作业的这个过程，如何保证它是一个有效的自我学习的过程，而不是一个为完成任务而完成任务的过程？这个过程中的教师缺位问题，在“假期作业”里，单就教师本身的力量，是无法解决的。

王永涛：这个好像成了个无解的问题。我们布置了作业，即便讲清了作业目的与作用，事先进行一些指导，好像也不能保证学生在家写作业的过程是一个有效的自我学习的过程。老师布置，学生完成，这就是一个被动的学习。

黄　春：被动的，未必就是无趣的。你接受别人的宴请，难道不都是被动的吗？重要的是你被动地去干什么，是干自己愿意干的事情吗？是干自己喜欢干的事情吗？是干自己“觉得有意义”的事情吗？是干自己“知道怎么干就能干好”的事情吗？是干自己“干好了就会得到表扬”的事情吗？这是关键。

此外，学生在作业过程中的有效性，一方面来自于学生的内驱力（这个问题要用刚才所列的那几个问号来解决），另一方面要靠教师外部的有效干预（这个问题，我们也可以单列另一个话题去详细讨论），比如教师要为学生作业营造一个具有同伴激励功能的“场”，要为学生请教求助提供最便捷的方式，等等。这些事情并不很难，只要你愿意，你就会有一万个办法。

说起“办法总比困难多”，我一下子就想起了多年前我带学生去北极科考研学时的一个场景：机场出发，挥手告别，一个学生的妈妈在安检门外高声地对她的孩子喊：“刷卡！记住，要多刷卡！”我们当时就暗暗地笑：“真是土豪妈妈啊”。后来，在茫茫北冰洋，我和那个学生站在甲板上吹风，他突然对我说：“老师，您知道我妈妈为什么让我多多刷卡吗？”我说：“怕你不敢消费，出门苦了自己？”“不是，我妈知道，出了挪威，到了北冰洋，进了公海，是没有手机信号的。而我只要在游轮上或在遇到的商店里刷卡购物，我妈就能接到消费扣款的短信。然后，我妈就知道我是安全的。”你看，这位妈妈，这么智慧，不就是因为“她愿意”吗？

很多老师说，放假了，孩子不在我身边，不在我眼皮底下，我哪还能管得到他是怎么学习的啊。我想，他这只是“不愿意”罢了。

王永涛：就是说，不怕被动，只要是咱们设计的内容是学生愿意去做、乐意去做的，那一样是有效的自我学习过程。那您说的假期里老师缺位问题，有没有什么解决办法呢？老师线上指导？

黄　春：线上指导，当然是一种可行且必要的举措。当老师的，哪有放着整个假期不“搭理”学生的呢？别忘了我们还是带薪休假的呢。今天的信息技术，为我们实现这个“远程”干预，提供了太多的便捷得很的方式。当然，我所说的教师“不缺位”，未必真的非要老师“肉身在场”不可。教师在设计长假作业（学习任务）的时候，他对作业的解读、对作业的要求、对作业的引导、对作业的示范、对作业的资助……就已经“在场”了，那是最好不过的。

你玩过电子游戏吗？我虽然不怎么玩，但我也大略知道一些。你想，孩子在玩电子游戏的时候，为什么那么开心？为什么爱不释手欲罢不能？为什么无师自通长进飞快？你在玩的时候，难道没有感觉到“游戏设计师始终在场”吗？你点开任何一款陌生的新游戏，你都能找到“说明”；你遇到任何不懂，都可以随时找到“帮助”；你实在是不行，你还可以直接看看“自动”；你是菜鸟，那你可以从初级开始；你要是很自信，你就可以直接跳往高级版；你想自己玩，你就选择“单机版”；你想跟同伴合作或是较量较量，你可以选择“联机版”；你升了级，长了本事，你想向世界宣告，那就直接点击“分享”吧。一款游戏被你通关之后，你以为一切都结束了，哈哈，根本没有，今晚关机，明早再开，人家又出了“升级版”，新的乐趣和新的挑战，又开始了……我们的“作业设计师”们，可不可以也做到呢？这就是“教师在场”。

王永涛：看来，我们还真的需要好好研究一下电子游戏并获得些教学启发啊。

第五章 浪漫如何也能当饭吃
——考试何以专业

（一）谁在欢乐谁在愁

王永涛：咱们语文老师，当年多半都是“文青”，也多半浪漫多情，特别愿意将生活、将语文教学打造得诗意浪漫。可这时候，考试往往成了追求浪漫的拦路者。这不得不面临的现实问题，使语文教学在应试过程中似乎就这样变了味。

黄　春：浪漫与考试之间出了矛盾，那不是浪漫出了问题，就是考试出了问题。我们先不论这浪漫是真浪漫还是瞎浪漫，先说说如何看待考试的问题。没有哪个行业是不“考试”的，凡有行为，必有衡量、检测或考核，只是形式不同而已。所有的度量衡，实质上也是一种“考试”的工具。学习（或教学）也不例外，虽然语文是一门好像不太好通过“考”来衡量的学科。

要讨论应试和语文教学的关系，我们先要有一个大胆的假设。我们假设语文教学所要面临和接受的那场“考试”，本身是一场科学或比较科学的考试。也就是说，我们先要假想地去认定，那场考试是有可信度的。为什么要先提这个假设，是因为我们见过的种种考试，其可信度是大不一样的。考试就好比体检，你说体检有没有用？能不能反映出一个人的健康水平和健康趋势？我说，那要看你在哪家体检机构体检。社会上急功近利、唯利是图、纯商业目的的体检机构，可能占大多数，在这样的体检报告中，好像就没有几个人是健康的。不仅如此，仅有的几个好像健康的（就是各种指标都在正常范围内的），也会被慢慢地吓成不健康的。我们的诸多考试，是不是也有这样的现象？不是主考单位和人初心不正，非要把人考出个三六九等，甚至为的就是要考出一个好成绩或差成绩来（你别不信，就有很多一开始就是为了不让学生考得好而设的考试）；就是初心虽然很好（为了检测学生学习的实际水平），但是检测工具（命题和阅卷）不够科学，结果得出的数据也未必（必定不）真实。就像我说的体检，真要保障体检的科学性，一是要保障操作者的初心，是真为了人的健康着想，二是要保障工具（仪器和方法）的科学性。

因此，我本人是不太主张经常考试的。因为我知道，无论你如何“正初心”和“校试卷”，你也不可能保证考试是百分百科学的。毕竟，学习和教学，是一件极其复杂的事情。尤其是你所提到的“素养”，它本身就是一个不太显性又很难量化的东西，更何况是语文。所以少一些考试，可能还更好。要想了解教与学的实际情况，也许师生自我感觉和师生彼此感觉可能比标准化的考试来得更准确些。就好像是中医的“望闻问切”，看看，听听，问问，摸摸，有可能还要好过西医的各种指标检测。

我曾经问过一些同行（比如校长、主管教学的副校长、语文老师等）：“期中考试的目的和意义是什么？”多数人都会回答：“为了检测一个阶段以来的教与学的状况。”我问：“不考试可不可以？”“不可以。不考试，我们就无法衡量教学的质量。”我说：“一个老师教两三个班几十个孩子，两个月，几个主题单元的内容，天天在一起，耳鬓厮磨的，又是上课，又是提问，又是互动，又是练习，又是作业，又是答疑，又是辅导……我们还高喊以人为本、以学生为中心、一切从学生的实际出发、基于学生学情备课、因材施教……难道这个老师还不能了解他每一个学生究竟学得怎样吗？如果真是这样，那这位老师的教学工作是不是就可以判定为不合格呢？”事实上，我们不要以为考试就能真实地反映学生的学习水平和教师的教学水平。经验告诉我们，一场考试结束往往是“几家欢乐几家愁”。然后你再看，是谁乐了？谁愁了？是该乐的乐了吗？是该愁的愁了吗？可能并不如你所愿，甚至恰恰相反。这是我说的考试本身的问题，这是一个大问题，如果有机会，我们可以找时间另外专门聊聊这个话题。

说回你所提的是应试和语文素养之间的关系问题：语文教学是不是在不断的应试过程中逐渐变了味道？如果我们不希望自己的语文教学被应试带歪了、变味了，那么，我的答案就是：语文老师要守住两个阵地，其一教育的初心正，其二考试的科学性。实际上，第一件事情相对容易，至少一开始比较容易；第二件事情反而很难，因为它涉及了太强的专业性，所要求的能力极高。并且，在你所提的这个问题上，考试往往是起了决定性作用的。因为我知道一线教师是逃不过考试的，也把握不了考试本身的质量，比如中、高考，以及各种教育管理部门组织的大大小小的统考。但是，我还是很友好地愿意去相信，那些考试的质量还是可以过得去的，毕竟都是专家团队的集体智慧，毕竟都是有人要对考试质量负责的。然而，我们更想说的是那些我们老师可以自己把握的考试，比如过程性的检测，自己学校自主命题的期中、期末考试，等等。出问题的，往往在这里。也就是说，如果说考试会绑架教育的初心，考试会改变语文教学的味道，更多的是我们自己的心手互搏，应试的双手掐住并伤害了教学的良心。

王永涛：您的意思是，考试本身不是问题，是我们教师自己的应试策略出了问题？

黄　春：就是我们自己在“应自己的试”的过程中，往往过于随意。我举个例子。一位年轻教师刚入职不久，教高一。和所有的年轻语文老师一样初心很好，理想很美，教起书来路子也很正。她带着刚进高一的学生们多多地读书，美美地读诗，从朱自清的《荷塘月色》，讲到郁达夫的《故都的秋》，从《诗经·卫风》讲到《再别康桥》，她还在课堂里经常告诉学生“语文就在身边，生活就是语文”。我想这就是你所说的语文教学应有的味道吧。两个月后期中考试快来了，学校自主考试，我去检查她的命题。我惊讶地发现，她出的期中考试试卷，内容、形式、分值、评分标准，和当年的高考试卷几乎一模一样，简直就是你在教辅书架上经常能看见的各种高考仿真题。然后我就纳闷了，她要干什么呢？我就找她谈了谈，问她为什么要考这些东西，为什么要这么考试。她振振有词地说：“高考要考啊，高考就是这样考的啊，难道高一不需要提前为高考做准备吗？难道今天的学习不是为了明天的考试吗？”然后我就反问她：“那你平时上课带着学生学的那些东西呢，怎么都不考？那你考卷里要考学生的这些病句呀，诗歌鉴赏呀，古文翻译呀，微写作呀……你上课怎么都不讲？”她居然说：“上课是上课，考试是考试。上课是用来丰满理想的，考试就要屈从于骨感的现实。”她说，她当年的高中就是这样过来的。我挺敬佩这位老师的，因为她毕竟还在课堂里守住了语文的味道，尽管每天只有四十分钟。但同时我也替她悲哀，因为我看到了一份理想的匆匆堕落，因为我知道她对课堂的坚守也不会长久，很快就会“变了味道”。这种变，还是一种“自残”，怨不得任何人。

你是不是也见过很多这样的现象，上课讲的是课文《春》，然后留的作业是修改病句；上课口口声声说要多多阅读，下课死死盯住的却是“每个词抄写十遍”。语文教学和考试之间的矛盾，基本上都是我们自己制造的。

王永涛：那考试的那些东西，怎么办？那些“题”，也都是需要讲的、需要练的，当“题”和“练”成为课堂和学习的一部分甚至大部分的时候，我们的语文味道还能有多少？

黄　春：这是一个好问题。好的教学，一定是能够好好地服务于考试的。教得好，一定考得好。既然我们认定了好的语文教学一定是有“语文的味道”的，那么，“有语文味道”的教学，就一定要让学生在考试中获得好的成绩，并且也一定能。

首先，我们不能将“语文的味道”狭隘地（或天真地）理解为它就是一种“味道”，一种只能闻不能吃的所谓“浪漫的”味道，不能将这种味道缥缈化、虚无化、梦幻化。我们不能那么肤浅地认为“接了地气”就少了“味道”。我们要理解并相信，真正的语文的味道，既是“空气的气息”也是“泥土的芳香”，既是“花开的声音”也是“果实的色彩”。有的老师喜欢借口“语文的味道”，然后将语文课和语文学习搞得“云里雾里”“飘在天上”“看上去很美”“听起来过瘾”，那就大错特错了。语文本身主要就是解决语言应用的基本能力（阅读和表达）的问题，语文教学不是要培养作家、艺术家，不是只需要培养所谓的“感觉”的。

其次，考试只是检查的形式，应对考试，要从内容着手，不要“以题应题”。以为考试怎么考，我就怎么讲、怎么练，那就错了，那是形式上的应试。考试考什么，我就讲什么、练什么，这才对路，这是内容上的应试。考试所考，不出我所讲所练，那就更好，那就是最高明的应试。举个例子：字音、笔顺、错字、词义、语病、语序。

这些内容，就是考试必考的内容，因为它们都是语言应用的基本能力：读对、写对、说对、用对。这没什么可讨论的，尽管学起来很繁琐，教起来很艰难，但这都是必需，不允许讨价还价。并且这些东西，几乎都是有标准答案的，几乎都是最没有语文味道的。很多老师就犯难，不讲吧，考试要考；讲吧，“语文的味道”又没了。（我还没有见过哪个语文老师做公开课的时候主动选择这些内容来开课的呢，我也没见过哪个学生喜欢上这样的课。好像真的很别扭。）这就是产生你所提的这个问题的原因之一吧。

王永涛：是的。看来是我们曲解“语文味”了。所谓“语文味”应该是语文学科的特点。字音、字形、语病、成语等等语文知识本就是语文学科的内容，对这些知识的讲解也是语文的其中一味。

黄　春：对的。我个人的观点是，这些语言应用的基本能力当然要经过一些必要的专门训练，但是更需要将其置入我们日常的教学之中来予以重视。比方说，我们在教学过程中（课堂里），无论是学散文还是读诗歌，教师是否关注了读音、书写、说话、表达？遇到相关错误，我们是否及时纠正？教师自身在这些方面，是否做出了表率，堪为示范？教师要念对每一个字音，写好每一个字，写对每一个笔顺，用对每一个词汇，说清每一段话，同时关注并要求学生也努力做到。这就不会让“应用”与“味道”成为两件不相干的事情，更不会成为矛盾的事情。所有考试会考到的字音、错字、笔顺、词汇、语病、语序等等，其用以考查的材料和现象，都绝无例外地会在我们的日常教学过程中出现和涉及，因而，我们完全可以在“有味道”的过程中去“顺便”解决以上训练的大部分任务，而不是将其留作一份孤立的任务去另找时间单独解决。世上所有事情，一旦被孤立起来，也就会失去其原本可以有的味道的。

我们去听语文课，很多老师喜欢在通读课文之前，专门来一个环节叫作“扫清字词障碍”。老师将自认为学生不认识的字词，集中在黑板上，带着学生先认认读读。我不能说这种做法没有效果，但我相信，将这些可能的障碍放到读书的过程中去即时解决，一定会更好，毕竟那个时候是有具体语境的。我们可以大胆地让学生开口去读一篇陌生的文章，遇到不认识的字，不认识就不认识嘛，即时告诉他就好了；读错了就读错了嘛，即时纠正就好了。这样的学习，也许印象还要深刻一些。

另外，此类问题的考查一般都是“找错误”。问题就来了，如果你机械应试，反复做题“以下词语书写无误的一组是”，你就会让学生大量地接触错误。有的老师就很喜欢给学生列出几百几千个错字、几百几千个病句，然后让学生去逐一修正、反复修正。我的观点是，要让学生很快速很准确地找出语言应用中的错误，最好的办法就是让学生平常所接触和所应用的语言都是正确的。你不信吗？一个人如果反复接触一会儿用对一会儿用错的字词的话，时间一长，这个人就会产生“好像对，又好像不对”的疑惑。掉进这样的漩涡之后，就再也爬不出来。一句话，语言这个东西，平常都用对了，考试就不是问题。因此，平日里，教师和学生都能培养出“正确规范地使用语言”的意识和习惯，比专门的机械训练要更管用。

王永涛：您说考试怎么考，老师就怎么讲怎么练，那就错了，那是形式上的应试；考试考什么，老师就讲什么练什么，这才对路。这二者听起来似乎很像，它们的区别在哪里？

黄　春：怎么考和怎么讲是形式的问题。考什么和讲什么是内容的问题。教学的应试属性，只需要针对考试的内容（需要掌握的相关知识与能力）就行了，至于考试的形式（用什么题型来考查教学内容）并不重要。世界上没有任何一场正常的考试会特意去设计一种形式来增加考试的难度。“形式”应试，你会被考试牵着鼻子走；“内容”应试，我们的教学才会有主动权。也就是说，我们的教学只要知道“考什么”就可以了，至于这些“什么”如何去教，如何去学，那是教学设计的问题，和考试无关。

王永涛：就是说不能用刷题的方式来机械应试，而应注重知识点本身的掌握，掌握的方式可以更灵活些、更多样些、更日常化一些？

黄　春：应试教学，不是按照考试的形式来教授内容，而是按照学科的学习规律来教学，帮助学生掌握需要接受考查的内容。我可以给你举个例子来说明这个问题。有一天我问一个学生："你的语文寒假作业是什么？"他说："老师留了很多阅读任务，一天一篇文章。"我一听，嗯，不错，趁着假期，多读点文章，挺好。然后，我要来他的寒假作业，翻开他所说的"一天一篇文章"，顿时就傻眼了。你猜怎么着？这位老师，把近年来全国各地中考试卷里的阅读题，原封不动地复印在作业本里，每天一篇，一篇文章带五个题目。这位老师，就是掉进了"怎么考，我就怎么教"的窠臼。

我在教书的时候，也会设计类似的假期作业，但我有两个不同：一、阅读文本是我自己找的，也可以从考卷里挑现成的；二、我不会在文章后边设计类似考试那样的问题。我会从我的教学需要出发，设计一两个我认为可以促进思考、提升阅读质量的问题或任务（有时候就是抄一段文字，或写一写心得，就很好）。

因为我相信，学生在这样的指导下进行了认真的阅读训练，他足以应对任何形式的考试。

（二）自己考自己

王永涛：应试与语文素养、能力的培养有没有冲突呢？有老师说如果论培养素养与能力，那多看书是最重要的，然而多看书却不能解决考试，所以说语文教学肯定不能按素养、能力的发展来教学。您怎么看？

黄　春：对于语文素养和能力的培养，我不知道是谁说的"多看书是最重要的"；我只知道，看书是有用的，读得多或许也是好的，但是读书肯定不是最重要的，读书更不可能成为语文素养培育的充分条件，连必要条件都可能"不是最必要的"。另外，这种说法自身就是自相矛盾的。你看，他一方面认为多看书就能培养语文能力，另一方面又担心不能解决考试，既然都有素养和能力了，那还怕什么考试呢？或者说，如果连考试都怕，那还能叫什么素养和能力呢？关键问题，还是误解了素养，误解了考试。素养，没那么虚无缥缈、不可捉摸。真正的素养，也是可以看得见的；好的考试，也是很能够反映人的学业修为的。

王永涛：我可以这样理解吗？考试本身只是一种检测手段，我们一线老师都面临这一环境，不用质疑它的存在。考试在某种程度上来讲是科学的，而认为“语文能力和素养的提升就在于多读书”反而是不太科学的。

黄 春：对。

王永涛：刚才您谈到老师们在“应自己的试”的过程中容易出现问题，也举了老师出题的例子，那应该是我们一线教学考试的常态。初一学生做的试题基本上就是与中考题型一致的。那，您觉得我们应当怎样安排教学过程中的检测和考试呢？

黄 春：嗯，我很愿意将“如何考试”这个问题，当作一个大话题来谈谈。我曾经在我的“教师学校”里做过《考试何以专业》的培训讲座。我们在教学工作中的很多问题和困惑，都和这个事情密切相关，以至很多人都会将教育的问题归咎到“考试”的身上。

首先我想反问一下你：你（包括你身边的语文老师）大概多长时间安排一次考试（包括检测什么的，只要是规定时间、规定内容且需要评阅评分的都算上）？

王永涛：身边很多老师会一单元一检测，学校也有月考，那就大概是一月一次吧。

黄 春：你这已经是很多的了，但依据我的观察和了解来说，你这还不算是多的。我（相信你也）听说过“月月考”“周周考”“天天考（每天第一节或最后一节课考试）”“堂堂考（每节课先考五分钟）”“堂堂清（每节课最后五分钟考试）”吧？

王永涛：对，小测更频繁，我说的是跟中考题型一样的完整的考试，不包括那些小的测试，大概是一月一次。

黄 春：很多人以为，考试越频繁越好，真是应了那句话“考考考，老师的法宝”。老师将考试作为自己的“法宝”，什么法宝呢？督促学习的法宝，树立威严的法宝，教育学生的法宝，家校沟通（其实就是将教的责任，部分地转嫁给家长）的法宝……可是，这样的“法宝”在学生那里，获得的评价是负面的，是不受欢迎的。既然是不受欢迎的，那就是效果有限的，甚至是无效和负效的。

考试，就好比体检；严格（正儿八经）的考试，就好比全身深度体检。经验告诉我们，体检这件事情是不能不做的，但又是不能常做的。每做一次体检，就伤害一次身体。考试不也如此吗？一个人天天参加考试，就好比一个人天天要跑一趟医院。

王永涛：为什么老考？因为我们老师总是在担心学生没有掌握，于是不停地用检测来检验学生的掌握程度，学生不停地在检测中获得负面评价即“还有哪里没有掌握”。

黄　春：前边我说过，一个备课上课负责任的、心中有学生的老师，他对于学生的学情，应该有“直觉”的基本了解，而不是要通过考试才知道。就像我们的母亲，她不必像医生那样，每天需要通过体检才知道我们是否健康。心中有孩子的母亲，通过孩子的饮食、睡眠、脸色、情绪……就可以“直觉”出来。一位妈妈，每天给孩子安排的饮食是科学的，每天督促孩子的锻炼和运动是适量的，每天冷暖增减衣物是合时的，那么，她是没有必要天天带着孩子去“抽血”验身的，是没必要常常将孩子送进“X 光”机去透视的。教师，也一样。因此，我的第一个观点是，考试的频率，要适中。

王永涛：这个频率怎样才叫适中呢？

黄　春：合理的考试频率，既可以产生考试的价值，又不会伤害学生的学习。中国人讲究“事不过三”，每学期三次，足矣。事情都有个“开始”“发展”“结束”，这就是一个可供参考的频率。并且，依据学习年段的不同，这个频率也不尽相同。小学生一学期一次就可以啦（低年段的，最好不考），初中生两到三次，高中生三次为宜。只有到了应对中高考的前夕，适当加密一点考试频率是可以的，那是为了适应特殊考试的特殊气氛。我以为，对于中学来讲，开学检测、期中检测、期末检测这三次考试是必要的，也是足够的。什么月考啦，周测啦，真的就不必了，过犹不及。你所说到的小测验，我觉得除了背诵、默写、字词检测等语言应用性的小练小测之外，其他的也就最好不要再有了。

我分别说说这三次考试的意义。开学检测，意义在于连接之前的假期，开启之后的学习，其价值在于明确假期学习中所体验到的学科意义及其学习方式，将其宣布并贯彻于新的学习阶段。期中检测的意义是对一直以来努力宣传贯彻的学习方式、学习习惯进行中途提醒、督促、巩固、矫正。期末检测的意义是承上启下、总结旧学期开启新的假期和新的学期的大门。

我这样定义“考试”的意义和价值，你会发现，我从来没有提到“检测学习水平”的功能。因为对于我们自己的教学过程来说，检测学习水平并不应该是考试的主要目的。考试，是教学的一部分，是教学的一个环节，它是为教学服务的，是不可割裂的。考试的意义在于促进教与学，并且这种促进的意义，更多地在于改善学习行为。

因此，我再问你一个问题：既然要达成这个目的，那么，考试的结果（分数），是高一些好，还是低一些好？

王永涛：好像分数就不是那么重要了。考试只为让学生审视这一段的学习，主要是方法与习惯，考得好可能告诉她继续坚持，考得不好则需及时修正。

黄　春：你说得很好，分数不是最重要的了。但是，既然要通过考试来促进，考试的结果一般又是分数，那么，分数就是唯一的促进工具。分数的高低，就很重要。

王永涛：考好一点，学生的学习积极性肯定就高一些了，更愿意学。

黄　春：哈哈，英雄所见略同！高分，就是肯定。每个人都愿意在被肯定中去进一步反思自己。那么，我问你一个问题：你的学生在以前的考试中，班级平均分大概多少分？

王永涛：七十几分，八十分的时候比较少。

黄　春：有不及格的吗？

王永涛：个别有。

黄　春：你一定会去找那几个不及格的同学谈话，对吧？至少很多老师都会这么做。而我想问的是，为什么不可以是这些不及格的学生去找教自己的老师“谈谈话”呢？

王永涛：是否因为我们都认为考得差是孩子的问题，包括孩子自己。所以孩子是不可能有勇气和有权利去找老师的。

黄　春：自己教，自己出题，自己考，自己阅卷，结果有学生不及格或分数很低，孰之过欤？听我这么一问，我们做老师的一定会觉得冤屈。

王永涛：确实很冤。

黄　春：但是，这却是一个事实。我的意思不是说在中高考那样的“由别人主宰的考试”中不及格或分数不理想的学生，都要怪罪于我们老师；我是说，在我们自己可以控制的教学过程中，这样的情况是不允许发生的。为什么这么说呢？因为我们必须重新审视教与学、学与考的关系。

王永涛：除非专门为学力不同的孩子命题，否则怎么可能做得到呢？

黄　春：你说的“因材施题”说对了一半。我们可以因材施教，但不太可能因材施考，除非极其特别的情况和极其特别的需要。我们先不考虑特别的情形，只说普通的情形。如何让不同的学生在考试中都能获得一个相对比较好的成绩，这是个技术问题，更是一个观念问题。我们先要明白，考试不是要考出A学生全会，B学生部分会，C学生全不会。不是的。我说的考试，是要考出学生的学科意识是否正确，学习路径是否对，努力方向是否对……是学习行为的性质问题，而不是学习结果的层次问题。这些东西，全都是老师教的，全都是老师在前一阶段明确要求且一直坚持的。因此，理论上来讲，全班同学是可以全部获得满分的。这样的考试，如果有学生分数很低，那么只能说明该学生的老师在平日的教学中，没有关注到这个孩子。或者说，老师对这个孩子的学习是失控的，管理是缺位的，教学是无功的。那么，学生就应该找老师去“谈话”。我做校长期间，我是要找这样的老师“谈话”的。因为，一定是他的教学理念和态度出了问题。这个，和老师的教学水平、学生的学习基础，都没什么太大的关系。

老师的任务，不是要让每一个孩子都跑得一样的飞快，这个，老师做不到。我们的使命，是让每一个孩子都在一条正确的（符合学科学习规律的、科学的）道路上朝着正确的方向努力奔跑，有快一点的，有慢一点的，这都没关系。

命题，是考试得以实现其本来意义的最为关键的工作，堪比医院的检测仪器。不管你出什么样的考试题目，都要牢牢记得考试的目的。这个目的，我刚才已经讲过了。

王永涛：在命题上，我们老师得先转变观念，弄清楚考试的目的是促进学习，不是检测学生。那具体我们老师自己命题的时候，得怎么去设计试题呢？

黄　春：那么，我说几个命题原则。一、教什么，考什么。教了的一定要考，没教的绝不能考。花了较多课时来教的内容，必须大面积、大分值地考。就刚才你的疑问，那就很好办。初一安排了病句教学及其训练，考试就可以考且必须要考；反之，没有这个内容的教学，就不要考，以后再说。

无论中考还是高考，试卷上的那些内容，都是三年、六年里一步一步积累起来的，根本没必要在一开始就要求面面俱到、事事都会。面对一场“综合考验”，我们要善于“分步到位”。这个“分步”，有两个意思：第一内容分步，第二标准分步。“所考皆所教，所教皆必考”这个原则是非常重要的，但实际上是很多老师有意无意间就忽略了的。

二、教学中怎么要求的，命题中就怎么赋分。也就是说，重点强调的事情，其试卷分值占比一定要大。我们有时候容易“口是心非”、“教是考非”。课堂上为了鼓励学生大胆表达，就说“大胆说，说错了没关系”；然而一到考试的时候，往往是“一派胡言，给个零分”。学生真是冤啊：“老师，不是你说的吗，说错了没关系的吗？”然后老师就大吼：“那是上课，这是考试！能一样吗？”可是，上课和考试怎么就不一样了呢？倘若某老师的教学设计里，就是要在这个阶段鼓励学生大胆表达，好，那么，试题就要出成鼓励表达的题，该题的分值就应该多多地分配给“大胆表达”，而不是“表达的正误”；这道题的评阅，就应该将一大部分的分值用来“按劳取酬”“论字数给分”。这里插一句刚才你提的“因材施考”的问题。其实我们完全可以在同一张试卷和同一道题目上，因材施考。比如，我曾经在高一起始阶段，对于写作教学重点和特别强调的就是“大胆写，写够字数”，那么期中考试的作文阅卷，对于那些写作比较困难的学生，凡是写够了字数的，我就同样多多给分。因为他按照教学要求去努力了，且达到了要求的标准，那就是完成了阶段性的学习任务，就应该是高分甚至是满分（如果只有这么一个要求的话）。我这么说的意思，也不是说“对错就不重要了，就不管了”，不是。我提倡的是我们要在试题的命制和评阅中，明确评判标准，并清楚地将赋分要求告诉学生，而不是简单粗暴地单用结果的正误或整体的优劣来评判。我们完全可以告诉学生：写了就给分，写够了就给很多分，写清楚了就加分，写好了就多多加分……这样，才能从试卷中反映出学生的学习过程和学习态度，才能达成我们原本的考试目的。因此，我主张在这样的考试中，少用标准化的试题（比如选择题、判断题、填空题），能不用最好；多用非标准化试题（比如论述题、表述题）。非标准化试题，务必在题干上清晰地说明评阅赋分的标准，要大胆地将大分值赋予答题所反映出的学习“态度、方法”。我们要首先关注是否跑在教学所要求的轨道上，然后关注跑得是否努力和尽力，最后才是跑得快慢。分值分解的比例，也要按照这个顺序，由大到小。

高分，是这样炼成的。这样炼成的高分，不是学生的天赋，不是学生的基础，而是学生的学习态度和学科意识。

王永涛：有人会说，您讲“凡教必考”，可是语文学习中，好像有些内容和要求，并没法通过试卷考出来，怎么办？

黄　春：我承认有些东西并不好考，但也绝不是没办法。比方说，我们都会鼓励学生多多阅读书籍，所谓多看些课外书，好，这个怎么考？每个人读的书都不一样啊。有办法呀，我们可以设计一场“面试”，让每个人列出自己最近阅读的书目，然后拿着这个书目来“面试”，老师就学生自列的书单随机提问，谈谈书的内容、感受、评价等就可以啊。通过“面试”聊天，知道某位同学真读了，数量也还可以，那就可以啦，给满分。

我还记得我曾设计过一场“口试”，来考查“文言语感”。那也是高一的时候，我在教学中强调文言文的句读和诵读能力的训练，用的也是自编的教材（其实就是将文言文的标点去掉，回归到文言文原有的样子）。不要求完全理解，不要求字句翻译，只强调训练文言语感。好，期末考试的时候，我就设计了这么一场“文言口试”。试题就是一些备选的文言语段，按照其难度等级，分为三类，分别赋与难度系数。学生可以依据自己的能力，自主选择某一难度的考题。学生抽取一个文言语段，大略准备两三分钟，然后要求流利诵读。我还允许学生自由组队，集体诵读，以全队整体得分为每个人的最终得分。结果，那场考试成了一次极好的现场自主学习。现在想来，还是觉得“多好啊”。

只要我们心底里很清楚“为什么而做”，那么，我们就会有无数的办法去把事情做好。

王永涛：“教什么就考什么”，老师有充分的命题空间，那自然是好。可是期中考试、期末考试试题几乎都是学校或上级管理部门提供考卷，老师根本不能掌控命题，于是就只能根据题型机械应试了。

黄　春：我也知道，很多地区的教育主管部门太喜欢“有所作为”，太喜欢“当各个学校的校长，做各个学校的主”，典型的行为就是统考。不仅期末统考，连期中也要统考，而后给各个学校排名。这是一个不争的事实，难为的不仅是老师，更是校长。这个事情，我们作为一线老师和一线校长，很多时候是没有办法去违抗的。但是，优秀的老师和优秀的校长，是可以有办法去解决的。最笨的办法，无非就是“考两次”。如果我们真的认识到了考试的本质意义，我们就会愿意去承担这样的“多余的痛苦”。

而对于我们一线教师而言，决定考几次也不是我们的权力。那怎么办？也有办法啊。即便是“考别人的题”，我也可以有我们自己的评阅标准和讲评倾向，我们同样可以利用“别人的题”评自己的分，讲自己的学科思想和学习要求。

无论是校长还是老师，都不能被别人牵着鼻子走，不能被任何非专业的势力所绑架。优秀的老师，有优秀愿望的老师，有天下情怀的老师，就应该努力上进，努力让自己成为群体或区域中的佼佼者，成为专业的引领者，从而拥有专业话语权。而后，我们才可以慢慢地去改善我们的工作环境，那些不尽如人意的非专业的声音和行为就会越来越少。不单是教育，在任何一个领域，真正专业的东西都是重重突围之后的新生。

我有一位同事，她是教物理的。她说当年她在一所普通学校教书的时候（也是要参加各种统考），她教的两个班每次统考的成绩都不好，都比别人低，而她毫不在乎。校长找她谈话，她十分自信地回答：“放心，我的学生到高考的时候就好了。”果然，高考结束，人家两班的成绩远远高于别的班级。为什么？她的自信哪里来的？殊不知，她对高中三年的物理知识有着自己的重整逻辑，有着自己的排兵布阵。她自己很清楚，高一学什么，要求到什么程度；高二学什么，哪些是必须掌握的，哪些是可以等高三再说的。这就是“教学掌控着考试”，而不是“考试绑架着教学”。一位好老师必须有自己的专业自信，才不会汲汲于统考成绩，才不会在一些非常不重要的地方患得患失。

我可能更决绝一些，我做校长，决不让学生参加什么区域统考；凡是期中、期末考试必须是本校教师自主命题。实在非得参加那么一两回，我也从不在乎学生考了多少分，学校完全拥有自主开展学业测评的权力。这也就是我为什么始终在强调“专业”的原因。我们教育工作者，务必要专业，我们不专业，就会有更多的不专业来控制我们。我们可以和不专业的权势去抗衡的唯一工具，就是“专业”。专业性，才是专业技术人员的核心价值。

王永涛：有您这样的校长真好！我们自己有了专业底气，才有可能抵御不专业。我还有一个疑惑，您说不同年段对同一个知识点或能力点有不同的要求，区分层级，但实际上语文学科很多能力点并没有那么明显的层级好区分。比如病句这个考点，初一就在考，初三也在考，但没有哪一册课本安排了相关讲解。我们自己安排也可以，但初一和初三的题目并没有层级划分。再比如阅读，初一学生阅读散文的能力和初三学生阅读散文的能力怎么区分层级呢？好像很模糊，然后教学中就会有同样的困惑，这两个年段的学生在阅读教学中怎么去区分呢？

黄　春：语文学科比起自然科学学科而言，的确是比较难以量化的。这个现象，和我们国家长期以来对于语文的学科定义有关。据我所知，我国的“语文”，和欧美国家的“语文”（他们不叫“语文”，是个类似于我们“语文”的学科）很不一样。我们总是将语文学习弄得神乎其神，以为语文就是“感觉”。而欧美的“语文”（暂且这么叫吧），更偏向于“语言实用”，重实用，重实践，重语言在生活、学习、工作中的实际使用。因此，欧美国家对语文有着非常精细的研究和划分，将语文的能力分析得很清楚，按照年龄阶段的不同划分得很清楚，并都给予了精确的量化。

中国国情不同，语文的学科属性也不尽相同（近年来有靠拢的趋势），我们没有做这样的精确划分。比如阅读能力的教学与训练，我们没有依据年龄差异划分出清楚的区别来。什么年龄阅读什么材料（材料的文体属性、情感属性、思想属性、结构属性等等），什么年龄需要达到什么程度的理解……似乎有，又似乎没有。不信你去翻翻中考的阅读试题和高考的阅读试题，基本上都是一个样子。别说中高考了，就连我偶尔去看看我女儿（小学生）的语文试卷，阅读题的命题方式和评阅方式，也都是和高考类似的。这就是你所说的问题。但是，这并不影响我们语文老师对阅读教学拥有自己的专业设计。各年段的课程标准其实也还是对年段的阅读标准做了一些规定和说明的，只不过这些说明的文字都过于抽象，过于笼统，多半都在定性表达，很少能够量化精确而已。那么，教师自己应该去研究分析这些抽象的规定，结合自己的教学实际，拿出自己可量化的标准来指导自己的教学实践。这个过程，就是“国家标准校本化”的过程，是教师专业的重要任务。

阅读能力，是一个典型的螺旋式上升的能力项目。同样的文章，小学生也可以读，初中生也可以读，高中生也可以读，等到成年老了依然还可以读，这就是“阅读”这个东西的常态。教师要明确的是，不同的年龄阶段需要读出哪些不同的东西来；不同的年龄特点，更适合哪种不同的阅读行为。在阅读的教学中，万不可急功近利（每读一篇文章或一本书，就期望培养出什么什么阅读能力来）。阅读能力的培养，是一个极其缓慢的过程，是一个短时间内根本见不着什么明显效果的事情。但是，我们又要坚信读书是最不骗人的付出，是最有良心的付出。用白话说就是“读了就是好的”，所谓开卷有益。

我看我自己的女儿读书，五六岁的时候自己找书看，看完了也不理我。我问她看的什么、看懂了吗、有什么问题吗，人家也不理我。看来，这个阶段，孩子就是爱看，那么，看就好了，不要管她看懂了什么。后来，大两岁后，每每看完书，就会推荐给我看，说：“爸爸，这书真好看，您也看看吧。”你不看，她还生气，所以我经常要耐着性子在她面前装模作样地看得很有趣。看来，这个时候，她愿意和别人分享。到现在，十岁左右，她会在某个冷不丁的时候突然问我：

“爸爸，我在书上看到一个现象，我想不通为什么。您说……为什么呢？”哦，看的书多了，她就需要提问了，需要交流了，她会思考了。说不定再过两年，她就会“质疑”了，她就会“自己想写一本书”了呢。

我们教学生，不管是小学老师，还是中学老师，我们和成百上千的孩子接触了那么多年，我们也会大致地了解到自己所教的这个年龄段的孩子，在阅读上的大致的习惯和需求，以及他们普遍的阅读能力水平。这是我们必须了解和知晓的“学情”，然后，依据这个学情，去安排教学就是了。如果一位老师，习惯了“看着教参备课，照着讲义讲课”，那么，他是很难知道学生的阅读现状和阅读需要的。老师，必须多多地让学生“表现”，我们才有机会多多地看到“学生是怎么读的”“学生是怎么想的”“学生是怎么表达的”。而后，我们也就心中有数了。

我在国外听“语文课”，我觉得人家的课和我们的课最大的区别，就是人家的语文课（阅读课），更像是沙龙；而我们呢，更像是讲座。

王永涛：我正想说，我对学生阅读方面的“学情”不甚明了。学生读了些什么书，怎么读的，读后有什么感受，这如何能准确把握呢？

黄　春：这是我们专业的老师必须要了解的东西。假如一位家长来问我们：“老师，我孩子在阅读方面的表现如何？”天！我们总不能只是说“嗯，你的孩子上一次考试阅读题得分多少多少，这一次阅读题得分好像有进步……”之类的话吧。你问的如何准确把握的问题，我也不能准确回答你。因为这个东西就没法“准确把握”，它只能是一个大概。对于这个问题，我一般喜欢用描述代替评价。或者说，我们可以将一个学生的阅读状态，通过描述的语言来进行评价，这样，或许还会更加贴近事实。我曾经常给我的学生写大学入学申请推荐信。我发现，国外大学对老师推荐信的要求里，一般都有“请用描述性的语言”“请用几个小故事来说明”“请用有关数据证明”等等字样。这个，和我们传统中的“评语”确实是大不一样。所以，我写完的每一篇推荐信读起来都像是一篇记叙性的散文：有描写，有讲述，有故事，有情节，有画面，有情感。

因此，我们要能够说出每个孩子“最近在读些什么”“读书的习惯是什么”“他喜欢读什么书和怎样读书”“他喜欢在哪里读书”“他读书时候的样子”“他读完书之后一般都会干些什么”“孩子在阅读中的困难和障碍是什么”……如果让我给这些问题归总一下，用一个概念来表达，我愿意将其表述为“读商”。

（三）第一道大题是“抄写”

王永涛：如果真像您说的，我们老师有“教什么就考什么”的自主权，咱们老师自主命题时的这个自主性有多大？

黄　春：自主命题，就是教学者自己掌握教与学的质量检测工作。之所以要自己掌握，就是因为“评价”要百分之百地针对“教学”来进行，才是有意义的。因此，教师自主命题的时候，对“考什么”和“怎么考”以及“如何评阅”，都拥有完全的自主权力。

恕我直言（哈哈我自己也一样），中国一线老师手里能够用作或习惯用作教学依据和参考的东西，一是教材，二是往年考卷。有了这两个东西，似乎就会教书了，就敢开始教书了。当年我给社会上的成人讲授成人高考辅导课，就是向主办方要这两样东西。结果他们没有教材，只有历年试卷。哈哈，我说，那也足够了。是啊，我们老师的心里，总是装着一张试卷，睁眼就是试卷的样子。你要问问自己“语文长什么样”，我们自己闭上眼睛一想，脑海里就是一张试卷的样子，初中老师画的是中考试卷的样子，高中老师画的是高考试卷的样子，小学老师呢，就是各个地方统考试卷的样子。因此，老师一旦被要求“自主命题”，便“胸有成卷”，这份“成卷”的样子，就是刚才我说的中高考试卷（统考试卷）的样子。

我们会给自己找借口：“高考就是这样考的啊”“专家就是这样命题的啊”……而很少乃至绝不敢有所思考，有所改变，有所突破。命题的时候，我们还会摆出一种架势来：梳理学科知识点，确定重难点，拟定各种考点，按比例赋分值，按比例设定形式（客观，主观），预定一个难度系数，列出双向细目表……搞得像个统计学专家。恨不得在一张卷子里，塞进所有学过的知识，美其名曰“全面考查”。然而，我们恰恰忘了一件事情：为什么要考试？我为什么要命这些题来考我的学生？我想通过考试获得什么东西？学生能够通过考试得到什么成长和进步？这些问题，我们都没太思考，甚至根本没有思考。一门心思，就是想“考考学生”“看他们学得怎么样”，没了。

我们语文学科最是难办的，有时候学了两个月，要出期中考试题。但是，这两个月的教材（和教学）里边就没有文言文，怎么办？那就找篇课外的吧。这两月没学古诗，那诗歌鉴赏题怎么考？那就找篇课外的吧。怪不得我们的学生会看不起语文呢，反正学了的不考，考的都没怎么学过。我就不明白，为什么明明这个阶段没有教没有学没有练某个内容，命题的时候就非得考不可呢？不考不行吗？我这两月一直就在学现代诗歌，一直就在学莎士比亚的戏剧，难道就不需要考吗？难道就不可以考吗？难道就不可以只考现代诗歌只考莎士比亚的戏剧吗？我想，是可以的吧。我们没有任何必要，非得将每一次考试，都搞成中高考的“全面考查”的百货摊的模样。

你知道吗？那些“捏着粉笔使劲儿敲黑板”的老师，一定同时配有这样的台词：“这个，高考要考！必考！”心里总是装着中高考的老师，就容易将每天的课堂，上成“考试辅导课”，他也自然会将每一次考试，都弄成冷冰冰死板的中高考试卷的样子。

王永涛：也就是，老师完全可以摒弃中高考，就现阶段教学需要进行命题，内容、形式完全自主。那试卷的科学性怎么保证呢？

黄　春：我先想厘清一下“科学性”的概念。一份试卷的科学性，必须取决于这份试卷是为哪种考试所使用。像高考这样的选拔性考试，那试卷的命题就要服务于选拔功能；换句话说，能够将考生按学业水平区分出三六九等的试卷，就是选拔性考试里的科学试卷。

而我们现在谈论的我们在自己的教学过程中，针对阶段性教与学而自主命题的考试，不是选拔学生，也就不是要区分学生的水平和等级。说得更具体一点，这样的考试未必非要让水平高的学生得高分，也未必不可以让水平低的学生得高分。因为我在之前说过，这种考试的目的和指向，是在于学科意识，在于学习方法，在于学习习惯，而并不在于（至少不主要在于）学习结果和学习程度。补充一点：当然，正常情况下，学习水平高的学生，同时也一般都是学科理解较好、学习方法对路、学习习惯不错的学生。学习的结果和学习的过程，正常情况下都是一种正相关的关系。但是，我们命题的出发点、考试的出发点，不是“以结果论成败”。我们更应该关注的，是学习的过程。因此，能够比较好地反映出学生的学习过程的命题，就是科学的命题；能够鼓舞和激励学生更多地关注自己的学习过程、更好地改善自己的学习过程的命题，就是科学的命题。而这种科学性，就完全掌握在教师自己的手里。因为，只有我们自己，才是对教师教的过程和学生学的过程最了解最清楚的人。

王永涛：理论上是这样，那客观上，我们怎么去评价这种试题的科学性呢？

黄　春：如果具体一点讲这个“科学性”，我们大致可以从这几个角度来审视。第一，命题要能反映出教师的教学思想。第二，命题要能反映学生的学习过程、学习习惯和学习状态。

所谓命题，就是要将某一个阶段的教学内容和教学要求，浓缩在一张试卷里。题干的问题，一定是老师平常就常常这样问的；考题的材料，一定都是学生平常学习过练习过和接触过的内容。试题中的问答，就好比是平日里的师生对话。外人一看这份试卷，就能看出这位老师和这群学生在这个阶段里教了什么、学了什么，老师是怎么要求的，学生是怎么学习的，就能让人想象得出他们课堂的样子，想象得出他们课后都做些什么事情。从而，就能折射出一位老师（乃至一所学校）的学科教学思想，以及其教学理念和教学行为。

王永涛：哦，那这样的试卷就是师生一段时间里学习生活的重现，学习内容的巩固检测，学习方法的反思，是属于老师和学生独有的。真的有这样的试卷吗？

黄　春：给你举个例子。我在教高一的时候，刚一开始，我们非常强调“书写”，也就是字要好好写。为了这个教学目标，我们设计了一个学期的关于写字的各种方式的学习和训练。那么，考试当然就要跟上。新生入学第一场开学考试，第一道题目就是“抄写”，给一段文字（学校校训，文质兼美，文以载道，百余字），给一个稿纸格子，要求将文段誊写在格子里，并提出明确要求和标准：注意段落格式，注意标点符号的写法，注意笔画端正清晰，注意文面干净整齐，等等。我记得这个题，就占了10分（10%），我就是要用这个大分值来告诉学生，写字很重要，字写得好很可贵；告诉学生，把字写好，是北京四中语文教学的重要目标之一。好了，两个月过后的期中考试，第一道题，依旧是“抄写”。练了就要考，要求了就要检查；好好练了的同学，就要得分。并且，最关键的是，这道题的评阅标准，不是一刀切的，而是要参考每一位学生原有水平的，大改观的给高分，小改观的给低分，无改观的不给分。当然，少数一直就写得很好的学生，另当别论，必须给人满分啊。好，再过两个月期末考试，试卷上虽然没有“抄写”这道题，但是，我会在试卷的卷头上明确告诉学生：你在试卷上写下的每一个字，都会成为各小题评阅赋分的参考，而且这个规矩会成为往后很长一段时间里的考试惯例。

我举的这个例子“抄写”，中考就不考，高考更不考，连小学好像都不考，实在是不应该啊。但是，在我们自己教学过程中的阶段性考试里，就可以考，并且应该好好考一考。因为这既然是我们教学的一部分，既然是我们教学很在乎的事情，那就必须在试卷中充分体现出来。只有这样，才能让考试成为促进教与学的一种力量。试卷（试题以及评阅标准），就会成为“会说话的学法导师”“会说话的教法测评师”。这样的“抄写”考试，如果学生第一次考试得分较低，那说明学生在书写方面基础不够好（以前没怎么好好写字）；而如果第二次（期中考试）得分依旧不高，那就说明我们自己在这两个月里所开展的写字教学和训练，效果不好。有可能是教学和训练的方法不对，也有可能是对学生的训练实际的落实没有到位。然后，我们就可以反思我们的教学，以图下一次有所改观。记住，考试的结果（分数分析），一定是为老师自己的教学提供反思的依据，而不是老师一味地拿着分数来“分析”学生。

王永涛：您这么一说，感觉出一份这样的试题也不是那么太难，只要能体现自己平时的教学理念、教学思想，可以是部分改革，不一定是整个颠覆。

黄　春：当然，老师有命题的自主权。命题的科学性还有另一点原则，那就是命题要能鼓舞学生更加相信老师更加相信自己。也就是说，考试要满足“乐者多得，善者多得，勤者多得”的原则，让喜欢学习的人得高分，让善于学习（按照老师的指引掌握良好的学习方法）的人得高分，让勤劳用功的人得高分。有劳必有得，这是鼓励人的基本原则。考试，还要满足“听话者多得”的原则。我说的“听话”，不是言听计从，不是亦步亦趋，不是丧失自我，而是学生愿意倾听老师的意见，愿意努力达成学习的要求，愿意在教师指引下探索适合自己的有效的学习方法，愿意在老师和同伴的督促和陪伴下养成良好的学习习惯。考试，就必须让这样的学生得高分。唯有如此，学生才可能通过考试更加相信自己（相信自己的爱好，相信自己的方法，相信自己的付出），更加相信老师（相信老师的理念，相信老师的方法，相信老师的帮助），从而真正地让考试成为学习的推手。

我有一个理念，那就是“不能让考试产生失败者”。如果有一部分学生，通过考试不仅毫无收获，还减损了学习的兴趣和进步的信念，成为“考试失败者”，那一定是考试本身的罪过。

（四）再讲三遍他也不会

王永涛：您说考试的目的在于促进教与学，那么，一场考试完了，学生和老师应该对试卷作答情况怎样进行分析？老师应该怎么来讲评呢？

黄　春：凡考必评，凡评必讲，这是考试的原则。我们习惯上将这个环节称为“试卷讲评”，其实这个名称不太准确。“试卷讲评”的概念，容易将教师的讲评对象，局限在试卷（试题）上。实际上，考试之后的讲评工作，其工作内容远不止是试卷（试题），更应该由考试指向教与学。如果我们的眼光只停留在试卷上，我们就往往会将试卷讲评课，上成错题纠正课、难题解疑课。如果我没说错的话，我们大部分的试卷讲评课，都是这样构成的：先说说班级考试的大致情况，主要是说得分情况：平均分，最高分，及格率，优秀率；有时候还会和上次做些比较，哪里分更高了，哪里分更低了。然后就是逐题讲解：得分率高的题，就简单讲；得分率低的题，就重点讲，使劲儿讲。最后，有些老师还会要求订正试卷，隔天上交，下课。

王永涛：我们习惯之中的讲评课，大概就是您所描述的样子呢。这有什么问题吗？

黄　春：这样的讲评课，往往会产生很多不愿意产生的现象。比如，教师责备学生，因为没有哪场考试会是老师对所有人都满意的；比如，做对了的同学表示很无聊，不会做的同学你就是再讲三遍他也不会；比如，找的都是问题，面对的都是困难，盯着的都是错误和失分，老师和学生都被泡在挫败感的污水里……为什么你也会感觉到“学生并不爱上试卷讲评课”？原因就在于此，别说学生不喜欢，老师自己也未必喜欢。

王永涛：确实是这样，很多时候觉得试卷讲评课，就好像是鸡肋。

黄　春：之前我们说过考试的目的和意义，也具体说过命题的问题。一份试卷，如果让老师和学生不自觉地将眼光锁死在分数和题目上，那么，这份试卷和这场考试就是我之前说过的“失败的考试”。

我们接下来要谈的“试卷讲评”，其前提是学生所完成的考试是符合我之前所提倡的那种考试，是融合在师生自身教与学过程之中的考试，是指向学科意识和学习过程的考试，才有更多的意义。

王永涛：试卷，可不可以不讲呢？我还是觉得它很重要。

黄　春：正如你所说的一样，我也认为考试讲评非常重要，比考试本身还重要，怎么可能不讲？我看到有不少学校在组织完考试之后，根本不安排试卷讲评的课程。特别是期末考试，考完了就把学生放回家，然后过个三五天，通知返校来领成绩（并且往往还是个“学期总评成绩”），学生连自己的试卷都看不见，只拿回一个（虚假）分数条。回家将这个条交给家长，谁也不知道这几个数字意味着什么，然后就是一场惯例式的家庭悲剧……

我不理解为什么会有这种考了不讲的事情。考了不讲、考后不能讲大概只有选拔性的中高考才会是这样的吧。我们师生自己组织的自己跟自己玩的一个“游戏”，为什么会有头没尾呢？哪有玩儿完之后不坐下来聊聊的？

经验告诉我，考试之后试卷讲评的这一周时间，是学生获得学习成长性价比最高的时间。聪明的老师，一定会抓住每一个好时机，推动教与学向更好的方向前进。那么，考试，就是一个大好的契机。当然，我知道有些老师非常愿意抓住这个契机，只不过我所以为的契机，和他们未必完全相同。我们不是要借考试（其实是分数）来吓唬学生，借分数来刺激学生，甚至刺激学生的父母。我们都想当然地以为孩子一定会“知耻而后勇”，殊不知，孩子也就是“见了棺材掉掉泪”而已。不是孩子不想更好，而是那样空洞的刺激，只会让人更加茫然而无所适从、不知所向。

考试，真是“法宝”，是老师促进教学的法宝，千万不要成为老师吓唬学生的法宝。那样，会让原本善意的考试蒙上恐怖的阴影，会带上妖气，不好。

王永涛：那您以为考试之后，应该是怎样的一派风景？

黄　春：我以为，考试最理想和最美好的结果，应该达成三个要素（或者说产生三个现象）：第一，学生更敢学了（有自信了）；第二，学生更乐学了（有兴趣了）；第三，学生更善学了（有学法了）。凡是考试，理论上都应该达成这三个目的。否则，考试就失去了它在教学过程中的积极意义，那就不如不考。我分条说一说。

考试要给学生更多的自信，就需要考试发挥出它的鼓励功能。学生要从考试中得到鼓励，就必须获得一定的分数，这个“一定”，就是“理想”，是每一个学生自己对于考试结果积极的期望值。考试分数，要努力满足学生的期望。我们要相信学生对自己的期望，是基于客观水平的，是基于前一阶段的学习状态和学习投入的，是可以实现的。要达到这一点，就必须在命题上下功夫，要努力让每一位学生都能从你的题目中获得自己应有的收获。不要将这个原则理解为“命题放水”，这并不是“出容易一些”就能搞定的。你也会有类似的经验，你命的某个题，你自己以为已经容易得不能再容易了，结果呢，也不是人人都做对了的，甚至有时候还会让你大跌眼镜。所以，考试要让学生多得分，并非是要从出容易题的维度去投机，而是要研究学生的学习过程，让每一道题，都能体现学生的学习过程和学习状态。这样，才能让每一个人都能在答题中表现出自己的水准（或多或少那是正常的），从而获得自己应有的分数。这个问题，之前已经比较详细地讨论过了。这里只是再从试卷讲评的角度继续说一说如何让考试成为激励学生的事情。从这个意义上来思考，我们就会得出结论，考试结束之后要做的事情，比如你找学生面谈，比如试卷讲评课，都要多多地寻找学生的优点，帮助学生寻找和梳理他在试卷中折射出来的平日学习过程之中的优点，即那些值得肯定和值得发扬的意识、行为、方法和态度。当然也包括了发现问题和不足，至于这个，每次说那么一两点就行了，你要知道，发扬优点比克服缺点总是更令人高兴的，总是更容易见效的。这样，考试就会起到帮助树立信心和巩固信心的作用。

考试要能提升学生对于本学科学习的兴趣，要让学生“越考越爱”，不仅越爱语文学科，而且越爱语文老师；不仅越爱语文学习，而且越爱努力学习。

王永涛：也就是，咱们分析和讲评的原则首先得明确，不是“找茬”，是要找到学习信心，学习路径，学习习惯。可具体到试卷讲评课，还是头疼。试卷讲评课往往是老师和学生都不喜欢上的，对于这样的尴尬您怎么看？有没有什么高招？

黄　春：发生兴趣的前提是成就感，是一个人感觉自己付出的努力总是能够得到相应的回报，是一个人感觉自己的每一份回报都是自己付出努力得来的。这两句话是不同的，拿我们的考试来说，前一句是说“分数不能辜负了努力”，后一句话是说“分数不要亵渎了努力”。尤其是后一句，猎杀兔子，难免失手，却令人兴致盎然；守株待兔，尽管屡屡得手，却叫人索然无味。特别是对于基础和能力比较好的学生，分数的得来如果显得过于轻易，那么这些学生就会跟那些基础和能力相对较弱的“怎么学都得不到分”的学生一样，没有成就感，渐渐失去对学科的兴趣。这同样需要命题来发挥决定性的作用，考试之后的试卷讲评课环节同样重要。所以，面谈也好，讲评课也好，不要就分数的高低轻易地表扬，更不要草率地批评。我们要帮助学生剖析正误得失背后的原因，这个原因，不是就题论题，而是要回溯到学生的学习过程中去，寻找其间的必然因果。

语文试题很多时候并没有一个标准答案（尽管考试评阅必须有一个参考答

案），老师要善于尊重每一个学生的每一个思考，要肯于关心每一个学生的每一个答案，不要轻易地忽略“错误”，不要轻易地抹杀“错误”，更不能粗暴地围剿“错误”。

试卷讲评，当然要将每个题目的正确解答讲解清楚，这是起码的任务。语文试卷的讲评，哪怕就是讲解某一个题目，我们的核心目的，也并不是要“宣布”一个正确答案，而是要在寻觅正确答案的过程中，了解每一个人的思想，从而了解每一个人在他学习过程中的得与失。

爱学科学习，尤其是爱跟着老师进行学科学习，这是一种特别好的“兴趣”状态。学生为什么爱老师？两个原因，第一，平时上课好玩；第二，考试得高分。我们先不说第一个，只说第二个。考试得高分，就说明学生跟着老师的教学和指导，是学有所获的，是劳有所获的，是勤有所获的。换句俗话说，就是“跟着老师，没错”“跟你走，有饭吃”“听话，得分”，这就是教师的专业性所产生的“吸粉”效果。教师应该有这样的专业能力，让自己的教学思想和教学行为（方法，要求等等），转化为学生的第一生产力，并且在考试中获得很好的检验。

王永涛：就是说，在讲评试卷的时候，老师得分析出试卷和平时学习的关系，巩固学习习惯，强化学生的获得感，要让认真学的学生充满成就感。这真是不容易啊！

黄　春：这还不止。考试，还要让学生通过解答试题和试卷讲评，更加懂得语文学科的学习方法，要让学生“越学越有法，越学越轻松”。我们有时候在一场考试之后，往往只给了学生“革命尚未成功，同志仍需努力”的烙印。是的，努力是必须继续的，但是，没有得到方法改善的努力，可能是徒劳的，甚至是南辕北辙的。教师不能拿一句“仍需努力”来结束一场考试，我们不能让学生自己在迷雾中摸索，甚至眼睁睁看着有的学生在缘木求鱼还使劲儿地为他呐喊加油。

考试要实现帮助学生找到光明大道的话，也要依靠几个条件：一、命题本身就带着学科意识和学习方法；二、试卷评阅就表明了学科思想和学习方法的导向；三、试卷讲评清楚地宣示了语文学科学习的情感态度和价值观。

因此，试卷讲评，一定是重在思想、理念、方法、习惯等等的行动指导上，一定要收束为行动纲领和行动指南；而不是“都会了吗”“都会了”“好，下课”。

王永涛：看来在您说的考试里，考试原来是另一种学习，不仅是回头看，还可以是继续往前走。

黄　春：我在指导老师命题的时候，常常要说一句话：“试卷本身，就是一篇讲义，是一篇关于如何进行语文学习的讲义。每一道题，就是一个专题学习的理念和方法的指引。”学生即便没有做对所有的题目，还可能错了很多很多，那都没关系，因为他在做这道题和这份试卷的时候，这个过程就是一次学习。并且，这次学习比起他之前的所有学习而言，都更具有实际的效果。于是，试卷讲评，就是要将“半遮半掩”在试题和试卷里的这些思想、方法，带着学生一起挖掘出来，并且以试题为实证，来帮助学生理解和信任这些思想方法。从而，考试，就成了教与学的推手了。

王永涛：这么说，师生不喜欢上试卷讲评课，是我们老师讲评课的设计理念，对讲评课的认识出了问题。如果学生能够在讲评课上获得鼓励，找到方法，树立自信，学得更轻松、更好，那他们一定是喜欢的。而学生有进步，老师自然就有成就感，也就不会在上讲评课的时候无奈了。

（五）只有答案知道答案

王永涛：阅读能力是语文考试中必考的主要能力之一。我们常常说语文的要务是提升学生的阅读能力，但这种能力是看不见也难以量化的，所以语文教学往往是雾里看花。我特别想能够拨开这层语文迷雾。在您看来，学生阅读能力的核心要素是什么？

黄　春：这的确是个难题。尽管我也看到过一些国内外专家对于阅读能力的研究和解说，但是恕我直言，多半也只是一些概念性的描述，都正确，都有道理，但都像你说的一样，无法量化。也许这个东西，本身就是一个无法量化的。各种各样的能力，可能都是不太好量化的，也是不太好测量的。我们很难说（甚至没有任何科学依据可以说）在高考阅读题里获得了高分的学生，他的阅读能力就一定很高；我们也甚至无法肯定按照我们目前的语文阅读教学思路和方式所培养出来的学生，他们的阅读能力就一定比没有接受这种教学的人更高。我不是这方面的研究者，没有进行过什么专门的研究。当然，我们身为老师，必须对自己所从事的工作有所理解，对问题至少要有自己能说服自己的起码的理解，这个是需要的，包括你所问的“阅读能力的核心要素是什么”。我的回答是：听懂别人的话语，读懂别人的文字。这个回答不像是“核心要素”，好像更像是“能力标准”。如果再进一步说，就是“阅读者要具备正常的语言（书面语言）沟通与理解力，并且能够依据自己的理解力来较为准确地理解他人的语言”。哎呀，我自己都越说越糊涂。实际上就是：一个正常人，读懂另一个正常人的话，就这么简单。当然，“读懂”，依旧是一个泛泛的概念，它也是包含了诸多层级的指向的。最底层的意思，就是“准确理解语言的意义（包括言外之意）”或者说“准确接收语言的信息”，不要误解，不要曲解，更不要无解，就可以了。你读到“春风又绿江南岸，明月何时照我还”，必须要读出作者是“在一个春意乍浓的时节忽然有点想回家了”。这个意思是语言的直接意思，是由各个字词意义合拼起来的文面意思，读出这个，就达到了第一步的读懂。在更高一个阶段，阅读者还要读出作者这种想家的念头，是由眼前的春意惹发的，要理解人往往会触景生情，在语言表达中就往往会使用“借景抒情”的手法。然后，再高一些，就还要敏感地捕捉到语言表达中的传统意象（就是中国人表情达意时喜欢借用的一些公认的外部载体），比如“明月”，要知道这个意象往往和思念、团聚等情感相关。最高的层级，我们往往会在艺术鉴赏的层面，“读懂”语言。比如这句话里边的这个“绿”字，就很有意思。它之所以有意思，是因为作者将这个字的使用规矩进行了一些突破，产生了变式（也就是我们常说的词类活用），直接将对动作结果的描述性的形容词，用作了动作本身，从而兼有了“动作”和“动作效果”的综合意义，一下子就让一幅静态画面动了起来，很有意思。

好，以上我举这个例子，涉及阅读“读懂”的几个层面。实际上，并不是每个人都能达全这些层面的。有的人只有第一层，有的人尽管可能会有最高层，但却缺失了最初的某一层或某几层，这都是可能的。为什么会这样？为什么这些层级之间，尽管我称之为“层级”却并没有固定的层序？就是因为，每一层级对阅读者自身所要具备的阅读能力是不一样的，就是你说的“要素”是不同的。

王永涛：读者要达到这些阅读层级，都需要什么能力或素养呢？

黄　春：第一层不难，只要认字，只要有基本的阅读经历，应该都能基本理解作者这句话的基本语义。这个我们不谈，这是前提，肯定也不是你所要探讨的“阅读能力”的范畴。我们直接说后边的。要完成后边所说的几个层级的阅读（读懂），其实是需要阅读者具备一些素养的。比如，阅读者要有一定的生活经验和体验，他要有一定的“景情体会”的能力。具体到这句诗的阅读理解，他就要具备“物候变迁”的生活阅历（啊，这句诗，海南人民读起来，可能就要困难一些）。因此，语文教学往往要求“和生活紧密相连”，就是这个道理。一叶知秋，乍暖还寒，柳暗花明，杜鹃啼血……这些东西，不是在词典和课堂里能够完全讲明白的，它一定在于生活之中。

比如，阅读者还需要有一定的阅读积累，也就是要读过一些书、记住一些语言经典，他才能对“明月照我还”这样的诗句发生积极的敏感。他会一下子涌起很多关于“明月”的诗句，涌起很多诗人借月思乡的场景。这就叫阅读经验，它和生活经验一样重要。

比如，阅读者要能“移情”，要能“同感”，要能“代入”，阅读者需要有“带着自己走进别人，然后带着别人走回自己”的联通内外的交流能力。好比读这句诗，他会因为自己也有类似的阅历从而很好地理解了诗人的情感，而后因为诗人对这份情感的表达使得自己的这种情感更加清晰可见，从而反观自身又进一步加深了自己对于这种情感的体察。

再比如，阅读者需要有一定的语言艺术的赏鉴能力。这个概念听起来很高大上，实际上，就是一种“语言敏感性”。它没什么玄奥的，就和我们在大街上走路，芸芸众生当中，我们会忽然发现一个人很漂亮、很特别、很熟悉、很有意思一样。这种能力哪里来？其实就是见多识广，读多了，用多了，你对语言自然就变得更敏感。

我并不是研究者，所以，我的回答，也只能是举个例子描述一下我的想法。

如果非要我总结一下“核心要素”，在诸多的舍不得之后，我会留下两条：第一，足够的阅读；第二，充分的生活。并且，生活，比阅读还重要。

王永涛：“足够的阅读”不难理解，提升阅读能力自然需要足够多的阅读经验，“充分的生活”怎么理解？

黄　春：我们语文老师在教阅读的时候，常常喜欢在阅读本身上下功夫，弄出五花八门的阅读方法来，什么“几步法”啦，什么“勾圈法”啦，什么“批注法”啦……多得很。我不能说这些“法”没有用，但我想说明的是，无论哪种“法”，它都只不过是某些人和某类人的读书习惯而已。它不是方法，它是一种行为习惯，和有人读书喜欢用手指头蘸口水翻书一样。

这些“法”，可以介绍给学生（蘸口水之类的就免了），供他们参考，模仿，尝试，然后形成学生自己喜欢的阅读习惯，就是这样。

我们常常忘了或并不很重视“生活”，殊不知，缺乏生活的读者，是很难真“读懂”的。我记得我们在另一个话题的聊天中谈到过这个话题。没有类似的生活体验，又没有足够的阅读经验，读者就很可能会对很多思想和很多情感进行不自觉的误解和曲解。

比方说读《祝福》：祥林嫂撞香案，她是真的要寻死吗？她不怕当时就撞死了吗？她是抱定非死不可的决心的吗？她想撞死的原因究竟是“贞洁”吗？她后来怎么就没再想过要寻死？她如果铁了心要“以死守贞”又怎么会没有机会？比方说读《背影》：父亲为什么非要送孩子去车站？为什么非要去给孩子买几个橘子？朱自清大小伙子大庭广众下看父亲翻个月台买个橘子为什么就能流下眼泪？比方说读《论语》：既然“君子远庖厨”那为什么又会有“食不厌精，脍不厌细”？等等，这些内容，其情感，其思想，就绝不是单靠简单的认字能够读懂的了。

王永涛：您的回答给了我很多启发，我觉得这个问题其实值得每一位语文老师好好思考，因为我们阅读教学的起点和终点都在这儿。如果弄不明白这个问题，那我们在阅读课上讲什么的问题就不够清晰。

黄　春：因此，语文教学一定是一个大概念的语文教学，很多人喜欢称为

“大语文”。在没有更好的名称之前，我是认同这个说法的，就是“语文要大”，外延要广，要尽量将一个人生活的全部，都纳入语文学习的范畴。这不是说语文教学要解决人的生活的全部问题，而是说语文的学习，要借助人的全部的生活，以当作素材；然后，一个人通过语文的学习，又反过来影响他的生活的全部。

王永涛：我发现语文学习最终都会升华到生活上来，语文的外延就是生活的外延。但我们仅有这样的理念好像还不够，在具体到某篇某课的教学中，我们面对阅读起点不同、阅读能力参差的学生，怎么才能做到让学生都有收获都有发展呢？因为我们阅读课堂上，常见到的现象是：会的学生表演，不会的学生旁观，其实都没有发展。

黄　春：所以，少上这样的阅读教学课，多多“读书”，多多“生活”，比什么都好。阅读能力不是听老师讲而会的，也不是回答老师的问题而会的，更不是做阅读试题而会的。它要依赖于自己足够的阅读经验和生活经验。所以，好的语文教学，好的学校教育，一定是鼓励学生多多读书，多多行路，多多实践（也就是体验生活）。没有关在教室里就能学好的语文，没有。

我们目前这种“工厂式”的阅读课和语文课，充其量只是培养了“做阅读题的能力”。我们甚至还很难确定，试卷里常考的那些问题，是不是真实阅读中的真实问题，还是真正的“阅读的能力”。况且，我们的阅读题，荒唐到不翻开答案，谁也不知道答案的“只有答案才知道答案”的地步，练得越多，也许就离真正的阅读越远。

王永涛：您觉得是一线老师把经念歪了，还是我们语文学习路径规划师规划错了？

黄　春：哈哈，都有吧。也不能说是谁的错，这本身就是一件难事儿。我说的，也未必就全是对的。研究和探索嘛，都是大家在不同的路上试着往前走。但我相信，殊途同归，方向都是一样的。认真走和带着想法去走的人多了，那么，我们大家离真理也就会越来越近。

第六章

非现场教与学
——技术有什么用

（一）你敢让带手机吗

王永涛：信息技术、互联网技术的发展，给我们的教学方式也带来了一些改变。各地都借助信息技术进行教学方式的变革。您是怎么看信息技术在语文学习中的作用的？

黄　春：关于信息技术和教育之间的关系，众说纷纭。有激进派为教育（教学）信息化大声疾呼的，似乎一下子找到了教育革命的核武器；也有保守派至今仍然想将信息技术挡在教室门外的，仿佛是要抵御洪水猛兽。这种斗争，在“教室里有没有平板电脑”的现象上，就能窥见一斑。有的学校是“人手一板”，有的学校是“禁止携带”。

关于这个问题，我们必须先要搞清楚一个事实：不是信息技术要占领课堂，想成为一种新的教育教学方式，而是信息技术已经改变了生活，已经成了一种新的生活方式。这种新的生活方式，主要就表现为人与人之间的交流方式、人与物之间的联系方式、物与物之间的组合方式。而教育（我们在探讨这个话题的时候，指的是包含教学在内的一切学校教育教学行为）就是这样的一些方式的集中体现：教师与学生的交流，学生与学生的交流，教师与教师的交流；师生与知识（信息）的联系；知识与知识（信息与信息）的组合，几乎就是教育的全部内容。那么，你说，我们的教育，难道能够孤立在生活之外，另外保留一套传统的方式？

王永涛：肯定是不可能的。教育也是生活的一部分，生活方式都变了，教育不会不受影响。

黄　春：是的。现在的学生，自生下来那天起，人家就是“信息公民”。包括我们这样从“原始社会”走到“信息时代”的人来说，我们其实也已经变成了“信息公民”。比方说，当我们每遇到一个“问题”的时候，当我们需要“虚心求教”的时候，当我们甘于“不耻下问”的时候，请问，我们的第一选择是什么？我们首先想到的是“向谁请教”？哈哈，我们的第一反应是掏出手机，上网，去度娘，去搜狗，去必应，去万票（万能的朋友圈）……你还会第一时间想起你的王老师、李老师吗？哦，即便会想起来，你的第一行为也是掏出手机打电话、发短信、微信留言。你还可能会语音聊天，或者干脆来个视频通话……你会想到要去登老师的门吗？去敲办公室？啊，即便你还是愿意去当面请教，你也可能需要在老师的办公室门口扫个二维码预约一下答疑时间……这就是“信息公民”，是互联网时代的生活方式，它和你在不在教育领域没有关系，因为它无处不在。

我们已然习惯了这样的生活，我们就同样要习惯这样的教育。当然，这也是社会的一种文明进步，是一次文明的飞跃。我们常常会感慨：啊，现在的孩子，才几岁啊，怎么就懂得那么多！孩子为什么懂得比当年的我们（甚至是现在的我们）多那么多？不就是因为“信息时代”里的“信息公民”具有多得多的学习途径吗？这些学习的途径，很多并不是需要孩子主动去建构和利用的，在信息时代里，学习，更多的时候会成为一种不自觉的被动的行为。也就是说，我们不知不觉地就学到了很多。我们只要打开手机，打开电脑，打开网页，打开微信，各种各样的资讯，会纷至沓来，涌向你的眼球，甚至并不容得你去屏蔽。更要命的是，这些信息的推送，完全是“量身定制”的，一切都是依照你的爱好、你的关注和你的需求而来。这些事情，一百年前，五十年前，乃至二十年前，你敢想象吗？

不单是语文教育了，所有的教育，都无法置身于信息技术的浪潮之外。今天，我们拿起手机学习，就像是当年我们拿起算盘计算一样。语文可能更是如此，因为语文学科的交流属性，必然会要求语文是第一个“被信息化”的阵地。如果要说“信息技术对语文教学会产生怎么样的作用”，我也不知道。但我建议你可以看一看信息技术在购物、娱乐、交通、支付、社交等领域都发生了哪些变化，我想，语文教学，也会是一样的。同样的工具，肯定是带来同样的改变。何况，教育本身就是生活，更别说几乎和生活等价的语文了。

王永涛：那咱们在语文教学中可以怎样运用信息技术呢？

黄　春：我是很不愿意提“信息技术辅助教学”“学科教学信息化”等等说法的。我觉得你所说的信息技术在语文教学中如何应用的问题，实际上一点儿都不复杂。在这个时代里，人们多了哪些交流的方式，我们在教学中也必定会（或许稍稍滞后一点）增加这些交流的方式，就是这样简单。当然，交流形式的丰富，必定会带来对交流内容的拓展，从而也必定会带来交流质量的提高。以前没法开展的交流，现在成了交流的常态；以前的交流会稍纵即逝，现在的交流能够处处留痕；以前的交流只能是一种单向传递，现在的交流不仅可以产生互动，还可以产生群体激励。

谈到这里，我想起几年前我曾经受台湾某家媒体的邀约，写过一篇关于这个话题的文章，不妨发给你做个参考：

慢慢走，不必追
——信息时代的教育思考

我们人类从石器时代到铜器时代，又从铁器时代到“钢器时代”（这是我自己创造的一个名词）再到电器时代（这也是我创造的名词），每次变革和进步无非是由一种新物质代替一种旧物质。而今天不同，无论是叫“信息时代”还是“互联时代”，我们对物质的依赖已经开始让位于对数字的迷恋了。

讲个事实：以前你在一张白纸上写个数字签个名递给人家，那叫“打白条”；如今人家往你手机钱包里发来个数字，那可真是钱呢，真金白银。

这是社会和时代的进度，任何人“快放”不得，更“暂停”不了。

我以为，信息时代的两大特征就是：其一，世界一下子变大了，“原来我的手机里装着整个世界”！其二，世界一下子变小了，“原来整个世界都可以装进我的手机”！这两个特点都很可怕，因为它们会使得人很容易变得空前自卑和空前自负，“无知”和“无所不知”这两种自我认知都极容易使人“无畏”。

所以，我经常提醒自己并提醒我的学生：数字只是数字，信息只是信息；人，依旧还得是人。人无法也无权去奴役世界，同样，人也不能让世界给绑架了。

社会上有这样一个说法（也叫怨言）：教育，是最后一块还没被信息化推倒的“钉子户”。于是，近些年来，全社会都在向教育这个钉子户抛扔炸弹，不消两三回合，教育就投降了。

教育向信息化的第一次投降，交出了所有的看得见的东西：投影仪替代了黑板，PPT替代了粉笔板书。第二次投降，又拆掉了教室围墙：远程教育几乎要冲垮了班级面授。第三次投降，又将自己的教师拉下了讲台：慕课里“别人家的老师”抢走了“我的老师”的风头。第四次投降，教育交出了最后的家底：微课将课堂彻底地翻转了过来，教育的时序和秩序，任由别人随意重组。

当整个地球村都被拆光了的时候，个别的钉子户，是很容易搞定的。教育，就在这迅雷不及掩耳的攻击之下，很快就被全面拿下，就连回忆一下当初为什么要固执地成为“钉子”，都没来得及。

很多人都责怪教育的顽固，跟不上时代，拖累了发展。我倒以为，这恰恰是教育的本质和应有的个性：教育，就是要拉住时代的后腿的。教育，就好比是母亲，时代就是那个越长越大的儿子。儿子渐行渐远，愈走愈快，母亲只要目送，并不必追。身后目送的母亲的意义，就在于告诉儿子：别走太快，有空回头看看。不是吗？教育就是要告诉这个时代：别走太快，灵魂会跟不上。

因此，钉子户，对这个时代是有不可低估的意义的，它逼着人们等了等灵魂。

其实，就像拆迁后的村子一样，小平房变成了大高楼，胡同小巷变成了大道通衢，你确乎能享受到诸多的便利。教育也是如此。

信息时代里，其实很多“知识”是不用再“教”了的，它未必非得经由教师传授不可了。每个人都可以随时随地地将鼠标（更多的时候是直接“下手”）点向“大数据”和“大网络”，随心所欲地各取所需。这种获得，可能比起“听老师讲”还来得更高效，毕竟这是主动的，是对症的。在目前，几乎所有的中小学都禁止学生上课时间使用手机，其原因依我腹诽，教师除了担心学生游戏分心之外，大概也有担心“术业有专攻”的师道尊严遭到现场的摧毁：教师即将讲授的知识，学生已经早一步查到了；教师已经讲出口的知识，学生一经查阅发现有误；教师设问一个问题，学生立刻能打开百度作业帮得到场外帮助……这时，教师怎么办？然而，学校还能永远将手机列为校园禁品和课堂“毒品”吗？

信息时代里，其实很多“知识”是可以换个人来教的。慕课，就是应此大运而诞生的东西。学生觉得自己的老师讲得不好，没关系，他们不再需要联名请愿更换教师，他们只要打开电脑联上网络，就可以到全世界选择自己喜欢的老师来给他讲课。可以设想，当教室里的学生们都在听着各自不同且各自心仪的老师的课时，站在讲台上的“现场教师”，会做何感想呢？

信息时代里，其实很多“知识”是没用的，至少大多数“知识”都不必提前装在脑子里。比如导航和自动驾驶；天气预报已经可以精确到15天了，那么你还需要“础润而雨”“看云识天气”吗？搜索引擎方便快捷，人们似乎也无需再费劲去记忆历史年代、名词解释了……当越来越多的知识开始“掉价”，甚至沦为“废品”，那么教师怎么办？学校会不会因为“没有知识可传”而彻底消失呢？

以上我列举了几条尴尬，当教育遇上信息时代的教师和学校的尴尬，你可能会觉得困窘，你还可能会感到悲凉。

其实，也并没有我所说的和你所想象的那么凄惨啦。当人类有了语言，会说话了，你说，那时代的教育该发生了怎样翻天覆地的变化？后来，当人类又发明了笔和纸，人们又多了一种语言（书面语），你说，那时代的教育又该发生多大的变化？再后来，当人类又发明了印刷术，又发明了留声机，你说，那时代的教育，难道还不能翻个天？ 可结果呢？教育还是教育，教师还是教师，孔老夫子依然是为师之圣。无论是杏坛还是私塾还是学堂，无论是夫子还是先生还是老师，教育的本质属性和本来样子，其实都没怎么改变。

只是，每一次时代的变革，都会催生人们对于教育的内容和形式的新的理解。

比如在信息时代，我们需要考虑的是，“今天的教育究竟要教什么？”肯定不是“知识”，至少不是那些死的知识（那些无论怎么传递都不会发生变化的知识）。我们要教的，可能应该是获取知识的方式，或者更重要更根本的是，教育要激发人们对于知识的渴望以及对知识的正误是非的鉴别意识和鉴别能力，对知识碎片的加工意识和加工能力。从这个意义上来说，那么，教师自身有这些能力吗？教师自身如何才能拥有这样的能力呢？换句话而言，教师一旦拥有了这样的能力，又何惧“术业无专攻”呢？如果教师只是想着凭“掉书袋”来保住铁饭碗，那么这样的教师早在孔夫子的年代就已经得下岗了。（他只能在中国封建科举时期当个科考补习班教员，但那并不是真正的“教育”，另当别论。）

比如在信息时代，我们还特别需要考虑“今天的教育怎么教”的问题。北京四中语文教研组老师们从十几年前就开始了一项教改实验：利用网络平台，建设虚拟教室。其核心思想就是要重组教与学的时空，改变教师与学生的关系、学生与学生的关系，改变师生与教材的关系，改变课上与课下的关系。当然，改革是很容易的，拍拍脑袋就可以诞生几个创想，未必全都可行，也未必全都不可行。关键是我们的教师，是不是都愿意将自己丢到学生堆里去，和孩子一样去聊，去交流，去探讨；是不是都愿意倾听每一个学生的发言和意见，去鼓励他们，去为他们每一个人鼓掌喝彩。我想，好的教师都是愿意的，那么，这些也就都不是问题了。只要你有这样的意愿，录不录微课，课堂翻不翻转，让不让带手机，有没有 Wi-Fi……已经无所谓了。

因为，你已经驾驭了工具，哪怕这个工具有很多个吓人的名字：“信息”“数字”“技术”“大数据”“互联网 +”“物联网”……

北京四中刘长铭校长说，纵使信息技术的功能再强大，纵使人工智能时代也会很快到来，但是，人，永远有着不可替代的地位。这就决定了，教育的施动者，永远不可能完全由机器来承担。为什么？很简单，人有情绪，有情感，有态度，有价值观；而机器没有，“数字”没有。比如，任何数字技术，不能替代人的动手实践；任何数字技术，不能替代人的主动思考；任何数字技术，不能替代人的价值信仰。

因此，教育，还得由人来做，还得面对面地进行；“我讲，你听”，还将是一种最主要的教学方式；学校，依然会是一个伟大的存在。因为，教育必须是一件直击人心的事情。尽管技术可以识别人脸，但它却无法沟通人心。我们真正要改变的，不仅仅是找一个东西来替代人的劳动，或是创造一种方式来拓展人的劳动，而更是要改变自己的思维模式和行为习惯，以更好地理解信息工具，更好地掌握信息工具，从而更好地使用信息工具。刘长铭校长说：信息化带给人的实质变化，应该发生在脑子里。

最近在朋友圈里流传着一句话：“世界那么大，我想去看看。”世界那么大，我们是什么时候才知道的？ 当然是网络，是网络上天南海北的资讯，勾起了对世界之大的记忆，也勾起了对大千世界的向往。不过，在我一介教书匠而言，我虽也想去看看，可我没钱也没闲，只好作罢。

而我只说：“世界那么大，我当教材看。”

在信息时代，教育所需的教材，必须是整个世界，也没法不是整个世界。信息技术，为我们创造了连接整个世界的可能性，更是决定了我们必须连接整个世界的必要性。当然，我所说的“连接世界”，不是亦步亦趋地跟人之风，世界慕课了，我也慕课；世界可汗了，我也可汗，而是要在彼此的连接中，交流文化，沟通思想，融汇情感。

工业革命的狂潮，造就了泰坦尼克的巨轮，也造就了泰坦尼克的悲剧。信息技术革命的狂潮，也造就了空前强大的资讯存储和空前便捷的人际沟通，然而会不会也挟带着悲剧的隐患呢？我以为，此问题的回答，有赖于信息时代的人们是否能够冷静而理智地认识自身的时代并做出冷静而理智的行为选择。比如，鼓励人们引领潮流，同时也能允许有人成为“钉子户”，因为它们有可能成为不知何时不知何人一不小心遗撒在大西洋上的几块救生板。

让教育，慢慢走，不必追。

王永涛：看来，我们大可不必对信息技术、互联网技术恐惧、抵触，教育的核心价值在技术面前显现得更加清晰。技术永远是服务于人的，我们教师在运用信息技术服务教学的领域，实实在在大有可为，只要动脑创造，就有无限可能。

（二）语文真好，真狠，真坏

王永涛：我听说过北京四中的“双课堂”语文教学模式，这是比“翻转课堂”还要早的教学改革，这就是将信息技术运用于语文教学的改革吧？

黄　春：不是改革，是改良。改革这个词不妥，绝大多数的“变化”，其实都是“试图能够比原来更好一点的某种行动”，并不是要革谁的命。传统（原来的东西）并没有什么不好，只不过是在有了新的手段和办法之后，相比较起来，会显得有些局限而已。因此，我更愿意将所有的探索，称为“改良”，感觉这样更合适。当然，这个并无所谓，毕竟我们并不需要玩弄概念。

你所了解到的北京四中“双课堂”的事情，我们一开始叫作“现实课堂和虚拟课堂的整合”。后来很快地，随着信息技术的日益普及和深入，我们逐渐分不清“现实”和“虚拟”了，就干脆叫“双课堂”。这个名称并不是什么科学概念，在我看来，更像是一个昵称。就像是我们为这个实验课题最早建设的一个网络平台一样，网址是 www.ywzh.cn，网名是“语文整合”（“信息技术与语文学科教学整合实验”课题的简称）的汉语拼音首字母。哈哈，为了方便称谓，也可能是因为实验中师生体会到的经验与感受，我们有叫它“语文真好”的，也有叫它“语文真狠”的，还有叫它“语文真坏”的。每一个昵称（也可能是骂名），都是一种经验到了的情感。无论是“狠”“坏”，还是“好”，都表明这一次的改良，的的确确带来了改变。

王永涛：您能具体介绍一下这个“又好又坏”的让人爱恨交加的“双课堂”吗？

黄　春：关键自然是在于“虚拟课堂”，或者之所以不同，必须要从“虚拟课堂”说起。实际上，这个虚拟课堂，起初就是一个 BBS 论坛，是 21 世纪之初的那几年比较流行的最初阶段的网络聊天工具之一。它适合于群体聊天，方便于主题式聊天。那个时候的“网民”，几乎人人都有几个 BBS 身份，都同时参与着若干个主题论坛。每个人的兴趣、爱好、关注点不同，大家就选择不同的主题论坛，非常像是学校里自发地出现了数量惊人的“选修课”，坛主，就是老师；坛员，就是学生。当时我们认为，这样的社交工具，可以直接拿来为我们的语文课堂所用。你看，我们的日常语文课，不就是“坛主（教师）开坛（开题），然后坛员们参与（听讲与讨论）”吗？

王永涛：论坛，这是当年流行的社交平台了，现在的小孩可能已经不知道了，不得不感叹信息技术的日新月异啊。社交聊天和教学上课，这两者差别很大啊。那您看，BBS 有哪些超出课堂的好处呢？

黄　春：BBS 与课堂的巨大区别，也是巨大优势，在于以下多个方面：

第一，BBS 没有上下课的铃声，只要你愿意，你可以随时上课，你更可以永不下课。这一点，就是质变，它将“有限的课堂”，拓展成了“无限的生命”，教学的“课时”在慢慢地转化成一个长长的过程。

第二，BBS 可以允许多人同时回答，你可以回答，也可以不回答；你可以答一小句，你也可以答一大段，你还可以答了再答。这一点，也是质变，它将“少数人的课堂”，拓展成了“大家伙儿的课堂”，教学的“对象”在慢慢地指向全体学生。

第三，BBS 可以允许随时提问，只要你有问题，你可以随时提；你可以提给老师，也可以提给同学（实际上你肯定是同时提给了在坛的所有人）。这一点，也是质变，它将“教师的课堂”，拓展成了“学生的课堂”，教学的“重难点”再慢慢地向着学生需求而移动。

第四，BBS 可以没有老师，只要你感兴趣，即便老师（坛主）已经不再关注这个话题，可是你依旧还可以继续你的兴趣，老师“潜水”了，学生依旧在“冒泡”。这一点，也是质变，它将“结题的课堂”，拓展成了“持续的课堂”，教学的延伸在慢慢地向着个性化的方向前行。

王永涛：能想到利用 BBS 建设这个虚拟课堂，在当时一定是新颖奇特的，这是您的个人行为，还是北京四中语文组的集体行为呢？

黄　春：这件事情是集体的智慧，是我们语文界德高望重的顾德希老师指导和带领我们语文组同事一起研究和实践的。顾老师，想来你肯定也听说过的，他也是北京四中的老师，是我的同事，一位在北京市乃至全国语文教育界都十分著名的老先生。我当年高考时候的语文试卷，就是他参与命制的呢，他一直都是高考命题专家。更要命的是，人长得帅啊，高个子，一头银发，会打篮球，风趣幽默，和蔼可亲。记得是 2003、2004 年，已经退休了的顾老师，开始了对互联网前沿技术的学习和了解，六十多岁，开始学习打字，从“二指禅”开始练习键盘输入，学习态度惊人，学习力超人，不久便能就电脑和网络技术问题与清华同方的专家对话。并且，初次接触网络，就敏锐地觉察到了这将是“改变师生交流和学习方式”的巨大的进步。于是，很快，他就带领我们一群年轻人，启动了这个“双课堂”研究与实践。在这个实验项目里，我是第一个将“双课堂”的理念用于教学实际的，并且还面向北京全市的语文老师，上了第一节“双课堂”的研究课。我记得我上的课题是高中的一篇文言文《勾践灭吴》。

王永涛：您能具体回忆一下那节课吗？与平时的课都有什么不同？

黄　春：那节课上得并不很好，这与我当时的教学能力太差有关。那个时候，我刚从一所普通学校调入北京四中，一时间还不太习惯给那么高端的学生上课。但是，还是有一些不同的。

那节课的主要不同，也就是我们主要想实验的课题，就是“让学生自主学习的成果，转化为课堂教学的主要资源”。听起来很像是今天我们耳熟能详了的“翻转课堂”。哈哈，那个时候，还真没有这个概念。你之前说的我们的研究和实践，比翻转课堂的流行要早得多，确实是这样的。我在课前的时候，就在“语文真好”（就是我们自己开发的一个专供我们自己实验教学用的 BBS）上开设了一个主题论坛“《勾践灭吴》自读交流”，让学生们提前自读课文，并将自己的阅读心得（尤其是阅读疑问）发表在论坛里。学生们发表了好多自己的理解，包括对勾践的人物评价、当时的历史背景等等；他们也同时提交了好多疑问，表达了许多不解，比如“勾践为什么不早重用大夫种”等等。你要相信，这些理解和提问，很快就有很多同学表示了“赞同”“反对”“补充”“试答”“同问”，我也会偶尔插插话……我在这样一节“虚拟课堂”里阅读了所有学生的发言之后，再次修改和完善我的教案，将那些我以为学生会有困难但他们已经解决了的问题，统统删减；而将那些我以为不是什么问题但学生却普遍表示了关注和不解的问题，加强为课堂教学的重点内容。然后，开始第二天的上课，走进“现实课堂”的教与学。嗯，这么一节“现实课堂”的课堂样子，你作为教过多年书的老师，就可以想象了：问题推进，师生研讨；你说我说，求同存异；教师点拨，共同提高，一切都是“看得见的成长”。下课的时候，我再一次将几个大家都很关心的意犹未尽的话题，设置成论坛主题，放在“语文真好”上，供师生持续交流讨论，它将会成为下一节“现实课堂”或学生自主拓展学习的重要资源。这就是“双课堂”的分工与合作。其中最重要的是期间的彼此连接，让教与学得以生生不息。你若问我效果如何，我自然会说“效果很好”。真的很好，比以往的教学都要来得简约，来得高效，来得有趣。因为这样的课堂，集中关注了学生的需求，于是学生的学习就是具有主体地位的学习，就是高效且有趣的。

王永涛：也就是说，借助了虚拟课堂，课堂教学变得更高效了。这真是有价值的尝试。那您觉得在这样的“双课堂”教学模式中，老师的教学有什么变化呢？

黄　春：最大的变化，就是从“教书本”变成了“教学生”，然后从“教学生”到“和学生一起成长”。第一个大变化，就是备课。以前总说备课要“备学生”，但说句实话，在没有任何可以超越面对面交流之外的沟通手段的时候，长期以来，我们所谓的“备学生”，实际上只是在备“经验中的学生”。这种经验包括学生的年龄学段、学生的考试分数，以及学生在自己课堂里经常性的表现。除此，并无其他办法。然而这些东西，往往是会“欺骗老师”的。同样的年龄，未必学情相同；今天的孩子，未必和以前的孩子相同；分数的高低，也不完全代表学习能力；课堂上的表现，就更具有“欺骗性”，有人不爱当众讲话，不等于他就没有表达的需要和可能。网络，给学生提供了另一个展示和表现的空间，学生们多了一个展露自己的机会，这会令他的老师更加完整、更加真实地了解和认识自己。于此，教师对学生的了解，相对以前要完整得多、准确得多，要深入得多。所谓“备学生”，才可能更好地落到实处，才可能真正地因为“备学生”而“备教材”和“备教法”。

我们听过很多“说课”，先说教材，再接着就说学情，然后就定下学习的重难点和教学的内容和方法。说学情的时候，多半都是这样的话：“对于这个年级的学生来说，他们已经学过了什么什么，掌握了什么什么……这个年段的学生，对什么什么会有接受困难和理解困难，所以，我的教学重难点是什么什么，我设计的教学方法是什么什么……”看似分析了学生，看似关注了学情，但其实，我们都知道，这种分析的依据，还只是停留在“经验”上，大部分的结论，都是老师的臆想。

为什么在今天“翻转课堂”会如此受捧，不就是因为这种让学生先学老师后教的倒过来的方式，能够更加充分地展露学生的学情吗？其实，这并不是什么新鲜的理念，我们的教学传统里，一直以来就是提倡“学生预习”的。

王永涛：是啊，学生先学不就是我们经常说的“预习”吗？有什么不一样吗？

黄　春：你叫它为“预习”，也不是不可以，从这个环节设计的初心上来看，几乎就是同一回事。在我上学的时候就有，现在依然还有。老师在每次上课时，第一个问题是“同学们，你们预习了吗”，学生答“预习了”。然后老师就高高兴兴地开始讲课，注意，是照着原有的教案讲课；如果学生答“没有”，于是教师就生气：“你们不预习，让我怎么讲！”其实，在这样的课堂里，学生预不预习，教师都是照着原来的教案讲课，只不过是个情绪和面子问题罢了，与教学本身几乎毫无关系。这并不是老师的错，在过去那个时代，教师没有办法知道“学生昨天放学回家究竟干了什么”，更别说“干得怎么样”了；除非将预习本子一本一本地收上来批阅，那时间又来不及。今天，在信息时代里，这个问题就基本解决了。

王永涛：对，今天的信息技术已经能让我们老师在上课以前就看到学生的预习情况，然后再根据学情进行教学设计或是对已有教学设计进行调整。

黄　春：教师的第二个大变化，就是“有了生成性的教学资源”。此话怎讲？所谓“生成性教学资源”，顾名思义，就是教师无法预设的教学资源。这资源包括学生不同于教师的理解，包括学生超出教师预想的发问。这些资源，《教参》里没有，经验里也没有，它们都来自于学生，可能来自于大多数学生，也可能来自于个别学生。总之，它来自于眼下正在教的这批活生生的学生。这就是生成，你不知道它什么时候发生，你不知道它会以怎样的顺序和方式发生。

比如讲《项链》一课，在自读预习的论坛里，教师本来安排在最后或本来没有这种安排的，被一位学生在第一时间（抢到了沙发）提了出来："我怎么感觉马蒂尔德是个好姑娘呢？大家也来说说吧。"而后，下边"欻"的一下，跟出了无数帖子，争论不休。哈哈，那么，老师就遇到了一个"生成性教学资源"。好的教师，就要善于利用这样的来自学生的最有生命力的资源。这样的"生成性资源"，在传统的课堂里当然也有，一样地有。但是往往囿于课堂交流的局限性和不便性，那些资源只是被锁在了学生的肚子里，因为他没有什么好机会得以表达；而现在，它们都蹦出来啦。

这两大变化，是帮助老师改变对师生关系认识的重要力量。在"教师教学生"的基础上，师生之间还多了一层"教师和学生"关系。别小看这个"和"字，这是师生真正平等的体现，是真正教学相长的体现；师生合作、研讨、共同学习的关系和氛围，才算是真正地建立起来了。

王永涛：这种教学模式减少了时空上的限制，让我们的课堂更贴近学生的学习，也让老师的教变得更为灵动。那这样的教学模式势必对老师也提出了新的要求吧？

黄　春：当然有要求。教学里的任何一种进步，都是建立在对教师更高要求的基础上的，绝对没有什么"得了便宜还可以卖乖"的天上掉下来的大馅饼儿。

我记得最早在开展这个实验的时候，课题组的伙伴们感受最深的就是"更累了"。这个累，首先是体力的累。教师除了要上好"现实课堂"，还要照看好"虚拟课堂"，这就是工作上翻了番。并且，这"虚拟课堂"是不下课的，还往往是在下班之后的，尤其是夜里和周末节假日，是虚拟课堂里人声鼎沸、热闹非凡的时候。那个时候还没有智能手机，也没有能上网的移动终端（平板电脑什么的），只好守在学校的办公桌前，守在家里连着网线的书桌电脑前，为的是"照看"好"虚拟课堂"，当好坛主。

王永涛：可以想象这样的劳累。如果改革给老师带来的是如此繁重的劳累感，那会不会是出了什么问题呢？

黄　春：我们自己也知道这样的状况肯定不对。任何进步，需要付出，但不能拿无休止的时间投入为代价；同时我们也知道，这只是因为我们才刚刚开始，一切都在摸索和适应的过程中，将来一定会更好。果然，这个情况持续了两三年，后来渐渐地我们老师自己的操作熟练了，我们学生也养成习惯了，加上网络技术条件也日益进步了，“语文真好”的平台也1.0、2.0、3.0地改进了；我们还创造了“让学生当坛主，当版主”开展自主学习的举措，等等，这种体力战的情况就好多了。

其次，这个“累”更是教师自我学习所需的累。大凡基于学生的授课，都是对教师有极高要求的；那种“我讲，你听”，自然是舒服的。学生会有无数的问题，这些问题，大多都是我们没有预料到的，都是我们没能提前准备好的，很多都是我们教师自己所不知道的没有现成答案或根本就没有答案的。怎么办？没有别的办法，没有逃避的办法，只有学习，不断地自我学习。这份累，说心里话，比体力上的累，要累得更多、更苦，因为这是一个教师的专业尊严需要重塑的过程。但是，这也是最开心的累，因为自己在成长。以前那种“蜡烛”的悲凉感没了；以前那种“被掏空”的忧伤感，没了；我们终于体会到了教师也是一种能够不断自我丰满的职业，我们甚至对于那些经常用在教师身上的表示褒奖的光环一样的赞语（“燃烧的是自己，照亮的是别人”等等）开始不以为然了。所以，我所说的“累”的感受，其实也就是对老师的一种要求。尽管这种要求在之前的工作中也是有的，但是在“双课堂”的实践里，这种要求真的是逼出来的。以“自我学习”为例，以前是一种主动状态，也就是教师自己对自己的要求；而现在是被动状态，是学生对教师的要求，是不学习就不敢上讲台甚至不敢进论坛的形势所迫。那种一本教材陪你到老、一个教案讲到退休的时代被彻底摧毁。你可能会说，那这种由主动到被动的学习态度，不就是退步了吗？不是的，你要知道，可学可不学的时候，终归是学的较少；不学不行的时候，才可能是“好好学习，天天向上”。我始终认为，只有教师开始不得不也要天天学习了，教育才是真正到了走向更好的起跑线。如果我们的教育（改革），始终只是在盯着学生，盯着教材，盯着教法，盯着考试，唯独忘了教师自己，那肯定只是改了改游戏的形式而已，绝不是真正的进步。

王永涛：这么说“双课堂”促进了老师们的学习和进步，那“双课堂”教学模式给学生的学习带来了什么样的改变呢？

黄　春：学生肯定要变，肯定在变。首先，最大的改变，就是扩大了参与。学生获得了更多（多得多，多到无穷）的参与的机会，不受课堂时长的限制，不受班级同学数量的限制，不用教师授予权力，不必教师赐予机会。总之，没有任何边界和上限，只要你愿意，课堂都是你的。并且，你不愿意也得愿意。因为论坛上的每一个主题，所有学生都是要发言的。平时在课堂里，你不举手，大概就不会被要求发言；但是在论坛上，你就必须发言，人人有份，人人有责。我告诉你，很多不愿意或不习惯甚至不太敢当众讲话的学生，在论坛上借助于键盘文字，却表现出了极强的表达欲望，且有很高的表达水平。

其次，就是大大地改善了“表达”。我们知道，借助文字的书面表达相较于借助声音的口语表达，具有很多的优势。除了刚才说到了文字表达能够避开当众讲话的腼腆、怯场和不适感之外，还有很多好处。比方说，文字表达是书面语的交流，书面语就是一种更准确的表达，它更加通畅、更加简洁、更加有条理、更加有文采；它少废话，少套话，少轱辘话，少口头禅。因为书面表达，是一种经过了充分思考且可以边说边改、边改边说的字斟句酌的表达，其表达质量，绝非口语堪比。就好比我们现在正在进行的这场聊天，我们因为不方便见面而被迫选用的微信交流办法，实际上是一个大好事。它会在很大程度上提升我们之间的言语质量，而这一点，对于学生的书面语言训练，是极有好处的。

王永涛：学生的参与和表达在课堂上真的是个难题，尤其让每一位学生都平等参与。老师关注每一位学生的表达更是困难，虚拟课堂恰恰解决了这个难题。看来不仅老师更“累”，学生也是被迫“更累”了，但这种累它是进步。

黄　春：每一位学生都获得了更多的表达机会，都进行了更多的表达（书写），同时，每一位学生也就获得了更多的阅读机会。我曾经做过粗略的统计，一节四十分钟的“虚拟课堂”，平均每个学生要“说”（书写，也就是敲字）2000字，要“听”（也就是看）10000字；全班同学的发言文字量一般会在10万字左右。这些文字，如果放在传统的现实课堂里，学生挨个发言需要15节课，这个量是惊人的。何况，“虚拟课堂”是永不下课的。而大量的阅读和书写，正是语文教学的主要内容，也是语文学习的主要路径。

（三）别人都在剁手

王永涛：您提过“非现场教与学”，请问这个概念怎么理解？您为什么会提出这样一个概念呢？我们可能一直都把教学分为课上、课下。

黄　春：还真是的，这个概念的确是我的创造，应该是在2016年。我不是学者，我也没有刻意去论证这个概念的科学性，反正就是我自己对于教学的一个理解，不是什么学术行为，也就无所谓了吧。很多人听到这个概念，都会顾名思义地理解为“课堂教学”和“课后教学”，也就是俗称的“课上”“课下”。嗯，我当然不会是自己非要造一个概念来以示特别，其实是真有不同的。大概可以这么理解：凡是老师、学生在同一个时间同一个地点面对面的教与学，都叫现场教与学；其他的，都是非现场教与学。

不知道你是否注意到了，我的这个概念名称里，有一个字眼儿特别重要。

王永涛：“现场”？

黄　春：不是。“现场”这个概念，还是比较好理解的。顾名思义即可，师生在同一个时空里面对面的状态，即为“现场”，否则即为“非现场”。从这个意义上来说，基本上等同于我们常说的“课上”“课下”。当然，也不完全是，“课上”也可以没有老师，“课下”也可以师生同堂。更何况，在信息技术的作用下，“课”本身，就已经并不一定需要一个实体的空间了。这个我们先不详细说。我所指的那个最重要的字眼儿，是一个虚词：“与”。

很多人在转述我这个概念的时候，常常会漏掉这个“与”字。要知道，我们习惯了的概念“教学”，和我说的“教与学”之间，实质上是两个不同的概念。

“教学”，我们会习惯性地强调“老师教，学生学”，所以我特别加上这个“与”字，我旨在强调“教”与“学”实际上应该是也可以是两个独立的并行的行为。当然，他们之间也会发生交集，这个交集发生在同一时空，就是“现场教与学”；发生在不同的时空，就是“非现场教与学”。

王永涛：您的意思是，可以是老师教、学生学，也可以是学生自己学，还可以是学生们互相学习，甚至师生教学相长？

黄　春：你说得很对，但又不完全是这么一个简单的理解。习惯当中，我们做老师的往往会觉得：“我抓不住学生，我怎么进行教学？”总以为教学的发生，必须是师生同堂。因此，为了能够监控学生的学习，保证学习投入的数量和质量，就只有一个办法，增加教学时间，也就是增加课堂时间，也就是我们都耳熟能详并且似乎已经习以为常了的加课、补课。

不瞒你说，我的这个概念的诞生，其实，就是当我面临加课、补课风浪突袭时，急中生智找到的一艘救生艇。我先跟你讲个故事。学校里高中部某教研组长，是一位国内顶尖名牌大学的硕士高材生。有一天他敲开我办公室的门，向我要课时（我校的课时设置是严格依照国家课程标准要求的），理由是高二内容多，知识难，既定课时不够，申请每周增加两节；并说其他兄弟学校一般都超出三节。说实话，面对他的理由，我一时还真拿不出什么驳回的理由，只好说“知道了，待我们研究一下”。我转身就去请教我的导师校长，寻求解决方案。导师听我说完之后，淡淡地说，他嫌课时不够，那你就去问问他，是“老师教的时间不够，还是学生学的时间不够”。我不知道，如果是你，面对校长的这个问题，你会怎么回答？

王永涛：都不够。

黄　春：我当然知道你会这样回答，我自己当时心里也是这么回答的。可我转念一想，不对，我的导师不会教我这么没用且愚笨的招数，哈哈。我心里模拟了一下即将发生的对话场景，很快，我就明白了导师的智慧。教师教的时间不够，那你就少教点儿，因为没有人能把物理教完；你去问问那些多要了三课时的学校和老师，他们教完了吗？他们觉得课时够了吗？如果是学生学的时间不够，那就更好办了，直接减两节课时，留给学生自习。结果，我的那位学霸级的物理教研组长，比我聪明多了，一听这问题，人家压根儿就没回答，直接说："我明白了。谢谢。"然后就走了，踏踏实实地，高二、高三的两年里用既定的有限课时，高质量地完成了教学任务（高考成绩并不比别人差）。

王永涛：他做了什么，让他不需要增加课时，但仍然出色地完成了教学任务？

黄　春：当然，这"踏踏实实的"两年里，学校的教学得益于"非现场教与学"的指导。作为校长，我们清楚地知道，守住"不加课不补课"的底线，那是法律和道德问题，是警察的专业；但是，指导老师更高效地工作，引导教学更优质地发展，这件事情才更重要，更艰难，这是教师的专业。那天起，我导师就交给我一个课题：研究如何在有限的课时里，保证教与学的高质量。这就是今天我们能够谈论"现场教与学"和"非现场教与学"的源起。

王永涛：看来这个"非现场教与学"的概念是为保证教与学的高质量而产生的。怎么个保证法呢？

黄　春：我们先从我们都很熟悉的"课下"说起。很长一段时间里，"课下"意味着教师无法施展"教"的作用，意味着学生"学"的行为无法得到监管。于是，我们有且只有一招：课后作业。我们一直努力在通过"教师布置作业——学生书写作业——学生提交作业——教师批阅作业——教师讲评作业"的流程，监管甚至严管学生的课下学习。不能不说，这是有用的（我们很难想象，若没有"作业"这个东西，我们的教学会是个什么状态）。

只是有一个重要的问题，我们没有思考，可能也是因为没有条件去思考：在这个课下学习的行为链条中，学生"书写作业"这一环节，作为最重要的课下学习环节，其真实效果如何？我们排除"不认真对待作业"的那些负面因素，只谈那些作业中的"认真"：全部完成，按时完成，独立完成。我们很少去调研和评估一下，那些按时按量独立完成作业的学生，究竟在写作业的过程中获得了多少进步。

这些保质保量写作业的学生，就是我们老师最喜欢的好学生。这些好学生，会不会只是“听话的学生”而并非“愿意写作业的学生”？会不会只是“愿意写作业”而并非“乐意写作业的学生”？他们写作业的动力，会不会只是“听话”甚至只是“习惯”？他们有没有从写作业中获得成就感和成长感?

这些问号，都是我们难以确定答案的问题。我不是研究者，我也没有进行过什么科学的调研和分析。但依据我们的经验（那么多人不愿意写作业，收作业成为老师十分头疼的困难，全社会都在诟病作业这个东西……），我相信，这些问题中，一定存在很大的研究空间。而这些问题的关键因素，就在于“学生不在老师跟前”，是“非现场”。我们对于不在眼前的学生的学习过程，无力干涉，无力监管，无力指导。于是，才有了“布置给家长的作业”，才有了“家长签字”“家长辅导”，才有了转嫁给家长的教学任务和教学责任。这都是无可奈何的结果。这种无奈，一方面源自于“有心无力”的技术障碍，另一方面也源自于“不负责任”的简单粗暴。

王永涛：老师对学生学习过程的监管能做的确实不多，有什么办法能克服这种“非现场”学习的真空问题呢?

黄　春：二十世纪末，信息技术的突飞猛进，给我们扫清了一个又一个的技术障碍：我们有越来越多样且越来越便捷的媒介方式，来解决“非现场”的交流问题。移动电话，电子邮件，短信,BBS 论坛,QQ，语音留言、视频电话、微信、虚拟现实、增强现实……到今天的各种社交工具、教学平台，“见面”已经变得越来越不重要，以往依赖于口耳相传来交流的信息，在今天，越来越多地变成了脉冲信号、数字信号。一下子，我们忽然就发现，对于学生“写作业”的过程，变得看得见、摸得着了。这个剧烈的变化，其实就发生在我们正在聊天的这个时候。因此，在这个转折点上，我们的教学行为和教学理念，发生着层出不穷、丰富多彩的变化。

从“信息技术辅助教学”，到“信息技术和学科教学的整合”，再到“现代教学的信息化”，这场革命性的变革，不仅占领了“课上”，也侵入了“课下”，尤其是在“非现场”。也就是我们前边聊到的关于信息技术和语文教学之间的种种问题。

这也就促使我开始反思和研究“现场教与学”和“非现场教与学”的问题。我自己的教学生涯，就是从信息技术最初走进校园的那天开始的（从使用幻灯片、投影仪、PPT……），并且，一直伴随着它的脚步，陪着它一直走入到我们教学行为中的每一个毛孔。

王永涛：这么说您对信息技术对教学的影响是深有体会的。

黄　春：当然。我以为这个影响的过程，大致可以分为三个阶段。

第一个阶段，提升了信息呈现和交流效率。在这个阶段，信息技术还只是作为一种“先进的工具”而存在的，好比算盘的诞生。比如，那个时候我们开始大量使用投影，使用搜索引擎，PPT、百度、QQ，成了我们的时代热词。

第二个阶段，便捷了人际交流。在这个阶段，信息技术作为一个平台，为人际交流建造了丰富的虚拟现场，好比我们的身边出现了各种各样的茶馆、酒吧。各种主题的BBS，成为人们生活的一部分。这两个阶段，尽管技术的发展日新月异，终究也只是改善了信息流动的方式，解决了信息交流无障碍的问题。但在本质上，并没有增加信息本身的价值。

直至第三个阶段，信息技术全面改变了人们的生活方式。这个阶段里，信息技术为人们生活营造了一个又一个的“场”，从此，技术不再只是工具，甚至翻身变成了主人。手机诞生好几十年了，网络的普及也有三十年了，但从来也没有像今天这样，我们再也离不开手机（并且是越来越少的人用手机是为了“打电话”了），离不开网络。断网，和断水断电一样成了一种灾难性的遭遇，这就是一个很好的明证。

什么是“场”，就是可以将你的行为牢牢控制住并给你的行为带来巨大的无形推动力的那种你看不见摸不到但可以感觉到的逐步由外来而走向内生的奇妙力量。比如网购，人们不再只是因为需要才进入网店，相反，人们往往是因为想进网店而产生了需要。

在不久以前，孩子帮家里“打酱油”那一定会被看作是孩子听话、懂事、肯干的标志；就像是“按时按量写作业”一样。今天，我们的孩子在网上购物的时候不是不愿意，而是拦都拦不住，其老练程度要远远超过他的父母。那么，我们的学习，能不能也成为这样“拦都拦不住”的状态呢？电商挣钱都可以，我们教书育人为什么就不行？关键问题就在于我们的教学环境，是否像电商平台那样，为顾客（学生）营建了一个“场”（充满了诱惑的地方，让你欲罢不能）。

王永涛：“学习让学生向往”，让学生“欲罢不能”，要果真如此，哪里还用愁学生学不好。这真的可以做到吗？

黄　春：说到这里，我就可以再补充谈一谈之前提到的“双课堂”的好处。“虚拟课堂”之所以能够激发学生的学习欲望，之所以能够惹得学生是越辛苦越乐意，就在于这个课堂产生了一个具备激励力量的学习“场”：每个人都知道同伴在干什么、干了什么，每个人都能看见同伴怎么干的、干得怎么样。从而，每个人都不愿意自己比别人干得少、干得差，因为每个人自己所干的一切，都会被别人实时了解、评价。

王永涛：您能更具体地描述一下这个“场”在激励态度方面是如何发挥作用的吗？

黄　春：好的。我们说一个“场”是否具备了应有的功能和价值，可以从以下三点去观察。

第一，这个“场”，能够催生人的自觉行为。在这样的网络学习平台上，学生的学习行为是自觉的；哪怕是被动自觉，是“看别人都干了，自己不好意思不干，然后才干的”那种自觉也是有价值的。因为这种自觉，看上去是，但实际上，学习者是缘于一种自我尊重的认知而主动产生的行为。没有什么看得见的外力在督促，而只有学习者的自我内心在挣扎，最终行动战胜了惰性，这就很好了。这是“场”的一个极其重要的价值，就好比每年的电商“剁手节”，别人都在剁手，你怎么可能捂得住口袋呢？

第二，这个“场”，能够催生人的自发标准。在这样的学习平台上，学生的行为标准是自己定的，并且这个自我标价的标准，一定是以别人的样子为基点而往上抬升的：“哇！他弄得真棒啊！神啊！什么时候我也能这样……”“啊？他都能行，我怎么能比他还差……”这就是当人处于某个“场”的时候，内心里萌生的各种小九九。你要相信，凡是自我生发的标准，都是可以达到且必须达成的标准。

第三，这个“场”，能够催生人的“自然提高”。在这样的学习平台上，学生的成长进步真的是一件看不见摸不着但又真实存在的事情。成长进步的动机、动力、方法、途径，以及所有的努力、所有的智慧，都是学生自己寻得的，从而，他所获得的提高，就是自然而然的。只要前两个价值生成了，行为自觉了（想干了），自发标准了（想干好了），那么，学习者自己一定会找到最有效的方法，一定会表现出最努力的样子。

我们的教与学，无论是课上还是课下，无论是虚拟课堂还是现实课堂，无论是现场还是非现场，都要努力让我们的老师和学生，一起走进这样的“场”域里去。我们一直想有的自主学习，到此便会有更多的可能。

王永涛：信息技术一直在飞速发展，那您能预想一下在未来我们的语文教学的样子吗？

黄　春：未来，这是一个在今天很时髦的词。我们还会常常说“未来已来”，以此来激励我们自己不仅要与时俱进，还要努力走在时代的前头。然而，既然是“未来”，那就是“未知”的，我也无法知晓未来的技术状态，更无法知晓未来的教育状态。但是，有几点是可以肯定的。比方说，人工智能技术的发展，务必会对人的语言习得的方式产生巨大的甚至是颠覆性的影响。这个就和我们的语文教学密切相关，和语文教师息息相关。比方说，全息影像技术的发展，也将会极大方便地帮助我们的教与学，创设出虚拟的实际情境。然而，我也始终坚信（尽管我的坚信并没有太多的理由），教育，尤其是语文这样和人的属性如此密切关联的学科，它的教与学一定会有它自己的特点，有那种不为技术所变的特点，那种永远以人为人和使人成人的特点。沿着这个话题说下去，那就是一个大话题。

第七章 这里不是全世界
——人文游学怎么游

（一）移动的学校

王永涛：现在全国各地的中小学校好像都在做研学旅行。我知道北京四中的人文游学课程曾经在中国教育学会的学术年会上做过学术分享，您能介绍一下北京四中的“人文游学”吗？

黄　春：你肯定听说过清华大学著名校长梅贻琦先生曾经有个比喻：“学校犹水也，师生犹鱼也，其行动游泳也，大鱼前导，小鱼尾随，是从游也。从游既久，其濡染观摩之效，自不求而至，不为而成。”梅校长的意思是：老师像大鱼，学生像小鱼，老师领着学生，学生跟着老师，一起生活和学习，时间长了，教育效果自然而然就达到了。梅校长说的是师生共处的关系，他认为学校就应该像我国古代书院那样，师生同吃，同住，同学。啊，我也很认同并很向往这种校园。遗憾的是，今天我们似乎不可能了，未来可能性也不大。然而，这样的书院式的教育梦想，我们依旧可以在一定的程度上去实践它。长时间不行，那我们可以短时间啊；在校园里不行，那我们可以出去啊，正好还顺便应了另一个道理“读万卷书，行万里路”。于是，“游学”的想法，就这样诞生了（在北京四中，正儿八经的游学好像是从2006年开始的）。老师带着学生，一路走，一路学；同吃，同住，朝朝暮暮的，是不是很好玩儿？

王永涛：这么说来，游学的初衷，是为师生相处创造一个条件。

黄　春：是的，师生是需要相处的。我们总是强调师生关系，但从没想过，良好的师生关系是如何形成的，它是否需要一些外部环境和外部条件。今天的学校教育，因为各种原因和各种条件的限制，这种“朝朝暮暮”的师生相处的教育资源，已然缺失了。当然，师生相处，只是一个想法，是其一，完整的游学课程，还有很多别的内容、别的意义。

在北京四中，以及在我本人看来，人文游学是一个学生的必修课程，是一所学校重要的校本课程。我了解到，今天越来越多的学校开始了游学课程的建设。越来越多的校长、教师和家长、学生开始意识到，走出校门，走进世界，走进社会，是一件多么重要而有意义的事情。有的学校是全员必修课，有的学校是部分选修课，有的学校刚刚起步，是作为一种假期活动来操作。越来越多的家庭，也开始表现出对学校游学课程的理解和支持，甚至还自觉地在社会上参与一些游学课程机构举办的假期游学活动。这都是好事，我相信，尽管困难重重，但这是一个趋势，没有学校可以回避，也没有人愿意回避。

王永涛：我暑假的时候也带着几十名学生去了北京，为期一周，可是我觉得孩子们在旅途中收获的除了景点游览、集体生活经历之外，好像也没有啥了。我没有体会到您说的那种“一路走，一路学”的意义。那么像我们这样的活动，称得上是“游学”吗?

黄　春：这个活动是你们学校自己组织的，还是外包给旅行社的?

王永涛：外包给旅行社，我只是带队老师之一。所有的行程都是旅行社安排好的。

黄　春：这样的活动更像是“跟团游”，是“旅游”而不是“游学”。很多校长和老师也是这么打量游学的：“花了时间，花了金钱，也就是集体出去旅游了一趟。这样与其担着安全的心，冒着事故的险，还不如不出去的好。旅游嘛，学校可以倡导和鼓励家庭自行组织。”

但游学和旅游，是两件看上去很相像却有着本质区别的事情。我记得在学校里第一次组织游学的时候，很多家长就说：“为什么要用上课的时间出去玩啊，我们家长自己用假期的时间带孩子出去走走，不就可以了吗？”还有，我们邀请合作的旅行社也说：“这个好办，我们是一家有经验有品质的旅行社，我们经常带学生团的。”学生也是欢呼：“哇！好耶！可以不上课出去玩喽！”当我们将“游学”的概念和想法，和旅行社沟通完之后，他们的第一反应是：“那还用我们旅行社干什么呢？你们自己搞就是了啊。”“哈哈，”我说，“你们就是负责后勤服务的，订票，订酒店，订餐，订交通，其余的你都不用管，也不许管。”然后他就一脸懵圈了。旅行社的经理，拿着厚厚一沓的“旅游产品”和“行程设计”，就好像我们走进餐馆，服务生递上来一本厚厚的菜单一样，说“我们这里，什么都有”。我说：“对不起，我只是雇你的厨师，做什么菜和怎么做，我说了算；你店里没有的，赶紧买去。”

我这么一说，你可能会从“旅行社的作用”的角度，大致明白“游学”与“旅游”的区别：“游学”是自主的、定制的。也就是所有行程及活动安排都是学校自主设计的。

记得有一年我们学校组织去河南游学，课程计划中有“韩愈墓”这个地点。可是旅行社的导游说：“谁去那个地方啊，还大冬天的下着大雪，我们导游同事们全都不知道韩愈墓在哪儿。”我们说：“找去！”于是，那个大雪纷飞的冬天，我们开着车，一路“滑行”一路问，一路找，终于在一个荒凉幽僻的地方，找到了“韩愈墓”。整个墓区，没有一个其他游客，只有我们自己。那天的课程环境，实在是好极了。这就是“定制”，这叫作“自主设计”。

你肯定有这种印象，那就是一般的团队旅游，导游是走在前边的，对吧？而在游学中，导游是走在后边的，甚至是“看不见人”的。也就是说，和你在学校里一样，导游就是后勤服务，活动在课堂里的，永远只有教师和学生。“游学”，就是一场“移动的课堂”，是一个“移动的学校”。我们这是从“旅行社”和“导游”的角度，简单说了说游学和旅游的区别。

王永涛：看来，并不是师生共同出游就叫“游学”了，师生共同出游顶多叫“师生团队旅游”。

黄　春：是的。按我自己的思考和总结，我以为，所谓团队旅游指的是经有限选择后被动地消费旅游产品的感知性游览，它以风景和风俗为主要内容，其价值在于求新，求异，求奇。而人文游学则是“在课程自主开发的前提下由旅行社提供行程保障的体验性学习，以还原知识过程和探求文化本源为主要内容，其价值在于寻真、寻本、寻故。旅行的意义，在于知道世界非常精彩，其价值在于丰富；游学的意义，在于懂得“世界与我有关”，其价值在于“深刻”。“游学”所呈现出来的团队，不是旅游团，而照样是一个学校。照样有校长，有班主任，有学科教师，有导师，当然还有学生；照样有上课、下课、放学、讲座、课业、就寝、起床、晨读、锻炼……所以，当一个游学团队行走在某个地方的时候，外人看上去，它就是一个旅游团，其实质上，它却是一个“移动的学校”。

（二）从“团伙”到“团队”

王永涛：“移动的学校”，意思就是说整个学校的老师、学生都出动，仍然以班级为单位参加这个游学活动？

黄　春：按照原有的班级建制组织游学，是一种方便的形式。但是，对于这门特殊的课程来说，这是一种最简单但最不好的组织形式。我们主张团队重建，主张团员多元，我们习惯于打乱班级，甚至打乱年级，重新组建一个“新学校”，这会创造出更多的课程内容，会达成更丰富的课程目的。

“游学”课程作为“校本课程”，其重要的一项意义，就是“自主选择性”，师生拥有完全的自主选择权。这是这类课程能够获得更好的实施效果的重要前提。

我们可以较为勉强地说，师生在国家必修课程的体系里边，是没有太多选择权的。学生没法选择老师，老师也不可能选择学生；师生都无法选择教与学的内容（一切都得学，无关你的兴趣）。因此，国家必修课程，强调的是它的基础性、普适性、全员化和标准化；而校本课程，则主张个性化、自主化，强调它的兴趣、爱好。

王永涛：团队重建？就是说重新划分团队，那根据什么来划分呢？学生的“自主选择性”指什么？是选课程、选老师，还是选团队？

黄　春：你提了一个非常专业的问题，这个“选择”的设计，是重组团队的关键。我们总不能采取“抽签”“摇号”之类的博彩方式进行所谓的重组，“随机”其实并不是真正的选择，而是残酷的强制。刚才我说了，“游学”就是要满足不同学生（包括教师）的不同爱好和需求。那么，“游学”的内容和形式，就要满足不同师生的选择需求。因此，学校在设计游学课程的时候，往往要同时设计N种不同的课程内容和课程形式，以供师生自主选择。这就像是学校开设的校本选修课，你总得设计出若干门类来，供大家选择。游学，也是一样的。

我们会将这N种课程，提前一个月左右，向全校师生公布，进行广而告之，供大家充分了解，反复比较，认真筛选，然后对自己高度负责地确定自己的选项。学校依据报名情况，将师生分类、重组。在这个漫长的选择期间，学校还必须为师生提供必要的课程说明，以帮助师生更好地了解他所关注的游学课程，以便于师生判断这项课程是否适合自己的爱好和需求。于是，你会看到，在这个月里，校园里经常会有各种“游学说明会”，热闹得很。各个游学课程的设计者和主管者（可以是教师，也可以是学生），都会极力地宣讲自己的课程设计，来吸引更多的人关注和参与。嗯，这本身就是一种锻炼和学习。我在之后肯定会说这样的话：“学习，开始在出门之前。”发布、选择、报名、组队这个过程都不会太难。关于组团，更重要的事情其实是在这之后。

王永涛：您说不难，我觉得挺难的，这是一个庞大的工程。那就是说，虽然是全校师生出动，但大家的游学路线和学习内容是根据课程而定的，不是统一的。

黄　春：其实就好比是一座常规的学校，分成了不同的年级，或是不同的学科一样。报名、选课，这有什么难的？学校的选修课，不都是这么干的吗？

王永涛：学生根据喜好选好课后，团队就算组建好了吗？您刚刚说更重要的事情在后面，是指什么？

黄　春：为什么有不少的学校在组织游学的时候，都喜欢按照原年级、原班级、原建制？就是因为重组的团队，会同时带来很多的问题和困难。比方说：因为师生之间相互不认识，至少是不熟识，那就会有管理上的困难，带来安全组织和保障的障碍；一个由陌生人组建起来的团队，还会带来团队成员之间的人际交互的障碍，造成交流的陌生化，从而势必会减损课程效果。如果你不进行新的团建工作，那么，这个大团队里就会迅速形成诸多小团伙，原来就熟悉的同学就会自然扎堆抱团，熟悉的依旧熟悉，陌生的依旧陌生，那就失去了团队的意义。

任何事情都是这样，你满足了个性，就会损害了共性；你期望多元，就要接受陌生。因此，团队组建的重要工作，正是在于“选报”完成之后，直到出行之前。在这段时间里边，课程设计者和建设者要想方设法进行团建活动，要让这些陌生人在极短的时间里彼此认识，充分了解，建立信任，形成集体。让“团伙”，变成“团队”，这是一门专门的学问，一件非常专业的事情。

你肯定听说过“破冰”的说法，也可能参与过体验过一些“破冰”活动，那也都是为了消除人际陌生感，建立彼此的了解和信任，快速形成一个集体、团队的有益活动。不要小看这样的活动，好像看上去就是做一做游戏。实际上，这个工作是非常要求专业性的，是建立在心理学、社会学、教育学等专业学问的基础上，再依据青少年儿童的心理和交往特点，进行具体设计和实施的一项工作。有人称之为“心理体验游戏”“活动性课程”“团队建设课程”等。

王永涛：听过，也参与过。游学团队建设指的就是这个？

黄　春：是的。比如，一两百个彼此陌生的学生，如何快速认识他们的“领队”（也就是带队教师）？如何快速地彼此“面熟”？如何快速地“组建分队小组”？如何快速地对即将参与的游学课程产生具有共识性的认知？一次游学，也就是一座“移动的学校”，团队建设，就好比是“新生入学教育”。麻雀虽小，五脏俱全，这些，都是十分重要的事情。能够设计游学课程的教师，能够组织实施游学课程的教师，实际上他就是可以当校长的老师。

（三）在路上听说读写

王永涛：人文游学的课程内容是学科老师自己设计并实施的，这个课程内容肯定跟所去的地方有关吧？各学科都会有相应的课程吗？

黄　春：是啊，每个课程（也可以更形象地称为“每条路线”）都会有一个课程研发团队，依据具体路线的内容特点和课程目标，我们会将有关学科的老师组织成一个课程研发团队，负责课程的研发和实施。这种课程，是多个学科教师联合设计，其内容可以有相对独立的学科内容，也可以有跨学科的综合性课程内容。我们建议是多进行学科整合，然后以综合性项目的形式设计课程。并且，课程的研发者就是课程的实施者。

王永涛：不同学科要围绕共同的课程目标来设计，这有很强的综合性和挑战性。那么语文学习在人文游学中是怎么发生的呢？

黄　春：实际上，我和你作为两个语文老师，为什么会在聊教学这点事儿的时候，聊到“游学”课程，也就说明了游学是语文教学的一个重要内容或是重要形式。或者反过来说，语文学科事实上也应该是游学课程的主要实施者。

你没注意到吗？我这里一直将游学说成是“人文游学”，也就是有别于“科学游学”的。那么，语文学科，自然就是一个主体，当然还有历史、政治、地理、艺术等等。对于语文学科的教与学来说，“游学”的最大意义，就是为语文的学习找到“现场”，包括知识与能力的“现场”，过程与方法的“现场”，情感态度价值观的“现场”。游学课程中的教与学，就是在这样的“现场”生发起来的。语文老师，应当对这样的学习课程，从课程研发到课程实施起到主导作用。

王永涛：那语文学习从课堂转移到这些“现场”，学习的内容因地制宜，学习方式也发生了很大变化吧？

黄　春：当然，这种转移肯定不是简单的物质空间的改变，更重要的是我们要依据每一个现场，充分挖掘它的课程资源，研发属于这个“现场”的专门的课程内容和课程形式。所以，不只是“教室”变成了“现场”，而是“现场”生发了“课程”。

王永涛：坐在课堂上，不外乎听说读写，那么在游学中，老师们都开创了些什么不同于课堂的学习形式或者活动呢？

黄　春：实际上，每个人的学习方式，也无外乎就是“听说读写”。声音和文字，是学习内容能够在人与人之间流动的主要介质。游学也一样，我们也要听，要说，要读，要写，这些方式，也就是全部的方式，没有什么特别的了。关键在于听什么、说什么、读什么、写什么，以及在哪里听、对谁说、在哪里读、什么时间写……这其中，“现场”就很重要了。

王永涛：我的理解是，即便同样是听说读写这几种基本的方式，形式和活动也会不同。而且，估计会有实地的“看一看”“摸一摸”等学习方式吧？

黄　春：是的。其实，游学的课程目标，最核心的不在于传统意义上的学到了什么知识，而是在于“游”这个行为对于“学”的促进。很多人说，游学游学，不就是边游边学吗？这样理解的人，他割裂了“游”和“学”的逻辑关系，以为是“打一枪换一个地方”。实则不然，“游”本身就是“学”的生发点和促进点。

王永涛：意思是游的过程都是学习？

黄　春：也就是说，“游”本身，就是课程的重要内容，因“游”而成的“学”，才是游学的核心课程。否则，就丧失了出门去学的意义。所以，学校对于游学课程的研发，要着力于“游”，然后才是“学”，这个“学”，也就自然而然地生发出来了。

王永涛：这么说来，老师得先当好导游啊！

黄　春：可以这么说，但要注意，游学课程实施过程中的“导游”，和旅行社的“导游”，是不一样的。

王永涛：嗯，能够想象，这个人文游学的带队老师们都是专业人士，讲述自然会深刻很多。

黄　春：不是“讲述”。要是真讲起来，我们老师未必讲得过专业的导游，在景点讲解领域，人家才是专业人士。你会这么想，可能在你的概念里，游学还是停留在“老师带学生出去，去到一个地方，然后就开讲；换另一个地方，再讲”。

王永涛：是的，我以为“讲述”可能是最重要的活动形式，看来并不是。

黄　春：你要知道，“游”是课程，课程就要对一个阶段全部的教与学的行为做出一个完整的规划。我们以一周的游学为例。课程设计所呈现给师生的，至少包括一张《周课表》，也就是这一周的学习内容、学习形式，以及学习评价等等。当我们带着学生出门的时候，也就等于将一所学校搬到了外边的世界去，那么，学校里该有的一切东西，这里都必须有。比如，几点起床？早晨时光有什么课程？如何吃饭？如何坐车？如何走路？去哪里？做什么？怎么学？每天有没有沙龙？有没有讲座？有没有讨论会？有什么样的自主作业？如何整理一天的活动和学习？怎么住宾馆？几点睡觉？……这些，都是需要设计的，都是学习的课程。

此外，“游”的课程，还包括了“为什么去”“怎么去”“去干什么”等等，这些都是教与学的内容。因此，“游”的目的地和路线、日程，都是行前就要师生共建的研究性的学习课程。

教师（课程研发的主导者）应该将“游”的问题，设计成各种各样的研究性学习专题课程，带领团队成员（特别是学生）进行相应的课程建设。

王永涛：看出来了，在游学中还会有沙龙、讲座、讨论会、自主作业等学习形式，内容也包括了行程的方方面面，可以说走出校门的一切都是课程内容。

黄　春：是的，并且这些学习内容和形式，不只是在游学的实际过程中。它会从游学的筹备阶段就开始，并且一直延续到游学结束之后相当长的一段时间里。

王永涛：我记得您以前说过，一些学习资料是行前就让学生学习的。去到现场，更多的是印证。所以这个学习是已经在活动课程里面了。

黄　春：对。任何教与学的活动都是一个过程，对于学习来说，这个过程越长越好。

王永涛：我之前一直好奇，这个游学活动在“游”的过程中是怎么学习的。现在看来，学习过程很长，“游”只是其中一个环节，就像您说的“以游促学”。

黄　春：对。真正“出游”，其实也顶多就是一周半月的，它并不是课程的全部。作为“课程”，游学一定是一个长长的过程。一般来说，从头到尾要持续将近一个学期。

王永涛：游学，听上去是一项浩大的工程。那么，都有哪些部门和老师来承担这项工程呢？

黄　春：学校里的任何一件事情，都是大家的事情；学校级别的校本课程，就是全校教师的课程，是全体人的工作。在北京四中，人文游学课程建设（策划与实施），是每一位教师应备的业务；也就是说，北京四中的老师，人人都要有能力建设游学课程。当然，对于全校的游学课程体系而言，游学有很多形式，参加校外活动（参观，竞赛，听讲、研讨会……），参加夏令营、冬令营、主题营等营地学习，参加友好学校交流访问，参加主题游学活动（人文游学、科技考察、社会调查、野外拓展、公益服务……）等等，都是不同内容和形式的游学课程，“人文游学”只是其中之一。

（四）出门也是课

王永涛：一直听您说游学是一门课程，那么这个课程的课程目标是什么？

黄　春：广义而言，学校里的所有事情，都应该是“课程”。我记得我在给游学课程的教师团队做课程建设的培训时，就是从课程的“三维目标”角度来展开的。和所有的学科课程、学科教学一样，游学课程也有它的三维目标。

人文游学课程在“知识与能力”维度上，主要指向于“道德规范”，包括常识、生存、交往、集体、自律、规则、包容、礼貌、公德、服务等等。这个维度的目标，要依赖于“组织与集体”的建设来达成。在“过程与方法”的维度上，主要指向于“体验现场”，要学会咨询、倾听、交流、欣赏、表达、参与、识记、思考、理解、感受等等。这个维度的目标，要基于“知识与学习”的展开来实现。在“情感、态度、价值观”的维度上，主要指向于“养育精神”，包括反思、评价、拓展、提升、寻求、改变、否定、重构、修养、品质等等。这个维度的目标，就必须站在“文化与生命”的精神高度来追求。

有了这样一个课程目标的框架，游学的课程面貌就会变得清晰起来，接下来的课程设计和课程实施，乃至课程评价，便有章可循。

王永涛：嗯，是的，我也大致有了一幅课程图景。还有，课程建设，除了目标设定，还需要有课程内容以及课程实施方案，您能再具体一点吗？

黄　春：是的，但凡课程建设，不能只有一个目标，不能只有一个想法。真正有效的课程设计，最关键的部分还是在于内容载体与组织形式，也就是如何将愿望落地。在我看来，你的问题可以具体化为“课堂在哪里”“教材是什么”，如果这两个问题清楚了，教师应该就比较明白了。

比方说“知识与能力”目标，这个目标课程的课堂在哪里呢？教材是什么呢？你看，出门前的箱包整理（收纳能力、包袱自理、财务安全），游学路上（安全自护、交通规则、跟队识路、准时集合、卫生自理、让座礼仪、旅途消遣），每日餐桌（文明卫生、就餐礼仪、节约粮食），每晚酒店（逃生自救、文明住店、接受服务、舍友和睦），各个景点（守护秩序、文明游览、聆听讲解），友好学校（遵规守纪、友好交流、不卑不亢），寄宿家庭（安全自护、文明礼貌），街市商场（安全自护、市场规则、消费管理）……都是课程的内容和课程的形式，是课堂，也是教材。

再比方说“过程与方法”目标，这个目标课程的课堂在哪里呢？教材是什么呢？游览、讲解、讲座、晨读、晚课、项目、札记……都是课堂。游览过程中的行走探寻、耳闻目睹，景点讲解时的认真聆听、主动提问、积极思考，聆听讲座时的认真笔记、积极提问，每日晨读时的行前预习、专心诵读、享受氛围，每日晚课时热情参与、安静倾听、主动表达、积极交流，项目学习中的热情参与、主动合作，每日札记的保质保量、坚持记录、认真反思、用心书写、修改整理、积极投稿……都是教材。

最后说说“情感、态度、价值观”目标，这个目标课程的课堂与教材，可能是最困难也是最紧要的。很多同事朋友在听我讲述人文游学工作的时候，都会感慨：“哎呀，我们做不了呀。”他们所说的“做不了”，大多都是在这一点上。我们会将这个维度的课堂和教材，设定为尊重知识、感悟道理、体验情绪、欣赏美、敬畏崇高、感受精神和树立信仰……这个时候课堂是无处不在的，教材是无处不是的，但核心是人，是教师。具体而言，游学团队和游学课程里，需要有“文化导师”，需要有“精神领袖”，这个人，是能够将所有的资源都转化为“情感、态度、价值观”的目标课程的课堂和教材的人。的确，这样的老师不是随处都有的；然而，我们每一位语文老师都可以努力成为，都应该努力成为。

王永涛：那游学课程的内容呢？

黄　春：人文游学的课程内容是一个非常宽泛的概念。可以说，“人文”有多宽，“人文游学课程的内容”就有多广。我自己参与过、设计过、组织过的人文游学课程内容，也有很多，总结一下有这么些类别：人文游访（以历史、文学、文化为主的圣地参访），名校访问（体验不同的学习方式和校园文化），自然风景观赏（欣赏山水等自然风景，体会风土人情），科学考察（以实地考察、科研体验为主），支教扶贫（前往贫困地区借助个人知识与能力开展力所能及的社会公益实践），社会实践（进行社会主题调查或体验职业、参与劳动），等等。

适合开展人文游学的地点也很广泛。生在中国，真是一种幸福，你只要出门，去到哪里，都有“别人家的世界”“别人家的生活”。我所说的“别人家的”，指的就是“不同于自己的”“并不在身边的”，这种“异样”，本身就是教育的资源。我们可以去城市，也可以去农村；我们可以体验现代，也可以领略传统。在中国大地上，我们很容易穿越在各种时代、各种样式、各种风格之间；打开地图，随手画条线、画个圈，都是一部丰富多彩的历史。更何况，还有整个世界，那么大的世界。

王永涛：这么说，学校之外的广阔世界有无尽丰富的课程资源，人文游学就要去开发这些资源作为自己的课程内容。

黄　春：如果换一个角度来阐释刚才所说的“三维”，那就是游学课程的“三问”，三个重要的问题：“我和世界如何相处？”“我看世界有多大？”“我的世界什么样？”具体说就是：道德规范，就是要教会学生如何与世界相处；体验现场，就是要带着学生去看看世界有多大；养育精神，就是要为学生的自我世界进行文化塑型和精神塑型。

游学课程要努力达成三个境界：第一个境界要求管理奠基、教育夯实，为的是“走出教育来”；第二个境界是知识搭台、过程导演，为的是“走出教学来”；第三个境界是文化唱戏，精神收场，为的是“走出文化来”。

王永涛：游学课程，毕竟是出门在外的课程，也不是国家必修课程，毕竟没有中高考的具体评价压力，那么，学校怎么保障这个课程的实施效果呢？

黄 春：你提的这个问题很必要。学校教育、学校课程，必须保障起码的效果，尤其对游学这种成本、代价都比较高的课程，更是要有一个强有力的效果保障机制。我们的经验中，这个保障体系大概分为四大部分。

首先是行前，良好的开端是成功的一半。我常常自信地说："我们的游学课程，还没出门，就已经完成了一半。"比如各种大大小小的内容各异的"预备讲座"，专业而全面的"行前教育"，尤其是《行前手册》（即《游学手册》或《游学教材》）的编写和学习，都会在出门之前一一完成。这个阶段是在学校内部进行的，是在比较传统的课程环境和课程条件下开展的，是看得见、摸得着的，是和我们常规的语文教学形式大致相同的。那么，其效果也是可以把控的。这部分工作做得好不好，直接决定整个游学课程的效果。

其次是路上，"过程观察""记录评价""每日小结"等过程性的效果跟踪，教师对各种问题的及时发现并有效改进，也是必要的效果保障措施。

再是游学结束，我们要根据每个学员的过程表现，进行定性和定量的评价。召开游学闭营会，颁发游学课程结业证书，表彰优秀营员，以期评价并激励。

最后回到学校，还要组织"游学汇报会"，以便各个不同的课程团队之间有一个横向的交流；还要整理编辑《行后文集》，以便有更深刻的书面交流和活动纪念。这个工作的价值，在于整理与提升。

当然，从学校的组织角度而言，一定会有教师培训、课程建设，以及工作总结反思等等。

王永涛：明白了，既然是课程，就是完整的体系，"游"只是课程的一部分，甚至是一小部分，不过也是最重要的部分吧。

（五）有你在，一路好

王永涛：我忽然有个感慨冒了出来，在您所说的游学课程里，要担任一个游学领队，好像不那么容易啊。

黄 春：当然，带着几十几百号人出门，花了几十上百万的钱，搭上一周半月的时间，这么大的成本和代价，并不是什么人都可以担此重任的。多年的经验总结起来，教师在这个课程建设工程中，也是逐步成长起来的；游学课程的领导力，也表现为一个团队合作的领导力，它不是某一个人可以完成的。比如某项游学课程的领导团队，我们就会将其定义为：游学课程设计者、对外事务协调者、团队秩序管理者、衣食住行保障者、团队形象宣传者、知识见闻传授者、文化精神引领者。我们在选择课程领导者的时候，也是有条件、有要求的。比方说，你是一个身体健康、外出生活能自理的人，具有长距离徒步行走的体力、有连续熬夜工作的精力，你有很好的集体观念与合作意识，能够适应各种环境（地形和气候）及风俗，最重要的是你还能时时处处作为学生的学习表率，那么，恭喜你，你可以胜任最基本的课程领导功能“随队教师”（注意，只是“随队”，你只是跟着、陪着、帮着，实际上还谈不上“领导”）。除此之外，如果你还具备良好的社会交往能力（沟通、谈判、诉求、求助……）和广泛的人文知识（历史、地理、文学、民俗、艺术）及生活常识，还有良好的团队管理能力，那么，你就可以成为“带队导师”（注意，是“带队”并且是“导师”，也就是说，你可以开始参与管理、参与建设、参与指导）。最后，你还具备游学课程的设计开发与实施能力，哦，你肯定已经是凤毛麟角的那位了，很自然地，“领队导师”的角色，就非你莫属啦。

王永涛：原来游学老师还分了这么多层级，各有职能，各有所长，这是一个强大的导师团队啊！

黄　春：是啊。一个学校如果没有这样强有力的导师团队做保障，家长是不可能允许你将孩子带出校门的。且不说为安全担忧，就是课程学习的效果都无法让家长信服。

我们在组建各个游学课程领导团队的时候，也往往采取“自行招募，自主组合”的办法，让老师们之间进行自主双向选择。然后你会看到，具备某种领导力特长的老师就特别地受欢迎，成为大家争抢的优质资源。比方说你善于对外沟通与协调，那你就能够负责保障游学活动安全顺利进行，保障游学课程效益最大化，维护团队良好的形象。如果你是一个“心中有序，眼中有人”的人，那你就能够作为“团队秩序管理者”，负责交通集合与场地集散，负责人身安全提示与保障，负责列队行进安全管理，负责公共场合秩序管理，负责团队人员考勤管理等等。这种人，“口中有令，手中有旗”，是团队中最受欢迎的人呢。如果你是一个暖男（暖女也可以哈），你就会成为“衣食住行保障者”，在行程之中关注气候变化、提醒衣物增减、防雨防晒，协助三餐、关注餐礼、提醒卫生、杜绝浪费，安排入住、管理就寝（夜间值班）、负责催起，关注团员身体状况、照顾病号伤员等，也是团队里备受尊敬的人。如果你是一个外向型的开心宝贝，哈哈，真是难得，你将会成为“团队形象宣传者”，你就是形象大使。你善于鼓动热情，调动积极性，活跃气氛，你就负责情绪激励。你会拍照、记录，那你就负责每日微信稿微信宣传。你主意多，应变灵活，那你就负责组织晨读、集体留影，并能策划和组织生成性活动。你有良好的文字功底，那你就可以负责编撰行前、行后文集，指导游学汇报演讲。总之，各显身手，都能派上用上，就怕你不是英雄，绝不必担心你没有用武之地。

还有两种人，他可能没有（或没必要有）以上所说的具体的领导力，但是，如果他见多识广、博闻强识、善于表达、乐于传授，他就会成为团队的“活字典”“百科全书”；如果他是“读万卷书，行万里路”的典范，是“有学问，有思想，有精神，有信仰”的楷模，是随身携带人格魅力的可以“以人育人”的好老师，那他就是“精神文化的引领者”。这两种人，更是不可多得。

一所好学校，需要有一支优秀的教师队伍。你看，这游学课程，就是一个非常明显的案例。换句话说，一所学校能够在游学团队中配齐这些各式各样、各显神通的师资（还不止这么一两套人马，同时开设N条线路N门课程都不会闹“人才荒”），那么，这一定是一所优质的学校。这样的师资，都不是天生就有的，也不是从哪里就可以招来、聘来、挖来的，那都是在学校自身的工作中培养和历练出来的。

王永涛：我想老师们在游学活动的要求下，肯定也会迅速成长与进步。能参与这样的游学活动的老师真了不起，能组织这样的游学活动的学校更了不起！

（六）世界和我有关

王永涛：游学课程，需要全体师生出动，那一般安排在什么时候？寒暑假假期，还是上课期间呢？

黄　春：游学课程作为校本课程，实施时间其实是比较灵活的，学校完全可以选择最合适的时间做自主安排。在我看来，既然是课程，尤其是当一所学校希望将这个课程做成全体性的校本必修课程的话，那么，还是应该安排在上课期间比较合适，这样不会占用全体师生本应享有的合法假期。但是如果是少部分师生的游学，就要安排在假期更好，以免干扰学校的正常教学秩序和生活秩序。如果你想非常具体地了解人文游学课程的建设工作，可以参看《北京四中游学课》。我曾经的同事于鸿雁老师主编的，她是北京四中人文游学课程的主要建设者和管理者。

王永涛：占用上课时间，不会影响教学吗？您知道我说的是成绩。

黄　春：你问的这个，几乎所有与我交流过游学课程的同行都一样地问过，就是我自己学校的领导和老师，在起初也有类似的顾虑。那我一般会给出两个答案。其一，如果一个学校、一个学科，因为少上了三五节课就会要了命，教学质量就会受到明显的影响，那么，一定是这所学校的教学本身和这个学科教学的本身出了大问题。其二，国家课标规定的课时里，就包括了10%的实践类课程，指的就是诸如游学等形式的各类实践课程。其实呀，要我来一个更直接的回应，我更喜欢这样回答：一个学生，每个学期那些瞌睡过去的课，那些发呆过去的课，得有多少啊，是不是远比这几节要多呢？一位老师，每个学期那些糊弄过去的课，那些糊里糊涂的课，也得不少吧，是不是远比这几节要多呢？

实际情况反而是这样的，当我们将游学课程做成真正有效的课程时，这件看似耽误了时间的事情，恰恰反过来大大地促进了学生的学习。这个，只有做过尤其是认真做过的人，才会有真切的体会，才会真心相信。

王永涛：能举个学生的例子吗？比如某个学生对于人文游学的体验和感受。

黄　春：我可以推荐我同事的学生李超颖的《触动》，发给你看看。

很多老师都说，什么都好教，就是“思维”和“情感”无从下手。是啊，光是“教”你能怎么教？有时多出去走走，就用不着教了。做老师的，不要把所有的事情都归到非要教一教不可上来。

王永涛：看来人文游学之于语文学习，乃至人的发展，都是宝贵的经历。您是人文游学的参与者，根据您的体验，觉得人文游学对学生成长及语文学习的意义是什么？

黄　春：古人说“读万卷书，行万里路”，在我看来，这不是两件独立的事。这两件事的意义总和，也不应该是简单相加的关系。读书和行路，是两件相互关联的事情。更重要的是，这是两件相互促进的事情。

很多人问我：游学何用？我以一文概括说：

自觉的生命需要独立炼就。整理行装、选择交通、购买服务，辨识地点、判断天气、待人接物，应对意外、交谈相处、接纳包容、人情来往，参观听讲、提问互动、演讲讨论、研讨探究、信息技术……这些都是每个人生命中必需的能力，而这些都无法在围墙内和书桌前获得，只有出门，只有在路上，才能获得生活的自理，以及生命的自觉。

强大的生命需要丰富的阅历。高山，草甸，江河，沙漠，草原，丘陵，海洋，森林，沼泽，戈壁，湿地，沙滩，冰川，雪山，高原，盆地，热带，温带，极地，赤道……都是养育生命的温床，环境是丰富的，生命就是强大的。

厚重的生命需要文化的现场。那些携带着文化的知识，和那些与知识无关的文化，是必须在文化的现场学习的，比如：历史、文学、地理、艺术……所以，你应该经常出门去，去远处的历史遗迹、名人故居、文化圣地、自然景点，去近处的博物馆、艺术馆、图书馆、科技馆，去中原、江南、塞北、岭南、西北、西南……乃至全世界，都是绝好的去处。

伟大的生命需要阔大的宽度。我们无法决定生命的长度，但我们可以决定生命的宽度。出门走走，你就拓宽了自己的生活半径。玻璃缸再大，也只能养几条小鱼小虾，要想长成大鱼，必须要置身于大江大河和汪洋大海。

语文教学，要改变“埋头啃书本”的纸堆和书桌模式，要积极地走出教室，走出校门，走向更广阔的大自然和社会。语文学科的工具性和人文性，都需要“在路上”培养。我常说：“旅行是向外的拓展，走少了会孤陋寡闻，走多了会迷失自我；而游学是向内的修行，没走过也没啥妨害，经常走定与众不同。一个人年少时的趣味和见识，就是他未来最美的诗和最远的田野。”鲁迅有一句话说得很好：“无穷的远方，无数的人们，都和我有关。”这是一份伟大的人文情怀，也是一份无法完全从书本上和教室里就能获得的情怀。

我们欣喜地看到——且不说是国家的鼓励，单说每个学校的自觉行为——越来越多的学校，开始注重游学课程的实施，这是一件大好事。尤其对于语文教学来说，是一种来自大环境的幸福感。我们作为语文老师，应该积极地投身到这项古老而又新鲜的课程中去，发挥我们语文学科应有的价值。

“不出去走走，你会以为，这里就是全世界。”

第八章

好玩儿才是真语文

——语文活动有哪些

王永涛：语文外延广泛，学习的途径也很多，像我们之前聊到的人文游学活动、项目式写作活动等等，都是很好的语文学习途径。想问问，除这些以外，还有哪些您比较欣赏或推崇的语文学习活动？

黄　春：一种良性的教学，一定是内容和形式都能丰富多彩、惹人喜欢的教学，那就一定会有各种各样的学习活动。我记得北京四中语文特级教师刘葵老师经常说的一句话是："学习要'好玩儿'，语文学习尤其要'好玩儿'。"所以，"好玩儿"，成了我们语文组同仁们的重要追求。假如只是一味地讲讲讲、听听听、练练练、考考考，那样的教学会"死"得很快——我指的"死"，不仅是师生的"心死"，语文学科也会死气沉沉。感谢你提到这个话题，让我有机会再次回想一下我们曾经开展过的语文学习活动。太多了，实在是列不全理不清。

（一）戏剧：一切为了上台

黄　春：比方说戏剧。

王永涛：戏剧？这在一般的学校是并不常见的活动呢！一般人的理解，戏剧表演需要比较专业的人士来指导吧！我们语文老师能开展这样的语文学习活动吗？

黄　春：表演，是人的天性，没什么不可以的。你知道吗，在国际上，尤其是欧洲国家里，戏剧是学校里十分常见的教学活动和校园生活。他们认为，戏剧是教育中一个非常重要的部分。从教学来讲，它和语、数、外、理、化、生没什么区别；从教育而言，它也是极其重要且寻常的教育活动。

戏剧，是一门综合艺术，它所整合的教育元素绝不是简单的语言、舞蹈、美术、音乐等学科门类，更是综合了人与社会相处几乎所有的要素，尤其是人际关系的体验和人际交往的训练。可能是因为我自己从没在舞台上有过什么正儿八经的表演经历吧，我总觉得，能演戏的人，就没什么是干不了的啦。很遗憾，我自己在做学生和做老师的这么多年来，参加过话剧团，组建过话剧团，做过编剧、导演、舞美、灯光、音效、服装、道具、剧务等几乎所有的戏剧工作，就是没有正儿八经地做过演员。弄得我现在“舞台恐惧症”非常严重，并且此生无法改变。

王永涛：那语文老师怎样组织戏剧活动来进行语文学习呢？是否依托教材，对教材中可以进行戏剧表演的文本进行表演创作？

黄　春：你说的可能还是课本剧层面，我说的是“戏剧教学”。这两个概念有相似部分，但又很不一样。课本剧教学，更多的意义是通过舞台表现的手段，来帮助学生理解课文、识记情节、体验人物。但戏剧教学重在体验戏剧艺术，其意义在于通过戏剧表现手段和舞台表演体验，来理解剧本，体验生活。也可以说，我们常说和常做的课本剧，是戏剧教学的一个初级形态。

王永涛：所以您说的“戏剧”是可以完全脱离课本的。那是不是由语文老师来完成教学的呢？

黄　春：不是说要完全脱离课本，而是戏剧教学的文本载体是自由的，课本，只是一个部分。好学校的好教育，一定会有“戏剧教育”这样一个教育课程。它是一个学校教育的概念，这门课程，通常会划归到语文教学的课程领域之中，一般都由语文学科来承担该门课程的具体实施。语文老师，要善于借用戏剧这个形式，来开展戏剧教学，并以此来培养学生全面的语文素养。还是我以前的那个观点，好的老师，要善于将学校的教育课程拉到自己的教学领地里来。这不仅是主动承担了校本课程，更是为自己的教学发展赢得了来自学校的力量。

王永涛：谈到语文活动，您首先想到戏剧，为什么这么推崇戏剧课？

黄　春：刚才也说到过一些了。戏剧舞台，拥有最丰富的成长资源。能站得住舞台的人，是需要具备非常全面的素养的人。体验过舞台活动的人，是和别人不一样的，是可以超越原来的自己的。

我做校长的时候，在设计学校的整体教育教学工作的时候，其中有一条原则就是：每一位学生，在这一个阶段里（一个大型活动，一个学期或一个学年的时光里）能否都可以有体验舞台的机会。这里说的体验舞台的机会，包括当众演讲、朗诵、主持、歌唱、舞蹈、表演……所有需要在公众面前展示的机会。而戏剧，就是一种可以一次性（一站式）体验这所有形式的机会，是一个人的成长课堂里，性价比最高的一种。

不瞒你说，我本人今天优秀得不够，并且潜力也肯定不太多了，其中最大的瓶颈和原因，就是刚才我说到的，我缺乏舞台体验和表演体验，没有经历过类似的锻炼。并且，这种缺失所带来的缺憾，在年岁越来越大之后，就越是难以弥补。这种终生遗憾，我不希望留给我的学生。因此，我做教师和校长，第一看重的校园活动和教学活动，就是戏剧教学，就是那些能够给孩子带来快速而全面成长的各种各样的“舞台”。

学生应该从小就接受戏剧教育，年龄小的，可以从童话剧、小品剧、课本剧开始；到了中学，就可以演绎一些经典作品；在高中阶段，还可以鼓励学生尝试自编自导，尝试演出一部完整的戏剧。

王永涛：*在戏剧课中，语文老师主要的教学内容有哪些呢？中学阶段的戏剧课还没有现成的课程标准吧？*

黄　春：课程标准，是一个顶层设计，是一个宏观概念，它不会具体到戏剧教学怎么教的层面上来。但你仔细去研读课程标准，里边也包含了有关的元素。每个学校的语文老师，可以将课程标准中对于语文学科中那些和戏剧有关的内容和要素，转化成学校自己的课程纲要，即“在我这所学校里，我们是这样开展戏剧教学的”。

你可能会觉得“戏剧”“舞台”“表演”……这些东西教材里没有，考试又不考，连教参里都很少见，从而无从下手，不知道该怎么个操作法。实际上我告诉你，并没有那么多的“怎么办”，你只要想方设法将你的学生赶到舞台上去，就可以啦。当然，你可以“赶”，更可以“哄”，可以“诱”，可以是“吸引”，可以是让学生“不能自已”“欲罢不能”。这都是手段和方法的问题，但只要学生上了台，一切就好了，还能“负责任地下台”，那就非常好了。

教育和教学都是这样，老师要做的，就是给学生的成长创造一个条件，创设一个环境，搭建一个平台，提供一个机会。剩下的事情，它会自然而然地发生。同一类事件，发生的次数多了，我们做老师有经验有教训了，也就有办法了，也就慢慢地更好了。

王永涛：语文老师真的能教戏剧课吗？怎么教？用不用拿着剧本一本正经地带着学生研究人物什么的？

黄　春：你问到了一个关键的问题。如果老师拿着剧本，带领学生先“一本正经”地研究人物，研究情节，研究矛盾冲突，哈哈，那就完了，我们就把“戏剧教学”，搞成了“小说教学”了。重要的就是“老师不要讲”（至少是老师要少讲，或者说老师要等学生来问了再稍微讲讲）。不要像讲小说那样，就着文本咬文嚼字地讲戏剧。这个正是我想说的问题：千万不要像讲小说那样讲《雷雨》，讲《哈姆雷特》。戏剧之所以是独立于小说之外的一门艺术形式，不就是因为它是舞台艺术吗？所以，既然是舞台的艺术，那就放到舞台上去学习。

学生为了演出，他们自己会去研究。如果他们的自主研究出了偏差，你放心，不用老师指出来，他们自己在舞台上就会“演不下去”，就会“感到别扭”，就会“总觉得哪里不对劲儿”。剧本里的人物是活在舞台上的，是由表演而诞生的。这是戏剧人物和小说人物的本质区别。

王永涛：您的意思是说，这个课主要是让学生自己体会、琢磨然后呈现，那老师在哪些地方介入会促进学生的体验或是学习呢？

黄　春：我说过，老师的作用，就是如何将学生“弄”到舞台上去。然后，就是坐在观众席上，为他们鼓掌。当然，在此过程中，学生来求助，我们需要力所能及地提供一些帮助，仅此而已。记住，是力所能及的。我的意思是，我们老师，也不都是演员出身，更不是导演专业人士，我们未必比孩子更懂得表演，我们不要去指手画脚。（事实告诉我们，老师的演技根本不是学生的对手。）在这样一场戏剧活动中，老师的意义充其量是一个“出品人”“制片人”。

王永涛：老师的作用，就是将学生“弄”到台上去，就是激励学生参与吧？那老师怎么去激励学生参与这样的表演呢？

黄　春：表现欲，是孩子的天然属性。教师，只是要保护和激活这种天性。记得之前我们曾经聊到过，学校里的所有活动，都（应该）是“课程”，即有计划有程序，有目标有过程，有内容有方法，有操作有评价的一个完整的教学过程。学生的参与欲和参与感，是靠这样的“过程”，一步步激发和引导起来的。

王永涛：学生都愿意上台了，也还有一个问题，要让每一个学生都有表演的机会，这一点很难保证吧！时间很难保证，也没有那么多的角色吧？

黄　春：我们有的是时间啊，小学有六年，初中有三年，高中有三年。举个例子，以前我在北京四中教书，我们高二年级的时候，戏剧单元的教学就是通过戏剧演出来进行的，时间往往会是二分之一到三分之二个学期。每个班级都要出演剧目，每个学生都要参与到戏剧工作当中。事实证明，没有问题呀。所有的人，都是参与者，都是舞台体验者。你看，每个班的学生，都需要经过一个“角色体验”的活动，来竞争成为该角色的演员；每一台剧目，都需要大量的工作人员：导演、编剧、化妆、灯光、音响、服装、道具、舞美、音乐、动作指导……演员还得有 A、B 角，没有一个是闲人，往往是很多人需要身兼数职。

王永涛：光听这些分工就觉得好专业啊！

黄　春：是的，说起来好像有点儿吓人吧，哈哈。别害怕，我们业余人士，尽管技术很业余，但是，我们的“样子”必须很专业，很认真，很像模像样。就像是“模拟联合国”，那就得真像联合国的样子；“模拟法庭”，那就得真像法庭的样子。我们这不是什么“模拟戏剧”，是真戏剧，要有真正的戏剧的样子。可以没水平，但不可以缺态度，这个在教育里是很重要的。

王永涛：教育教学活动少不了评价，那我们的学生在戏剧课上，学生的评价标准是怎样的？

黄　春：参与本身就是学习，参与了，就是学习了。凡是注重学习过程管理的教学，一定会以信任的姿态，将“参与”视同为“学习在发生”，尤其是这类实践性课程。教师的教学管理，就是引导和帮助他的学生参与到每一个学习行为之中去。一个认认真真负责一件小道具的学生，并不一定比另一位出演主角的学生学到的东西更少。

所谓“评价”，一定是基于个体的昨天“已有”，依据该个体的今天“所为”，然后指向该个体明天的“可能”。教学里的评价，是让学生自己和自己比较，是描述学生的自我发展。一个从来不敢上台的孩子，今天勇敢地上台了，那就是一次巨大的进步，就是可以给满分的，可以受表彰的。我非常反对在教学活动中，将“评价”赋与“系数”，总以为活动中那些所谓的核心角色，就应该多得分，就应该多受关注。这是不对的。集体的和团队的合作学习，不应该鼓励争当主角，争当组长，而应该激励所有人。描述学生的自我发展，让学生自己跟自己比，这种评价才更有利于学生的发展。

王永涛：从您的回答里，就能感受到您的教育情怀。那，孩子们喜欢戏剧课吗？

黄　春：十几年的经验告诉我们，孩子们没有不喜欢的，是喜欢得不得了。还没开始，就蠢蠢欲动；活动结束，还欲罢不能。因为是学校的传统教学活动，低年级的学生早就知道将来他也会有这个活动，“明年此时此地，该我啦”，并且也观摩过学长的表演，那个时候就开始“暗暗筹划”了哈。因为有这么一个活动，孩子们那大半年，都是兴高采烈的，对语文课都更喜欢了。

王永涛：因为喜欢戏剧课而更喜欢语文课，这是不是最直观地反映了戏剧课对语文学习的促进啊？

黄　春：是啊。促进的不仅仅只是狭义的“语文学习”，也不是狭义的“学习”，而是一个孩子整个的生命状态。这就是教育的核心意义。教师，或者说我们的教育教学，如果不触及孩子的“生命状态”，那就还没有做到“真正的教育”。

王永涛：也就是说，因为戏剧课，孩子们的生命状态更积极阳光了，这样的生命状态可以促进他方方面面的成长，这是一种生命滋养。

黄　春：对。说到底，教育就是做这么一件事。真正的学科教学，也是在做这么一件事。所谓的核心素养，说到底，其背后共同的内容，都是指向“生命状态”的。没有人需要成为职业的话剧演员，也没有人必须成为数学家、音乐家、诗人。但是，这些各门各类的学习活动和学习经历，可以帮助人发展生命，成就生命。

前段时间，是我做校长的北京四中房山分校五周年校庆，我就发现了一件很有意思的事情：一群毕业生校友，自发地组织了一个剧组，回到母校给校庆来宾出演了一台话剧。这事情不是学校提议的，更没有什么人去要求，人家孩子们也不向学校要什么帮助，完全自发，完全自主。演完了，人家自己开心得很。其中有一个学生我教过，这孩子身体很不好，大病过一场，人瘦弱得很。但他从高二第一次接触话剧之后，就一发不可收，从此爱上了话剧，爱上了舞台，整个人的精神状态和生命样态都变了。一个人，一旦拥有了良好的生命状态，那么他一定是有足够的学习力的，一定是有足够的自我成长的驱动力的。我一直强调，“学习，是为了再学习”，就是这个道理。学习的终极意义，不是“今天学会了什么”，而是“明天还会学点什么”。遗憾的是，我们今天的教育和教学，还只是停留在“让孩子在今天学会昨天的东西”，至于“明天还要不要学习和会不会学习”，几乎是无人关心的。

王永涛：您这是站在人的发展的高度来看学科教学了。

黄　春：可以这么认为。做教师的，必须有这个高度。不过话说回来，即便是对“教书（语文）”而言，再进一步更短视更功利地说，即便是对“教出考试成绩”而言，这样的关注高度，都是必须的。否则，我们连“成绩”也很难取得，或者说取得得会很难，这就是那么多人质疑我“你们学校搞那么多活动，不怕考试成绩不好吗”，而我总是能够以“你看，我们学校的考试成绩比你更好啊”来予以回答。

王永涛：您说的戏剧对生命状态的影响是我从不曾想到的。我还想到一个问题，戏剧表演是在什么场合，就是班级里吗？还是说有观众，有舞台？

黄　春：表演是需要观众的。观众，也是这个活动的一个重要组成部分。并且，观众是越多越好。首先是本班、本年级的同学和老师，然后是本校其他年级同学和老师，再然后是家长，还可以是向社区、社会开放。总之，越多的人来观看，自然是越好的。有条件的话，还要多演出几场，还可以出门去巡演。我记得我在北京四中百年校庆的时候，师生们自编、自导、自演搞了一台 90 分钟的话剧，不仅在学校里反复地演，还演到了台湾。

王永涛：这是真正为孩子的成长搭建舞台呢！学生表演肯定需要跟同学反复讨论、反复排练，那就一定需要学生投入很多的时间，课堂时间不够，就得移到课下，学生能自己克服这个问题吗？家长会不会担心这会占用太多学习时间？

黄　春：大量的排练时间肯定都是在课外。至于时间，你放心，当一个人在干自己喜欢的事情时，他永远不会缺少时间。当然，也有些学校会将学生一天的时间安排得满满当当的，你想用“别人喝咖啡的时间来学习”都不可能，那种情况就另当别论，那样的学校也绝不会搞什么戏剧教学。好学校和好教育，就是要让孩子们拥有足够多的“闲”时间，同时又让学生有忙不完的属于他自己的事情。

王永涛：孩子们在排练过程中肯定会遇到很多问题吧？他们一般会来请教老师怎样的问题呢？

黄　春：嗯。演一部戏剧，对谁来说都不是一件容易的事情。孩子们可能在起初的时候会觉得很容易，但随着工作的推进和深入，他们会感到越来越棘手，甚至束手无策。因此，学生的问题也会越来越多，而且还会越来越专业。他们的问题会很多很杂：比如剧本理解，人物分析，情节改编，服装道具，灯光音效，舞台设计……嗯，你能想到的和想不到的，他们都会来问。甚至还会有几个人抢一个角儿而闹起矛盾来，什么都可能有。

王永涛：想必这些问题有老师能解决的，也有不能解决的吧？遇到学生请教到不能解决的，语文老师怎么办？

黄　春：做老师的，千万不要要求自己能够解决学生的所有问题。老师的主要任务，不是回答和解决学生的问题，而是将学生带向问题并激发学生提出问题、鼓励学生思考问题，然后在学生求助的时候，能够帮助学生树立和保持解决问题的信心、寻求解决问题的路径。有了这些，你要相信，学生会把问题解决得比你指导的还要好，比你期待的还要好，比你想象的还要好。老师不会，学生会去找别人，去找专家，去查资料，去自我推敲。这就是项目式的、实践式的教学活动之所以区别于知识传授型教学活动的地方。

王永涛：所以，学生在这个过程中的学习成长是自发的、主动的。

黄　春：对。你只要把孩子“赶”上舞台去，你要相信，就没有人会愿意自己在舞台上懈怠。任何一个站上舞台的人，都是一个自我优化了的人。你只要给他一个“风光”的舞台，他就会竭尽自己的“风采”。然后，他从舞台上下来，就真的不一样了。都说“士别三日当刮目相待”，我看啊，不用三日，“台上一分钟”就可以。

王永涛：您这么推崇戏剧课，是否它的开设也带来了一些看得见的效果和影响？

黄　春：当然。并且这种效果是全方位的，是和人的整个生命状态都全部相关的，它不仅仅只是一场语文的学习。

我记得有一次在一所学校，应邀参加他们学校的戏剧节。活动结束之后，我就问主办的老师说：“好像并不是每个学生都参与其中了，是吗？”那位老师回答说：“是呀，我们学校是将参与这个活动看作一种荣誉的，每个班里那些少数个别平时表现不好的学生，是没有这个资格的。”我知道，这是很多学校在教育工作中惯用的一种“荣誉激励法”，它在很多活动中可能真有效果，或真的需要。但我想说的是，教学活动不适合这么做。任何学习的活动，应该是人人有权的。况且，说句非常功利的话，戏剧演出这样的舞台活动，大概是最好的转化问题学生的机会。很多问题学生，往往是因为他沉溺在自己的世界里，沉溺在自己的价值观里。那么，趁表演这样一个“角色体验”活动，让他能有机会体验到不同的人、不同的生活、不同的情感、不同的价值观，从而体验到各种性格和行为所带来的人生效应，还真的会是一场很好的教育。甚至你还会发现，那些身怀演技的人，大多都是你平日里头疼的学生呢。人家就是有这本事，只是在你的寻常课堂里和刻板的考试里显不出能耐来而已。这恰恰就是我们教育的局限和悲哀所在，所以，我们更需要像戏剧这样的学习活动，为所有人提供成长的舞台和秀出自己的窗口。

王永涛：参与戏剧表演，竟也能成为一种荣誉，看来学生是真的喜欢这样的活动的呢。您刚刚说，戏剧表演是所有学生都能参与的，在全员参与的氛围中，您遇到了您说的“转化”或是“影响”吗？

黄　春：这种例子，肯定是有的。有教育经验的老师，应该能够相信这种效应。因为涉及学生的个人信息，我就不便详细举例和讲述了。这个，也已经超越了语文学科的范畴。

王永涛：窄一点，对于语文学习而言，戏剧表演除了激发学生的学习兴趣，还有什么看得见的或是比较明显的影响吗？另外，舞台艺术形式有很多，朗诵、合唱是否也能和戏剧表演起到一样的效果呢？还是说，跟这些相比，戏剧表演有它独特的魅力和优势？

黄　春：每一个参与戏剧活动的学生，都要对剧本（文本）进行细致深入反复的研讨，单就这个过程，就是一个非常真实的语文学习的过程。为了要将情节和冲突通过语言和动作表达出来，为了要更加贴近文本地塑造好人物角色形象，需要对文本进行高质量的解读。这个学习过程所带来的学生对文本的阅读和分析能力的进步，是远远大于我们平常所谓的阅读教学的。

另外，你说得很好，舞台艺术有很多，朗诵、合唱、舞蹈……甚至是上台当众做一次讲话，都是可以达到“舞台教育”效果的。但是，戏剧是综合的艺术，是多门艺术行为的集大成，戏剧的教学和教育效应，是最集中、最高效的，也是和语文学习，结合得最紧密的。期待你也试一试。

王永涛：听您说了之后，我非常想尝试。

（二）朗诵：多鼓掌，少评奖

王永涛：上次说到朗诵，我想问问这个。我现在有个困惑，朗诵本来是学生学习语文很好的方式，但是学生在课堂上好像并不喜欢朗诵，组织的朗诵比赛活动，参与的人也比较少。这是怎么回事呢？

黄 春：可能是我们很多时候把“朗诵”这个事情给过度地艺术化了，甚至是妖魔化了。我参加过不少学生朗诵活动，有时候还真是听不下去，听得浑身起鸡皮疙瘩。不知道你有没有这样的经历，如果也有，我想，大概就是学生不太愿意的原因吧，尤其是高中生。我以为，语文教学活动里所谓的“朗诵”，就是“好好地读”。好好读，并不一定需要摇头晃脑，也不需要手舞足蹈，更不需要装腔作势、歇斯底里。认认真真地读，全心投入地读，就可以。所以，我不建议也不提倡老师去手把手地教学生朗诵。其一，老师自己未必就会；其二，只要认认真真、真心真意，怎么读都是可以的，并无定式。我看过有些老师，在指导学生朗诵的时候，非要孩子跟自己一样，如何张嘴，怎样摆手，那真是一件非常别扭的事情。我们做老师的，太喜欢教别人了。

王永涛：朗诵是体会文意的一种很好的方式，通过揣摩可以更细致深入地理解文意，再通过朗诵将自己的理解传达出来，如果老师不教朗诵技巧，学生真的能习得这种学习方式吗？

黄 春：每个人表达情感的语言方式，是不一样的。这就好比“哭”，同样的痛苦，有人嚎啕大哭，有人低声啜泣，这都是可以的。语文老师不要过多地灌输技巧——本来也没什么技巧，更没有什么固定的非不可的东西。我曾去听过朗诵艺术家的朗诵会，人家大腕级的艺术家，专业的，几个人同样朗诵《再别康桥》《满江红》，也没见他们有什么统一的调调，差别大得很，但是效果都一样地好。我最不喜欢我经常看到和听到的很多小学学校的朗诵会。我想你可能也和我会有同样的发现，那就是无论学生还是老师，无论一年级还是六年级，无论男生女生，一张口，拖音带调，用南方话说就是“嗲”得很。在小学教书的大人（老师），也清一色的“嗲”言“嗲”语。我不赞成小学老师（尤其是语文老师），非要装着“孩子腔”地与孩子说话，上课不可以，朗诵更不可以。每个人因为年龄、性别、性格、风格等等的差异，每个人说话的腔调和朗诵的腔调也就不同，这没什么不可以，“嗲”有“嗲”的可爱，“不嗲”也有“不嗲”的悦耳，不要因为我们大人自己对孩子腔的误解，就一味地“嗲”了起来。

记得有一次我上朗诵课，读的是普希金的《致大海》。我先示范了一遍，学生们热烈鼓掌，纷纷叫好。哈哈，我顿时一股热流涌上了心头（就是心血来潮，冲昏了头脑），就开始一句一句地教，要求全班同学跟着我一句一句地学，学我的轻重缓急，学我的连贯停顿，学我的抑扬顿挫。结果，那节课，糟糕极了，我能明显感受到来自学生的无奈、被迫、应付和百般不愿。我犯了一个严重的错误，艺术，不是这样教的。我的好，是我的好；别人的好，应该有别人的样子。学生真正要从朗诵中学到的东西，是对阅读的热爱，是从此更加愿意对喜欢的文本自觉地“读一读”。学生真喜欢了，真动情了，真想读了，那么，他肯定读得很好，你不用管他。

王永涛：那怎么能让学生自发热爱朗诵呢？

黄　春：我们之前也谈到过，朗诵，也是一种艺术；如果是当众朗诵，那就也是一种舞台艺术。舞台艺术有一个共同特点，就是需要很好的“现场感”。这种现场感，主要是由观众来创造的。当语文老师在开展一项关乎舞台艺术的教学活动时，一定要将很大一部分精力放在“创设良好的现场感”这一点上来。有些老师可能会将全部的注意力，都聚焦到舞台上的节目质量，而忽略了台下观众，这是不可取的。不说是舍本逐末，也是轻重不当的。

如果你上过舞台，你就会深有体会。站在舞台上的人，愿不愿意表演，愿不愿意认真投入地表演，直接取决于你对台下观众的观察，取决于你所感受到的“现场”状态。有个词叫“人来疯”，大概就是这个意思。因此，想要保护乃至激发学生的兴趣，就要努力地让“人来”，让人（观众）多多地来，认真地来，文明地来，热情地来。还有，多鼓掌，少评奖。

王永涛：是啊，我大概明白了一些。

黄　春：还有，在中小学语文教学里，我的意见还是将“朗诵”改为“朗读”更好。

（三）文学社：不是“第二课堂”

黄　春：还有“文学社”。

王永涛：您说到的文学社，几乎每一所学校都有。现在学校都鼓励学生积极开展社团活动，社团也五花八门。但是文学社好像是社团里比较冷的，喜欢的学生不多。您觉得这是什么原因呢？

黄　春：有一次参加全国的一个文学社交流活动，曾有一个同行老师跟我聊天，他也是文学社指导教师。他吐槽说学校缺乏文学氛围，每次社团招生，都只能招个十几二十人，还大多是女生。我说，你已经很幸福了，十几二十人，相对于一个小学校的千八百学生人数，那可是很高的比例啦。你放到全中国 14 亿人，全球 70 亿人，爱好文学的，愿意加入一个文学团体的，能有这个比例吗？我以前带着学生在校园里发送我们社团编辑的校刊，白送到手上的那种，也不过只有三分之一的同学愿意伸手来接嘛。那就已经很好很好了，你还期望大家一窝蜂地来参加你的文学社团？你以为你办的是福利彩票社？

王永涛：据我的了解，大多数文学社要不就写写文章，要不就一起读读文学作品。您觉得文学社应该是什么样子的？

黄　春：文学社就是文学社，就应该是文学社。当然，文学的内容也很广，未必就是“写写文章”。你所说到的阅读，也是文学社活动内容中一个重要的部分，还有采风、游学等等实践活动，也都是很好的形式。

王永涛：一群热爱文学，或者对文学有着朦胧向往的孩子走进文学社，语文老师需要怎样引领他们或者是引导他们呢？

黄　春：社团，本质上就是一个“志同道合者的聚会”，语文老师（同样是文学爱好者的老师，也未必非是语文老师）也是志同道合者中的一员。在这样的团体中，不好说是谁引领谁和谁指导谁。相同的情趣，本身就是一种能够彼此促进的力量。社团指导教师当然要起到一些组织、引领和指导的作用（这也是义务）。但是，作为导师的老师自己，却千万别把自己当做导师。否则，这个社团会因为这位指导教师的存在，而变成一个“第二课堂”，变成“课”。在我曾工作过的学校里，有一段时间，学生集体向校长提出抗议，他们的诉求是“取消社团指导教师，学生自主办社”。我们做教育的都知道，学生社团是不可能取消指导教师的，无论是从哪个方面来讲，指导教师制都是一件有必要的事情。然而，学生出现了这样的集体诉求，说明我们的指导教师在实际的工作中出现了问题。这个问题，肯定不是专业水平的问题，也不是工作态度的问题，而肯定是“角色定位”的问题，就是“太把自己当导师了”。老师要明白，社团就是社团，是一个“同趣组织”，它不是一个也无须成为一个“师门严整”的教学机构。社团里的成员，看中的是相互学习、相互鼓励、相互陪伴，而并不是加入某个社团然后听某个老师的教授和训练。那样的话，就不是社团，而是某某专业的集训队了。

王永涛：学生自主倒是挺不错的，我想所有的社团指导老师也都是乐于看见学生自己来安排社团活动的。那您觉得指导老师还可以做些什么呢？

黄　春：我说了，老师必须要肩负组织、引领、指导等职责，不可以的是自己老把自己看成导师。在社团组织里的“导师”，更应该是一个守望者、陪伴者、支持者、鼓励者、帮助者。

王永涛：那老师怎么做才能很好履行这样的责任呢？

黄　春：守望、陪伴、支持、鼓励、帮助。

王永涛：可以具体点不？

黄　春：很多老师都苦于文学社怎么带。尤其是开展一系列活动后，未必有什么成果，学生未必能有好的作品出来。社团的意义，本就不在于“出成绩”，社团只是一种交际方式和生活方式。试想，中小学学生文学社团，能出什么成绩？培养作家？怎么可能呢！我们不要期望“出作品”（我们老师也没出过什么作品啊），社团的价值，在于保护兴趣，促进交流。一个社团，如果几年后还存在，生命力还越来越旺盛，那就是很成功的了。即便就是昙花一现，也并没什么不可，一群人因兴趣相投而聚在一起，一年、两年，这本身就是一个低概率事件，尤其是一些比较小众的爱好，就更是如此。你要承认，文学，在这个时代和孩子的这个年纪，就是一个小众的爱好。

社团，就是一颗种子，就是一颗幼苗。指导教师的核心功能，就是想方设法呵护好这颗种子，这株幼苗。我刚才说的守望、陪伴、支持、鼓励、帮助，都是达成这一功能的一般行为。但是，还要注意，你插手太多，容易是“拔苗助长”；你撒手不管，又容易是“草盛豆苗稀”，这个度，大家要依据各学校的校情，妥善把握。

王永涛：开展什么样的活动，能去保护这种兴趣，去发展这种兴趣，也挺头疼的。有的孩子喜欢文学社，仅仅是因为喜欢读小说，有的孩子可能有一点创作的欲望，不尽相同。如果给读或写的任务，他们不一定都会喜欢。

黄　春：一个团体，要想有凝聚力，要想有生命力，就必须有一个“共同的愿景”，有“共同的事业”。也就是说，要有一件大家一起来做的事情。这件事情，还要看得见摸得着，还要人人能参与能插手，还要能够给团队成员带来成就感。对于文学社来讲，编辑一本刊物，大概就是一件很合适的事情。所以，大多数的文学社，都有自己的刊物。有的学校坚持得很好，几十年下来，就好几百期了，就成了学校的一个良好传统。有了这样的一件事情，爱读书的可以写写读书的故事，写写书评、读后感；爱写小说的，可以发表小说，连载都可以啊；啥也不想干就想来凑凑氛围和热闹，那也可以为刊物编辑做一些力所能及的事情，比如美编啦，校对啦，发行啦……

王永涛：听您这么一说，明朗了很多，要有一件共同愿意完成的事。但像编刊物，也不容易啊。我曾带孩子们编过刊物，有时候孩子们没有自信完成作品，自己写完也不够满意，所以，总是会因为缺少优质稿件而难以成刊。这样的情况，老师应该怎么办呢？

黄　春：学校文学社的刊物，和社会商业刊物是有本质区别的。我们在选发文章的时候，为什么非要“择优”呢？为什么非要“如此高门槛地择优”呢？社团是学生的，是每一个学生的，那么，刊物就是学生的，就是每一个学生的。所有的学生都有在社团刊物上发表文章的权利，同时也有义务。当然，刊物选文，必然是“择优”，但是，择的是谁的优？这个“优”是和谁比出来的“优”？我们要择的“优”，是投稿者自己和自己比的“优”！这是一个非常重要的前提。如果我们想清楚了这个问题，就好办了，还怎么会“缺稿”呢？还怎么会“难以成刊”呢？

我在北京四中房山分校做校长兼语文老师的时候，就带着学生继承北京四中本部的文学传统（校刊《流石》），创办了校刊《斯文》。说实话，分校学生的总体文学水平要远远低于本部的学生，很多人也为此提出了质疑，表示了担忧："咱能办出那么高水平的校刊么？稿件不足办不下去怎么办？"对这样的论调，我就没有予以理睬，因为我有我的执拗：校刊里的稿件为什么一定要那么高的水平？我又不靠好文章来卖校刊！办校刊的首要意义，是为作者，而从来就不是为读者的（客观上也对读者有益，那也是顺带的附加值）。于是，《斯文》就办起来了，至今三年多点儿，十几期了，每期二十万字，总计字数近三百万，厚厚一摞，差不多是四大名著之和。算了一下，总共刊登了一千三百多人次的作者来稿。你说，哪个学校也不可能在三年里培养或涌现出一千多个"小作家"或一千多篇"好文章"来啊（鲁迅作家集训班也难）。然而，小小《斯文》，却实实在在地鼓舞了一千多个孩子拿起笔来，写点儿东西。这就是文学社和校刊的教育价值。

王永涛：看来我的"择优"思想还是目光太短浅，没有看到文学社真正的教育价值所在。我知道您口中的《流石》，是北京四中的校刊，这是不是学校文学社的成果呢？听说每年还有一个"流石文学奖"颁奖礼。听说《流石》也是您创刊的，能跟我讲讲《流石》和北京四中文学社的故事吗？

黄　春：我有一个习惯，从学生时代就养成了，也不知道是哪来的爱好，就是办刊物。中学办过好几份手抄报，名字都忘了。有一份叫"晨旭"，还是我自己题写的报头呢；大学办得更多，《雨丝》《返影》《新大学人》……工作以后在第一个学校创建文学社办了《新源》《山中白云》；2003 年到北京四中教书，总觉得一所百年老校没有一份校刊实在是不太和谐，于是也创建文学社并办了校刊《流石》。后来筹建北京四中房山校区做校长，也创建文学社又办了《斯文》。哎，回想起来，我倒很像是个"报刊从业人"。

王永涛：您的这些"报刊从业"经历，对您自己和您后来的语文教学工作，有什么影响和意义吗？

黄　春：文学，是可以"化人"的。我自己今天的某些可以令自己欣慰的优势，想起来，也主要是得益于自己上学时就喜欢舞文弄墨。无论是小学、中学还是大学，我是把学上到哪儿，就把班刊班报、校刊校报办到哪里。从手刻钢板推墨油印，到拣字排字活版印刷，到今天电脑输入激光照排，我都经历过，并深深地感谢这样的经历。它使我今天作为教育者，在面对一大群学生做教育的时候，还能比较从容。

所谓“以文化人”，指的就是“用文学来培育人”。因为文学本身就是人学，那么，人就可以也应该借助于文学活动来进行自我培育。文学活动，主要指的是读和写的活动，也就是思想情感的输入与输出的活动，或者说是吸纳和表达的活动。语文教学，究其根本，就是阅读和写作的教学；语文学习，也就是读书和写作的活动。并且，阅读和写作，在其根源处，实际上是同一种能力两个不同方向的行为而已。因此，我后来在从事语文教学的时候，尤其重视学生的读写相结合的实践性学习。所有的写，都是基于充分的阅读；而所有的读，都会以“努力的写”作为推动力，并借助这样的读写结合的学习实践活动，构造一个巨大的语文学习的时空平台。这个平台之大，或者说语文学习的空间之大，应该需要装得下一个人的人生，容得下一个不断成长的渐趋完整的生命。教学只有攀到这个高度，我们才能说，语文或者说文学，真的是可以“以文化人”的。

王永涛：正是因为您看到了文学这样的作用，所以，您才一直都这么热衷于办文学社、出文学刊物的吧！我想当四中学生手捧《流石》的时候，他们便在受着文学的滋养。

黄　春：你之所以知道我办过《流石》，那必定是因为这个刊物太出名了，哈哈。它屡获全国优秀校刊大奖，也在很多场合做过经验介绍。它的确是一本优秀的校园刊物，2007 年北京四中百年校庆之际创刊，一年四期，二分二至日（春分、夏至、秋分、冬至）定期出品，纯原创文学，每期 20 万字。到今天，应该超过五十期了吧，算起来，也是一套千万字的校园文学丛书了，感觉自己很伟大，也感谢在我之后坚守这份刊物的同事们和学生们。

王永涛：时间累积，岁月沉淀，《流石》就愈加深厚了。《流石》真是一个了不起的创举啊！《流石》这个名字怎么理解？有什么深刻的内涵吗？

黄　春：“流石”得名之由，其实很简单。我可以转发你我写的《流石名记》，你一看就懂：

四中老校长室旁，竹丛掩映中，有亭曰“漱石”。据说其乃重建之物，既要重建，想必定有历史，定有掌故，也定有教育之初衷。想起《世说新语》记云：所谓“枕流漱石”，实为归隐者之辞“枕石漱流”之口误。权衡一下，然却反倒觉得其意更深。

以石为枕，以流为漱，其悠闲而惬意，让人想起孩提时光，想起山居边城，想起捣衣饮牛，想起两小无猜，自固难得。而能“枕流”以洗耳者，则必空灵雅慧，而为智者；能“漱石”以砺齿者，则必坚忍决毅，而为仁者。当年朱熹便在白鹿洞书院门前的小溪中，寻得一石，刻曰“枕流”。“仙踪行去终飘渺，人事读来在枕流。”朱子枕流，旨在“自洁”，意在“贯道”；然四中“漱石”，其旨在何处，其意在何方？

“滴水穿石”，“海枯石烂”，“水落石出”，“中流砥柱”；“明月松间照，清泉石上流”，“泉声咽危石，日色冷青松”。自古以来，“水”“石”相搏，若洞吹，若洪钟。记忆中最宏伟壮观的，当数苏轼的“乱石穿空，惊涛拍岸”了吧。那是浩浩历史在接受着最残酷的岁月淘洗——泥沙卵石自然要被冲走的，而历史巨人们却傲立浪头，如乱石，直穿空，扬惊涛，任拍岸，纵使多情酹江月，不叫须鬓成淤滩。百年四中，唯其如此，甚幸甚矣。

仁者乐山，智者乐水。山石与水流，是仁智者的课堂、考场，也是仁智者的讲坛和舞台，是其生之处，亦乃其死之所。

智者枕流，枕流为洗耳，洗耳为善闻；仁者漱石，漱石为砺齿，砺齿以敏言。闻甚言何？则自当迥异。枕流者可以听见落花之有意流水之无情，枕流者也可以听见蚂蚁在跑小草正眠；枕流者可以听见在河之洲有雎鸠关关，枕流者也可以听见国破春深而花自溅泪。——你闻听了什么？漱石者可以渴饮笑谈奔走呐喊，也可以长歌当哭扼腕哀号；可以“扬眉挺腰”“粪土当年”，也可以“半部论语走天下”“一蓑烟雨任平生”。——你言说了什么？

一枕一漱，说易还难。世间之事多如此，易在日常而平常，难在经常而非常。一流一石，且智且仁。世间之人亦如此，智求灵慧须枕流，仁求忍毅须漱石。四中之文人，之文事，之文化，唯须如此。

《流石》，藉此以名。

王永涛：原来如此！您要不讲，真读不出这么深厚的文化含义。《流石》一开始就是文学社的社刊，那办刊物的主力军都是学生吧？

黄　春：校园的刊物，属于校园里的所有人；校园刊物的主人，学生是，老师也是，家长也可以是。除指导教师外，一届届文学社的社长，还有校刊《流石》的主编，都是学生，他（她）们都是文学的热爱者，他（她）们创作文学，传播文学，坚守文学底色，并以此修炼自我，热爱生活，清新脱俗，崇高雅致，成为四中校园里的文学榜样和精神领袖。那些年北大、清华实行校长实名推荐入学的时候，我的几位社长和主编，都有幸被刘长铭校长相中。刘校长在给其中一位同学写推荐词的时候，用到的关键词是“气质优雅”。这，大概就是文学的魅力。

王永涛：看来，《流石》确确实实影响了一批优秀的学生，使他们变得更加优秀。每年的“流石文学奖”都很隆重，这个奖大致是个什么情况呢？

黄　春：你提到的“流石文学奖”，那也是我发明的哈。我们文学社和校刊编辑部设立了一个“流石基金”，通过一些公益活动筹集资金，用来扶助学校的支教活动；其中一部分也用于颁发“流石文学奖”，以奖励校园里那些热爱文学并小有成就的同学。我们这个民间发起的奖项，还真吸引了不少关注者，对学校校园文学的工作也起到了很好的推动作用。

除此之外，我们文学社还曾经发起了北京市中学生校园文学交流活动，成立了组委会，然后像奥运会那样，每个学校轮流主办一些交流活动、笔会活动、文学大赛等，借此促进学校之间有关文学活动的深度交流。影响还很大的呢，反响也很好，坚持了很多年，但后来由于一些客观原因，好像解散了。我们还主办过全国的中小学校园文学博览会，几千家校园文学报刊集中展出，几百所学校同行济济一堂，共话文学教育，也是一件教育盛事。这些活动，不仅是文学教育，也是对人的全面的锻炼与培养。

王永涛：可以想象获得流石文学奖的孩子该有多幸福，他们一定充满了成就感、获得感，从此在文学的道路上更自信、更快乐。文学社的成立，文学刊物的创办，这样的语文活动看似只与语文学习有关，但分明是促进孩子生命的成长。

（四）语文地生活着

王永涛：语文活动，咱们谈到了戏剧、朗诵和文学社，您还有什么比较好的推荐吗？

黄　春：语文教学活动的内容和形式，都是丰富多彩的，每一位语文老师都可以尽情创造。在这么多年的教学实践中，我们语文老师智慧迸发，创设了非常多的有意思、有意义的教与学的活动，这让我是难以穷尽的。

我们在聊到阅读、写作，聊到许多话题的时候，也都谈及我做过的一些教学活动：各种主题的项目式写作啦，各种方式的阅读活动啦，演讲啦，辩论啦，讲座啦，沙龙啦……都是很常见也很见效的语文活动。像我前面提到的“清明寻宗”“相遇”“身边的陌生人”“千古酬唱”“少年情怀总是诗”等项目式写作活动，“师生共读”等阅读活动，这些，也都是很好的语文活动。

王永涛：现在再回想我们前面聊到过的这些活动，不得不感叹，语文学习活动真的是丰富啊！说明我们的语文学习路径是很多的。还有没有哪些您设计过的活动，在以前并没机会聊起过呢？

黄　春：有吧，比如对联。我记得是为了迎接2007年（也是北京四中百年校庆的那年）元旦，我发起组织了全校师生的“校园春联”活动，为校园里的每一个屋子（办公室、教室、场馆等），向全校师生征集春联，包括拟稿、书写、张贴。那次一共为六十多个屋子（具体说是“门”）征集了几百条春联（楹联），最后评选了最好的，邀请学校书法社的同学书写，贴上每一个相应的屋子（门框）。想起这事儿，现在我还激动啊。你想，全校师生第二天一早来到校园，忽然间看到满校园的大红春联，那真是一件美好的事情。我自己也参与，我写的好些春联，都在评选中入围了呢。我现在还记得好几副呢：

数学教研组办公室：

上联：书山有路真理似极限说遥远非遥远须有志

下联：学海无涯知识如小数不循环可循环还无穷

物理教研组办公室：

上联：三尺讲台相对而论

下联：四方书桌量力以学

横批：格物致知

化学实验室：

上联：质子电子中子万紫千红多变化

下联：氢气氧气氮气大器早成终须学

横批：望闻问切

体育馆：

上联：长跑短跑跳高跳远人人游泳一路高歌求进步

下联：田赛径赛竞技竞争个个锻炼百般比拼为赶超

横批：以体育心

教工餐厅：

上联：衣食之悦不抵学问之趣

下联：桃李之情更胜枢牖之需

横批：粗茶淡饭

图书馆：

上联：静纳四中求学之士再无须囊萤映雪

下联：尽阅天下可读之书远不止韦编三绝

横批：开卷有益

报告厅：

上联：报喜讯捷讯一年消息

下联：告国事家事几度春风

横批：济济一堂

男生宿舍楼：

上联：天地无边苍穹任由龙腾虎跃

下联：寒舍虽陋褴楼也可卧虎藏龙

横批：扫屋扫天下

怎么样？还可以吧？写一副春联并不难，难的是楹联的内容主旨要切合所张贴的房间功能，还要讲求一点艺术性和创造性，这个就不那么容易。很锻炼语言能力呢，也很考验一个学生的文化积累。当然，最关键的还要有对校园和学校的了解、热爱。这不，后来这项活动虽然没有全校性有组织地开展了，但是，每逢春节，学生主动给老师办公室贴春联，已经成了北京四中校园里的一个传统，孩子们写得是越来越精彩。这是一个非常值得推荐的语文活动。

王永涛：我都得把这些活动一一记下来，在将来的教学过程中一一去尝试。所以，请您尽量多说几个哈。

黄　春：还有很多啊，我一时也想不全。比如：文言听写。这是我同事刘葵老师创意设计的，目的是培养学生的文言语感。老师读（也可以是学生读），学生听，并且即时将听到的句子写下来。这是一件很有趣的活动，也有非常好的教学效果，你不妨试试。再加上我之前提到过的我自己创意设计的“文言文面试”，哈哈，简直就是一个完整的文言学习系统，是学习的方式，也是考评的方式。

比如：话（画）说季节。嗯，好像是我创造的，每年春夏秋冬，我都会组织学生开展这个活动：寻访独属于这个季节的触动你内心的一幅画面（可以拍摄，也可以手绘），配上一段文字（可以是诗歌，也可以是散文），然后用你认为最美的版面，制作成展品。全校同学都做，哇！挂得满校园都是，满满的季节盛宴。从语文教学角度来说，就是要培养学生对外物的敏感性（包括对自然景物和社会生活），帮助学生理解情景关系，懂得“我之所见，即我心之所感”，训练学生在“造画”的过程中学会取景、学会读景和写景，训练学生用文字来讲述“物我相连”的景物、故事和情感、哲理。

比如：读书漂流。这好像也是刘葵老师的创造（她简直就是一个金点子仓库）：在校园的过道处建几个“好书漂流岛”（其实就是几个小书架），摆上几本好书；师生可以随意取走阅读，然后放回某个小岛。对参与者的唯一要求就是：读书的时候要随手写批注、书评，也就是说读者需要在所读的书上留下自己的阅读痕迹（心得，体会，疑问，补充，建议……）。为了更好地方便读者进行批注和书写，我们往往会将书重新进行排版、装帧。这个活动的核心意义就在于，当你翻开一本书开始阅读的时候，你同时能看到别人的阅读体验，书会越读越厚；并且每个人的不同体验，会在“漂流”的过程中发生交流和碰撞；如果你愿意署名，你还能交到志趣相投的“读友”。

比如：灯谜呀，飞花令呀，成语大赛呀，小说接龙呀，时事演讲呀……语文可以做的事情，真是五花八门。对于初中和小学来说，就更可以是异彩纷呈。总之，语文学习需要这样的活动，尤其需要这样一些与生活相关联的活动。因为，语文就是生活嘛。反过来说，凡是生活之种种，皆可作为语文学习之种种活动。

王永涛：这些活动都很有趣，很好玩。我想咱们要是组织这么丰富的语文活动，学生们一定是乐在语文学习中，收获在语文学习中，语文学习也就变成了一个庞大的快乐的体系。

黄　春：好的语文教学，一定是一个庞大的课程系统。这个系统，是以课堂教学为纲目而牵扯起来的一张巨大的网。阅读和表达，也就是读和写，就是编织这张巨网的经纬线。每天都要以阅读为基点，生发出 200 字的表达；每周都要有一次 1000 字左右的书写，并以此推动书写前后的书本阅读和生活体验。每学期都至少要有一次行走（我们称之为游学），并以游学为载体，拉动大量的阅读和写作。每个人都要关注社会，通过阅读和写作，努力让无尽的远方和无穷的人们都真正和我有关。每个人都要通过戏剧活动，拥有一次舞台生活的经历，努力让自己在角色体验中，读懂另一群人和另一个世界，然后通过表演来书写出另一个样子的自己。这些，都是语文，都是真正的语文真正需要的东西。新课改背景下的教育和教学新环境，为语文走向更加广袤的天地提供了政策导向和行动支持。

语文学科的人文属性，得到了更多的发展空间。或者说，语文的工具性与人文性的结合日益紧密，渐不可分。

一位具备课程领导力的校长，就应该要对学科课程的核心价值进行准确而清晰的定位。好的语文教学，绝不只是每周四五节课，绝不只是讲完几本教材，绝不只是考卷上的那一点点东西。能够培养全面的人的语文教学，必须延展到一个人的整个生命过程和他的整个世界。因此，语文教学，既要关注身边的事儿，也要关注远方的人；既要看重读万卷书，更要看重行万里路；既要指向精神家园，也要面对现实世界。

祝愿每个人，都能“语文地生活着”。

第九章

做最好的自己

——语文教师是怎样炼成的

王永涛：黄校长，我一路来跟您请教了语文教学方方面面的问题，您的回答很实在，给我很多启发。但我还想问您，如果一个语文老师致力于专业成长，您会给一些什么建议？

黄　春：教师的专业成长，一定是有路径的。以前做老师的时候，常常看着周围的优秀同事们，总觉得他们在自我专业成长的过程中是有共同部分的。只是那个时候并没有太在意，更没有去研究，也就留了个感性的印象罢了。后来做校长，我就创建了“教师学校”，因为我知道，教师的成长，是一所学校得以进步的最本源的动力。在设计教师学校的课程和编撰教师专业成长手册，以及在后来几年教师学校课程的实际实施过程中，我才逼着自己认真思考这个问题：教师的专业成长路径究竟在哪里？有哪些？并且，我想要的路径，是那种人人都可以上道的，也是都应该上道的。几年后，我总结了十条，一并分享给你：

1. 有读书的习惯，享受读书的乐趣，并为更好教育和更美人生认真读些好书；

2. 经常听各种讲座并能偶尔给别人开个讲座，努力使学校成为学问的殿堂；

3. 自己要习惯出门走走看看，并有能力带领学生开展社会实践和人文游学；

4. 要经常走进别人课堂向同事学习，并习惯通过研究课来磨砺自己的教学；

5. 理解专业本质，拓宽教育视野，能策划、组织学科教学活动及学生教育活动；

6. 结合工作主动开展课题研究，从中学会思考，敢于尝试，善于反思，勇于开拓；

7. 拥抱艺术，有自己的社团生活并能指导学生开展社团活动、提升艺术修养；

8. 有习惯、有爱好、有特长地锻炼身体并能带动身边的人积极运动、健康生活；

9. 在衣食无忧的时候不做物欲和世俗的奴隶，学会更有情有品，优雅地生活；

10. 常怀一颗感恩的心，走进人群参与志愿劳动和公益服务，并学会感动自己。

这十大路径，是为所有学科教师的专业成长而设计的，自然它也适用于我们语文教师。

王永涛：非常感谢您的分享。内涵丰富，内容广阔啊！我能逐条问问明白吗？

黄　春：没问题啊。

（一）要读给人看

王永涛：我们肯定都知道读书对于每个人的重要意义。那我想知道，您认为教师读书有什么特别之处吗？

黄　春：读书的益处是毋庸赘言的。只是，读书之于教师来说，情形又大抵不同。教师不是学者，不需要像教授、研究员那样成天埋在学术的书堆里皓首穷经研究式地读书；教师也不是学生，不需要依照既定的教材或老师的书单一本一本、一级一级地读在登堂入室的长路上；教师更不是大众闲人，什么流行读什么，什么畅销读什么，什么轻松读什么。教师的读书，有其职业特殊性的要求：教师，不仅是在为自己读书。

王永涛：怎么讲？

黄　春：首先，教师有读书的习惯，比读什么书和读了多少书更重要。相当多的调查机构都做过关于教师读书情况的调查，据我所知，结果令人失望：教师基本不怎么读书。我是相信这些调查数据的。今天，你走进任何一个中小学教师的办公室，很少能够看到有哪个老师正捧着一本书安安静静地坐在那里看；你也看不到老师的办公桌上摆有什么书——教材课本、教辅教参、试卷作业倒是满满的；你去学校图书馆，也见不到什么老师的身影；回家，就更不用说了。老师们的确很忙，于是也就顺理成章地以“忙”为借口，说自己“没空读书”。我承认，教师（尤其是我们中小学教师）不是什么闲人，教书也不是什么闲职。你若要将自己陷入无尽的事务当中，你肯定会觉得三头六臂也不够用。世上没有不忙的职业，教师，也许算不太忙的。毕竟除了到点上下课和偶尔开个会，其他的事情虽然不少，但时间都是可以自己调剂的。好的教师，就是能妥当安排手头事务的教师；专业的教师，就是总有时间安静读书的教师。

磨刀不误砍柴工。经常读读书，多读点书（特别是那些和本专业、本学科相关联的书），会大大地提高老师备课的效率，提升讲课的质量。很多老师备课的时候，喜欢习惯性地上网查阅各种授课资料（别人的教案，别人的课例），就是不愿意自己好好地读一读有关的一手书籍，好好地看一看必要的一手资讯。如此，备起课来不仅耗时耗力，而且也是拼拼凑凑不求甚解；讲起课来自然也是现买现卖，不能够融会贯通，更别提旁征博引了。这样的课，是底气不足的。

王永涛：这一点不难理解，阅读是一种高雅的生活方式，语文老师更应该做个读书人！

黄　春：其二，教师读书，要读给学生看见。这也许就是教师职业的特别之处。我们的工作，都不仅仅只是为了自己。其他人读书，都可以关起门来自己读，地点越僻静越好，身旁越没人越好；夜深人静地披衣床头，就着孤灯独享，最是读书之浪漫。教师读书则不然。因为教师的称谓，就是相联系于学生而存在的；教师的行为，就不能不和学生联系在一起，其意义就必得由学生反馈而方能显现。

我之所以期望教师多读读书，最主要的是期望教师的读书状态，能够引领和带动学生的读书愿望。教师读书的价值，更在其教育的意义。好的学校和好的教育，学生应该经常能够看见他的老师们在读书，应该能够看见他们的老师经常在读书：在孩子们上课的时候，在老师们下课的时候；在办公室，在图书馆，在校园的石凳上……就在学生的身边，随时随处。然后，这个学校的学生也会纷纷捧书而读。这就是好学校和好教育应该有的样子，专业的教育，就是教师的行为引领着学生的行为。所以，我主张教师要在自己的办公桌上放一些书（当然不是什么教材课本、教参、教辅、试卷、作业）。有条件的话，最好有个自己的大书架，把自己的藏书一部分摆到办公室的这个书架上来。然后，把自己的读书时间，调一部分到白天在学校上班的时候；那些写教案啦判作业啦等等事情，倒是可以躲起来悄悄地做。有些老师将自己的办公桌堆满了作业本，将自己埋在无尽的作业批阅的劳动里，自己一天到晚都有批不完的作业、改不完的卷子、做不完的事情。殊不知，如此只是不过“敬业”而已；教师的“专业”形象，应该是他读书时的书生模样。

教师，还应该经常走出办公室，走到校园里去，走到学生的身边去，找个地方坐下，安安静静地读书，旁若无人。很多学校喜欢在楼道的各种墙上写满了号召读书的标语，我看，倒不如有几个真人真在那里读书来得更有效。这也是我本人为什么会成为“世界上第一个在楼道里办公的校长”的原因。我不是没地方办公，我是希望用校长读书的样子，来碰撞原先不怎么爱读书的老师和学生的样子，撞出来的火花，就是教育的火苗；星星之火，可以燎原，可以照进每个师生的心底。好的教育，就是“优秀被看见”。教师读书，就是值得被看见的优秀。

王永涛：这一点正好是您前面说过的老师如何影响学生的阅读。

黄　春：其三，教师读书，要读些好书。因为要被看见，所以教师读书要读些好书。尽管我笃信开卷有益，但此卷之益与彼卷之益，还是有差别的。有些书，还是要更专业一些的，还是要更雅致一些的，还是要更可读一些的。有不少老师向我抱怨说，现在的学生，要不就根本不读书，要不就尽读些低俗的书。我就会反问：“那么，你自己在读什么书呢？”结果往往彼此难堪。我相信，那些自己经常读书且读着好书的老师，他的学生是不会低俗到哪里去的。

教师读书，要为做更好的教育读一些好书。这其中，当然包含了一些教育理论和教育经验方面的书籍，汲取前人和他人的思想，总是一件能够快速丰富自己头脑的好事情。这样的书有很多，古今中外，每个教育人都会有那么几本。但是，我要说的教育的好书，却并不止这些。我以为，除却那些关在书斋里做着有关教育的学问的人以外，真正像我等这样奋战在一线战壕里的老师们来说，最终决定我们自己每个人对于教育理解的，最能帮助我们每个人在工作实践中逐步形成教育理念的，主要的并不是我们所读过的别人的理解和理念，而恰恰源自我们自己的生活和我们自己读到过的生活。这些直接和间接的生活，带我们每个人对于生活有所理解，对于生命有所感悟，从而对于一个人的成长有所启发。因此，教师在努力过好自己的生活的同时，需要多多地阅读一些关乎生命成长的好书，散文是，小说是，诗歌和戏剧都是。

教师读书，要为过更好的人生，读一些好书。我并不主张甚至竭力反对老师为了工作而丢失了自己，这不仅不符合人道的需要，也不符合职业的需要。教师不必非要“舍小家为大家”，不必非要“忘我工作”；教师如果没有一个完整的自我，他也成不了一个好老师。所以，那些把教师比作蜡烛和铺路石的说法，都应该去见鬼。教师，首先应是一个完整的人，一个独立的个体，一个不断发展的生命，一个自由高贵的灵魂。教师的阅读书单里，应该充满了自由和快乐、深刻与幽默，应该拥有浪漫的诗和美丽的远方。

王永涛：用阅读丰富人生阅历，让自己对生活有更丰富的理解。

黄　春：最后，教师要读书，还要有藏书。我以为，会藏书和有藏书的老师，一定会是个好老师。把孩子带到自己的书房，在满架满架的书面前，跟孩子谈心的老师，一定是个专业的老师。只因教师也是个知识分子，是个读书人，那么，最专业的教与学的场所，就是书房；最好的聊天背景，就是书架。这就是我为什么一直坚持要在家里和在办公室里都要拥有一堵墙的书架的理由：在书的面前，一切行为都会具有文化的色彩。

我看到很多教师的办公室里，同事之间的闲聊尽是家长里短，因为那些办公室没有满架的书；倘若有书，他们就不至如此。我也看到几乎所有学校的教室里，同学之间的闲聊也尽是鸡毛蒜皮，因为那些教室里没有满架的书；倘若有书，他们也不至如此。这是一个怪现象，一个奇妙的逻辑：一旦把人放进图书馆，他就很容易安静下来，很容易深刻起来，很容易高雅起来。我见到越来越多的学校正在打造书香校园，想来也是认识到了这一点。

藏书，是一件很有意思的事情。或买，或借，不管怎样，只要你爱书，你的书架很快就会挨挨挤挤。我本人从大学期间开始收藏自己的书，那个时候最爱去逛的是巷子深处的旧书地摊，书不论雅俗，不管新旧，一律论斤称，很快就淘得了上千册书。后来工作了，有钱买新书，便常去大小书市。再后来，网购方便了，买书，就成了“点点点”的指上功夫，每天都有快递小哥敲上门来。二十几年，大抵攒有近万册，堆满了家里的书房，堆满了办公室的书柜，也堆满了我那个设在楼道里的校长办公室。当然，大多数的书也都不见了，借人了，送人了，也有被偷了……曾有同事和学生非常大胆地问我：“您那些书，都看过吗？”意思是怀疑我光买书不读书纯属摆样子。哈哈，我就非常直白地回答：“我就是活三辈子，也读不完我家的书。但我还要继续买，因为，书不仅仅是用来读的。”

“书不只是用来读的？”是的，藏书的意义，就在于时刻告诫自己“我是个读书人”，就在于时刻提醒别人督促自己“你是个读书人”。我常常打个比喻：你见过谁家的博古架上摆着的那个乾隆年间的瓷碗，是用来每餐盛饭吃的？书，和古董、和插花一样，本身就可以是用来摆着看的，这恰恰就是书的莫大用处。

好好当个好老师，就要好好地读书。

王永涛：我觉得关于读书这一点，应该是语文老师最应该做到的。幸运的是，我和我身边的同事，都是些爱阅读爱生活的人。

（二）让走过的路过的都变成“在座的”

王永涛：我从同事学员的聊天中，知道您做校长的时候，不仅在楼道里办公、看书，自己还经常给学生开讲座，据说就在楼道里开讲。这就是您说的教师成长的第二个路径吧？

黄　春：教师的看家本领，就是讲课。学校之所以是学校，就是这个地方会有人讲课。好老师，肯定是能讲课的老师；而讲课的本领，是要练的。有人会说：我做老师多少年了，讲课嘛，没问题啦。是吗？我的老同事北京四中赵利剑老师（历史特级教师，我最崇拜的历史老师，没有之一），他说自己毕生的追求，就是“站稳讲台”，也就是“把课讲好”。我曾经和我一群年轻的教师同事在一次闲聊中谈到这个话题，他们似乎不以为意。于是我问：“假如学校突然允许学生在上课期间随意出入教室，那么请问你的课堂会有多少学生从上课坐到下课？”有些老师顿时就傻眼了。我接着问：“假如你所教的学科突然取消了考试，中考不考了，高考不考了，连学校的期末考试都没了，那么请问你的课堂里那几个从上课坐到下课的学生会不会也离开你的课堂？”全体教师就都傻了，聊天的气氛尴尬到了极点。我说：“今天我们还能比较有面子地站在讲台上讲课，未必就是我们的课讲得很好，而是得感谢学校有校规，国家有考试。”

然而，讲座，是没有这样的“靠山”的：听者是自愿来自愿去的，听或不听是无关考试的。更可怕的是，讲座的外边，有的是比听你的讲座更有趣的事情在吸引着人们：打球啦，唱歌啦，聊天啦，游戏啦……那么，你还敢讲吗？你还能讲吗？你必须能！因为你是教师，因为你想成为好教师、专业的教师。

王永涛：您说的还真是，没有考试，没有纪律，我也不知道还会有多少人可以乖乖地坐在我的教室里。以您的经验，教师通过经常开讲座，能得到哪些锻炼呢？

黄　春：讲座，是你获得“讲”的训练的最好的阵地。我说的讲座，包括了那种有组织、有纪律的听众坐好了等你上台，还没开讲就给你鼓掌、听得再烦也没人敢离场的讲座，但更多的是指那些像路边摆地摊“瞧一瞧看一看走过路过不要错过”的你先讲着有没有人来听谁也不知道的讲座。两者都要练：先练好前一种，努力让被迫来听的人感觉“还好，并不煎熬”；再练后一种，努力让走过路过的人越来越多地驻足，坐下，听完，鼓掌。然后，你就是真正会讲课的人了，不需要老拿着校规校纪吓唬学生，不需要老用粉笔敲着黑板再声嘶力竭：“这个，考试要考！”

我曾在学校校园的各个合适的角落，摆块黑板，装个投影，放几把小凳子，鼓励老师们没事就去“开坛”。随时讲，随便讲，唯一的规矩就是“不得使用张贴海报之外的任何一种招揽听众的手段”。我自己带头坚持了一年，慢慢地开讲的老师多起来了，慢慢地，我有时候想开个坛却发现连空地儿都没了，插不上档期。老师们各种开讲，我都去看看，我见过听众多的时候人满成患，少的时候只有两三位。我还见过个别老师自己跟自己讲了半天，没人听。无论哪种，都很好。

另外，讲座，是你发展和传扬专业知识和学问个性的最好的路径。毋庸讳言，很多老师所教授的学科和专业并不是自己最擅长和最爱好的。这的确是一种痛苦，感觉被命运捉弄了。没关系呀，开坛！你是教数学的，你可以讲音乐；你是教体育的，你可以谈文学；你可以用画画的手讲怎么做饭，你也可以用踢球的脚讲怎么跳舞……因为，这是你的自由天地，任你翱翔。当然，如果命运还算青睐你，或者，你在本学科之外别无所长，那都没关系，你是教政治的那就讲讲中美贸易摩擦，你是教语文的就讲讲唐诗宋词，你是教物理的就讲讲载人登月……这就更好了，在自己的专业里找到最专业的部分。

王永涛：嗯。但是，像您所说的“摆地摊”那样去开讲，很需要勇气，怎么开启第一步呢？

黄　春：从听别人的讲座开始吧。校园里，校园外，都会有各种讲座，只要你有心，总能得到此类讯息。你尽管去听就是了，大部分都不需要报名缴费什么的。爱学习，机会无处不有。我们做老师的，几乎都有听讲的机会，各种进修、各种培训、各种会议，其实我们有很多学习演讲的课堂和教材。讲得好的，看看人家好在哪里；讲得不好的，想想是什么原因，都是收获。遗憾的是，我知道很多老师并不愿意接受这些“听讲”的机会，更别说社会上的很多文化讲座了。大学里、书吧里经常有讲座、报告、演讲、沙龙、茶话、座谈……丰富多彩，我们又关注过多少呢？我们又去听过多少呢？不爱学习，似乎也成了今天老师们的常态和通病。

好学校之所以是好学校，无论大学还是中小学，恐怕也就是因为在这样的学校里，经常能够听到各种主题、各种领域和各路大家、名家的讲座吧。一所学校，师生能够经常听讲，能够随时开讲，那它一定就是学问的殿堂，一定是一所在做着专业教育的好学校。

在这条路上，教师，要多多努力。

（三）走入另外一个陌生

王永涛：您在之前的聊天里，也曾非常详细地谈到了“游学”这个非常重要的教学活动，还记得您也提到了一位教师如果要承担游学课程的策划和实施工作，那还是一件非常专业和艰难的工作呢。从这点看，我想，您希望老师能够习惯于“出门走走看看”，是不是也正出于这个工作的需要呢？

黄　春：当校长之后，我开始关心起老师们周末和假期都在干什么。今天我们可以很方便了解到同事朋友的踪迹，因为我们有微信朋友圈。每当看见某位老师在外出，在旅游，在各种地方行走，我就很高兴。尤其是看到某些老师没有跟什么旅游团，而是自己背个包在行走，我就使劲地为他点赞。

读万卷书，行万里路。在这个交通十分便捷的时代，行走，成了比读书还更迅捷的学习方式。我曾经一个人在日本的都市和乡村漫无目的地走了十天，仅仅十天，已然觉得我获得的对于这个国度的了解，比起我读过的关于日本的历史书、地理书和文学书还要丰富，还要深刻，关键是还要真实。我还走过雪山、冰川、沙漠、沼泽、雨林、草原，走过中国的两百来个城市和农村，走过南北半球，走过赤道，走过极圈……我不喜欢旅游，但我喜欢行走。行走，让人长见识，长本事，让人无惧世界，让人包纳天地。

王永涛：“读万卷书，行万里路”的道理，我肯定是认同的，行走，是拓宽生命的重要方式。可教师的行走，与他的教学之间，又有怎样的联系呢？

黄　春：教师多多行走，才能让知识变得真实且鲜活。同样的书本知识，为什么有的老师讲起来干巴巴，而有的老师讲起来就生动得很？因为人家亲眼看见过，人家亲手触摸过，人家亲身体验过。我有几位老同事，一位教历史的赵老师去过全世界几乎所有发生过重大历史事件的原址，只要书上提到的地点，他都会努力去现场走走看看，他的历史知识，是摸出来的；一位教地理的李老师，她去过地球上几乎所有的具有显著地理特征的现场，她的地理知识，是踩出来的；一位教语文的魏老师，她每到假期，就去世界各地的文学博物馆和作家故居，她的语文知识，是坐出来的；一位教英语的方老师，她几乎走遍了美国，她的英语知识，是说出来的；一位教生物的毕老师，和你一起出游的时候，人家能叫出脚边碰到的任何一棵草一朵花的名字，她的生物知识，是长出来的。于是，人家的书，教得那个好啊。

记得有一回，学校招聘一位地理教师，一位年富力强的应聘老师通过了层层选拔，被送到了我面前。我看了看她递给我的厚厚的一沓简历资料证书，问："你从大学开始专学地理专业，到今天教地理快二十年了。我想知道，这二十年里，你都去过哪些地方？最近的一个暑假，你有什么出行计划？"我估计对方压根儿就没想到，在求职面试的最后一个关头，校长会问出这个问题，因为在她的思维里，教书好坏，与此无关。她立刻傻了眼，因为这么些年（包括大学之前）她哪儿都没去过。她只在家乡的小县城里生活、学习；十八岁后，她只在大学的校园里待着，也许是教室，也许是图书馆，也许是宿舍；工作以后，她除了出入教室，只宅在家里。她用疑惑的眼神看着我，我问："那么，请问你怎么给学生讲解各种地貌、各种气候、各种生态？你怎么讲人与环境？怎么讲城乡差别？学生问你'极夜是个什么样子'你怎么回答？……"当然，你可以找到各种定义，各种解释，各种介绍，你甚至可以出示各种图片、照片乃至上网去扒拉几个视频。可是，请问老师，你自己的理解呢？你自己的体验呢？在哪里？你能找到的资料，学生也可以找到，别的老师都能找到，那么，你在哪里？

教师能真正使用到的那些真正的知识，都是自己走出来的。走的路不同，相同的知识也会呈现出不同的面目。

王永涛：这么说，老师的行走可以丰富阅历，而这些阅历一旦与教学巧妙关联，就成了宝贵的教学资源，课本知识会因为与老师的经历相关而焕发出新的生命力。

黄　春：其二，教师多多行走，才能增长社会经验，才能具有育人的资本。校园不是象牙塔，学生不是永远养在温室里的花。校园和社会是紧密连接和息息相关的，学校教育不可能也不应该和社会割裂开来。我们所教的学生，是要飞向天空的；而我们教师，却连天空什么样儿都不知道，这显然是一种灾难。在一次学校调访中，我希望向这个学校的学生了解一下他们学校一位在评教中“师生关系”得分很低的老师，在问及“你们为什么都不喜欢跟她‘玩’”时，学生说：“我们起初也会找她聊天说话，但发现她好像什么都不懂，她只活在课本里。”我明白，这位老师不是活在课本里，她还只是活在教案和作业里。我想起了跟她本人交流的时候，她的话语里只有考试。后来了解，她人到中年，没坐过飞机，没买过火车票，没走出过她一直生活着的这个半城半乡的小地方；她的生活轨迹里只有家和学校这两个点，她所关心的事情也只有考试和分数，她把她的学生分作“高分的好学生和低分的差学生”，连男生女生都懒得区分。你说，她怎么做好“关乎人的教育”呢？

外边的天地有晴有雨，外边的世界有善有恶，教育需要帮助学生自知冷暖、明辨是非、应对善恶，帮助他们尽可能多地认识社会、增长阅历、积累经验，帮助他们具备基本的社会生存能力。那么，好的教师，自己要先有。

王永涛：确实！今天的学生获取信息的途径很多，他们了解社会的途径也很多。如果老师对社会一无所知，可能会与社会脱节而被学生嘲笑，更别说是引导教育了。

黄　春：其三，好的教师，不仅要自己能走世界，还要有能力带领他的学生走世界。我们将师生同行称为“游学”。今天乃至往后的学校教育，这种形态的“师生从游”课程，应该是教育的常态，也会逐渐成为教师重要的专业职能之一。带学生出游，你敢吗？不仅是游，还得在游中有学，你行吗？我知道，这个问题并不是每个老师都能做出肯定回答的，因为我们自己大抵也都是自小被养在鱼缸里长大的，我们自己就很少见过大江大海，很少搏击过大风大浪。何况，要我们带着一群小鱼，去遨游大海？去大海取经？我们在之前谈到过，“游学”是一种极好的教育和教学方式。然而，那么多的学校（大部分吧）都没有真正去做，为什么？不就是因为“怕”吗？怕什么？谁在怕？为什么怕？这些问题，是不是要从我们校长和教师自身能力上去找找根源呢？

（四）推门进去

王永涛：您说的“走进别人课堂向同事学习，并习惯通过研究课来磨砺自己的教学”，指的就是我们常说的“听课”和“做课”吧？

黄　春：是的，只是我在描述里将“听课”“做课”顺带进行了一点点定义：听课，就是为了学习，不是要对别人的课评头论足；做课，就是为了磨炼自己，不是要对谁做什么秀。

王永涛：这两件事情，还真是我们中国老师常做的事儿呢。哪怕不是你自己愿意，学校也会在听课和做课上做出明确的要求。既然如此，您为什么还要将它列为教师专业成长的十大路径之一呢？

黄　春：我知道，在中国的基础教育里，在中小学校，老师之间相互听课是一个常态，这是一件很让外国教师不可理解又十分羡慕的事情。在国外的很多地方，老师会认为课堂教学是老师的“私事”，课堂是老师的“私人领地”，教学的知识产权属于老师个人。于是，在很多国外的老师看来，“我的课堂是不允许别人来‘听’的”，老师们之间也几乎不会相互听课，校长也不可以随意去听某个老师的课，更别说那种在我们中国已经司空见惯了的“推门听课”了。

你可能会问，那国外的学校，校长如何对教师的课堂教学质量进行监控？据我所知，国外学校对于教学质量的监管，不会深入到一节一节的具体课堂，而是在课程的层面上，有自己的顶层设计，并要求教师严格执行，这就是《学校课程标准》（也叫《学校课程纲要》，我们之前也提过）。这个标准或纲要，就非常明确地规定了各学科教学的目标任务、内容与形式，以及成果与考核，等等。教师只要按照这个纲要执行就可以，而具体一节一节的课究竟怎么上，教师拥有较大的自主权，也是教师风格的一种体现空间。

然而，在我们的每一所学校里，《学校课程纲要》的建设基本上还是个空白，至少成文且执行的很少。举个例子，一位新教师刚刚入职某所学校，被分配在高中任教语文。我们的教研组长在对他进行入职教育或指导的时候，往往只能做两件事情：第一，讲讲学校和教研组对老师工作的纪律要求；第二，交给他语文教材和教参（有时候是一本，有时候是一套）。除此之外，这位语文教研组长就似乎再也拿不出什么东西来对新教师进行入职指导了。倘若这位新教师大胆地问一句：“那我都教什么和怎么教呢？我教成什么样就算是教好了呢？”我估计多数教研组长也说不上来，于是就只能应付差事地回答：“教材都给你了，你可以多听听老教师的课。”而后，这位新教师一脸茫然地开始了备课、讲课，他会很听话地去多多听老教师的课，照着人家的样子，开始了他的教书生涯。可是，他终究也不明白，为什么这个时候要布置一篇作文，为什么这个时候要有个测验，为什么这个时候要搞个朗诵会，为什么这几篇课文要以人物形象分析为教学重点；他也不会明白为什么自己的课总是上不好，他也不确定自己这么教下去结果究竟会是怎样……他都不知道，于是他战战兢兢，他的工作就全凭自己的勤奋努力，全凭自己的虚心好学，全凭自己的猜想和臆断。

因此，学校建设自己的《学校学科课程标准》以及《学校学科教学纲要》，就显得非常重要。这也是国外诸多学校的校长不用听课，老师之间也不用相互听课的原因和保障。然而，在没有这些顶层框架进行规范和指引的前提下，在中国基础教育现阶段的中小学校里，“听课”，依然是一个非常重要的对全校教学质量进行监控以及帮助个人课堂教学水平得以提升的重要途径。即使未来有了相应的标准和纲要，“听课”，也是一件好事儿，要不，怎么人家外国人那么羡慕我们呢？

王永涛：我是经常去听课的，周围的同事也是。坐在教室后边，拿着听课记录本，认认真真地听，详详细细地记，一节又一节，一学期下来，多的时候能有个百八十节呢。然而，这么听下来也并没觉得自己有多少提高啊，如何提高听课的学习效果呢？

黄　春：光靠听课来提高自己的教学专业水平，显然是不够的。教学的专业性，不像某些具体的技术活儿（诸如工匠），可以通过观摩和模仿而习得。教学是一件带有创造性的工作，听课的意义，是在不同的课堂中找到教学专业的基本共性，解决的也是一个基础共性的问题。

做课，也是一样。教师做课的意义，是将自己的课堂放在一个众人观摩的环境中去检验检验的项目，也应该是基础性的共性的问题。我想，如果想获得听课和做课的应有的效果，最重要的是要定准听课和做课的期望值。我们不能指望通过听课来搬用什么招数，也不要指望通过做课来获得什么鲜花和掌声。对于我们自己来说，一切都是学习，都是历练，都是积累。那么，一切都会帮助自己不断地提升。

（五）艺高人胆大

王永涛：这么长时间以来，我向您请教的种种问题，归根结底，都可以视为语文教学的专业本质问题吧。您也提到了学校要尽量多地开展多种形式的学科教学活动和学生教育活动。但是，实际工作中，我们似乎也还是顾虑重重，放不开手脚。对此，您有什么好的建议？

黄　春：每一位老师都会教授一门专业学科，语文、数学、物理、音乐、体育……我们是否思考过这样一些问题：语文是什么？为什么要学语文？语文的学习是一个什么过程？语文对于寻常人有什么意义？什么样的语文是有助人的发展的？……这类问题的综合思考，就是对学科专业本质的思考。这个思考，是每位教师走向专业化的必由之路，也是一个十分重要的坎儿，具有里程碑的意义。

这个思考的核心意义，是能够让我们明白自己手上正在做的事情究竟是一件什么样的事情。都说“认识你自己”，很难；其实，“认识你自己正在做的事情”，也很难；可能“认识你自己正在唯一且专注地做着的这件事情”，就更难。“不识庐山真面目，只缘身在此山中。”做老师的人，很容易埋头在自己学科教学的琐碎里，这是一件好事，也是一件坏事。好在我们很容易专心、专注，很愿意努力、投入。坏在哪里？坏在我们也很容易迷信惯例，很容易迷失自我，很容易迷糊了学科本身的需求。因此，我们需要跳出来，跳得远一点去远视，跳得高一点去俯视，去做一些战略性的思考。

有了这样的思考，我们就不会对自己的工作担惊受怕，瞻前顾后，斤斤计较，患得患失。很多老师死死地守着自己课表里的几节课，一点儿都丢不起放不下。今天自己生病缺课一节，明天学校运动会要占去一节，后天国庆节放假又将冲掉一节，他便惶惶不安，总觉得自己的教学弄不完，而学生的学业肯定就要玩完。还有的老师死守着他长期以来就这么做的且认为必须这样做的一些教法、学法、练法，一点点都舍不得放弃，舍不得改变。这些内容就肯定得讲，这些题就必须得做，这些东西就一定得背，这些试卷都得拿来考，到了毕业年级就得加课补课。在很多老师的心目中，学生喜欢做的事情，别人给他建议可以去做的事情，他都一概不许，一概拒绝，他总以为那些东西没用，那些东西考试不考，那些东西纯属浪费时间……这种惴惴的恐惧，就源自对“专业本质”的不理解、无把握。

王永涛：是，都说“艺高人胆大”，您说的“对学科专业本质的理解”，是不是就指的是这个“艺”呢？

黄　春：是的。教师要拓宽学科学习的视野，要丰富学科学习的形式和渠道，要给学生的学习减轻负担，还要让学生在学习的过程中体会到学科的丰富多彩。没有什么知识是必须如何如何才能学会的，也没有哪种能力的习得是非如何如何不可的。教师对教与学的理解，不能总停留在某个经验的漩涡里打转。只有理解了学科专业的本质，理解了学科学习的路径，我们教师才可以将自己的学科课堂做得更宏大，更宽广，更自由。也就是你刚才说的“艺高人胆大”。

以前有老师问我，戏剧单元的课文该怎么讲？因为他觉得无论换着什么方式和角度去讲，似乎都是把戏剧讲成了小说。我说如果只是靠讲，那我告诉你，我们不仅把戏剧讲成了小说，我们还把小说讲成了散文，我们甚至把诗歌也都讲成了散文。讲到终究，我们的学生也不懂戏剧，不懂小说，不懂诗歌，你也别说他就懂了散文。那怎么办？我的回答是，谁规定了语文的教与学，就只能是讲与听啊，为什么非讲不可呢？我们可不可以让学生演演戏剧？让学生写写小说？让学生写写诗歌（哪怕就是开个朗诵会读一读）？学生只要有那么一两回，拿过一篇小说来把它改编成剧本，再上台去排演一下，他就立刻知道了小说和戏剧的区别。他只要一上台，一张嘴，一朗诵，他就立刻知道了诗歌为什么是诗歌。根本用不着老师费尽口舌去讲。再说了，老师自己懂吗？都未必。戏剧是舞台艺术，舞台艺术就得到舞台上去体验去学习，懂得这个，就是懂得了学科专业的本质。

很多知识和能力，是可以（或需要）靠各种形式的学科活动来组织学习和练习的。那些实践性更强的学科活动，做实验啊，做模型啊，做表演啊，等等，是学生学习的必要途径，甚至还可能是主要的途径。对于那些相对比较抽象的学科的学习，比起那些本身就比较直观和形象的学科来，也许更需要多多地开展各种实践性的学科活动。

一个懂得如何学习的老师，就必定会今天搞个这个游戏，明天弄个那个活动；他就一定会热衷于兴趣小组，热心于学生社团，就一定会热切地关注着学校里的各种活动和事情。因为，这样的老师知道学生喜欢怎样的学习方式；这样的老师，他深深地知道，学生在学校里参与的所有事情都和他的学科学习有关。而且，他一定会积极地参与到各种活动中去，通过自己的努力，将各种活动变成“我的学科”的学习活动，让学生在“我的学科”上有意识或无意识地获益。比如语文老师，他就会很轻易地将学校里的运动会、艺术节、秋游乃至科技节，都转化为语文学习免费、省时且省力的资源。这样的老师，他决不会抱怨：“学校里天天这个那个活动，学生还学不学习了！”

（六）论文之外

王永涛：您在十大路径中第六条里提到的“开展课题研究”，是否就是指的“做课题”和“写论文”？您对中小学教师“做课题”和“写论文”怎么看？教育行政部门在打造“智慧型教师”“专家型教师”“学术型教师”的时候，往往也就是要我们“做课题”“写论文”呢。

黄　春：我说“开展课题研究”，那先说说什么叫“研究”。我赞成做“研究型教师”，但也非常反感有各种专家和领导曲解或矮化了“研究型教师”的含义，以为就是“搞课题、写论文”。研究是必要的，而论文是必要的吗？是唯一的吗？或者说，做研究就是写论文，写论文就是做了研究吗？写了几篇论文，就是研究型教师、专家型教师了？现实世界里还有一个更加滑稽的现象，那就是全中国的教师，几乎没有人未曾获得过什么论文奖的，大则全国一等奖，小则县区三等奖。再不行，也有个优秀奖；随便打开哪个老师的抽屉，都能翻出一堆论文奖状来。况且，论文参评大多是要交钱的，那交了钱就没有不给奖的道理；政府设奖，学会设奖，论坛设奖，峰会设奖，连企业都可以向老师征集论文随心所欲地给老师颁个金奖银奖。为什么能这么泛滥和猖狂，只因为教师评职评优，少不了要求论文获奖这个门槛。太多的口号和标签，逼得老师天天做假研究，写假论文。我见过老师上交参赛的论文，什么《让课堂充满爱》《课堂是教学的主渠道》……全是废话，世界上哪个角落不需充满爱，教学的主渠道不在课堂还能在什么地方？照旧的，都还获奖了。这的确很荒唐。（当然，为了评职评优之需，也无妨，糊弄一下也不难，这样挺好。）

我所说的“研究”，是非功利的，是为己的，是就着自己手头上的工作而进行的，是为了直接改善和改进本职工作的，是为了自己变得越来越专业的；它无需传播，它无需向任何人汇报，它也无需以任何形式呈现，它只是我自己的，我喜欢的，对我有用的，就好。

王永涛：如果真能如您所说那样“为自己而研究”，那还真挺好的，老师得有一颗淡泊名利的心，得能够在这样的大环境中想得开，放得开。那么，您能给这样的研究提一些建议吗？

黄　春：为自己做研究，教师就要善于收藏和梳理自己的工作痕迹。我们在实施和推进教学工作的过程中，总是会留下各种各样的工作痕迹的。比方说，老师上课或讲座的教案、讲义、自编补充教材、教学心得随笔、进修学习的笔记，学生作业和试卷中的典型案例（优秀的范例，错误的代表）……那些天天做的事情，那些灵光乍现的东西，那些可遇不可求的东西，那些无法再现的东西，那些启迪未来的东西，都是非常有价值的工作痕迹。

今天的我们，有很多十分方便的手段，来收集并保留这些痕迹。拍照，扫描，录音，录像；图片和文字，声音和文字，都可以便捷地转换。我以为，每位老师三年一轮（小学六年）的教学下来，这些痕迹，应该可以塞满一台电脑（装满一块百 G 硬盘），这是没问题的。

我本人习惯于在三年一轮结束后的那个暑假，用几天空闲且安静的时间，打开这台陪着我三年的电脑，一点一点地整理电脑文件，那些我随手留存下的我的工作痕迹。删补，编辑，分类，保存。在这个整理的过程中，我们会清晰地发现，这一个三年，我自己居然在某一个领域或某一个方面，做了大量的工作——你都说不清自己当初是有计划的还是无意识的，总之，你就做了，并且做成了。那么，接下来，我会就着这个领域或工作，进行专题式的回忆、总结、梳理、升华，来一次属于我自己的“课题研究”，得出我自己想要的研究成果。那将是我下一轮教学开始时，比以往更高的起点。

你可以给自己建立一个资料库，以备后用；你也可以总结出几条教学经验，供今后参考；当然你也可以就此写一篇论文。我的习惯是编著一本书，嗯，大概是读书人都有一个出书的梦吧。总之，我觉得这个方式挺好，它能逼迫自己提高资料整理和思想升华的质量，也能方便自己与同行更多地交流。记得有一个三年结束，我发现自己在作文教学方面做了大量的工作并有一些成效，于是就编著了一本《笔尖上的成长》，收罗了一些学生的优秀范文，用点评和讲解的方式，表达我在写作教学方面的一些思考和点滴思想。后又一个三年，我发现自己在讲授课文的时候，有几个专题下了不少功夫，感觉讲得也不错，于是就将当时的讲课录像和录音，整理成文字，稍加编辑，以课堂实录的方式，编著了一本《北京四中语文课：何止文章》。挺好玩的。教师的专业成长，就是要通过这样的研究来提升工作的效率并为之努力。

我在做校长的过程中，发现一个奇怪的现象，找我请求加课、补课的老师，大多数都是工作了十几年二十几年的老教师。表面看上去，好像是老教师更敬业，实际上，依我看，是老教师越教越不专业。当然，年轻教师可能也不专业，并且还有可能连加课、补课都不愿意。因为，专业的最基本标准，就是“在规定的时间里，做完并做好规定的事情”，只有周扒皮，才会使用“起早贪黑”的方法来驱赶劳动。

能不能找到理论上可行且自己能够把握和操作的方式，来更合法合规、更科学有效地实施和完成自己的教学工作，是一位教师是否专业的标准之一。如果一味去无限度地增加学生机械重复训练的数量，一味地无限度地增加学生在校学习时间，显然是不专业的表现。专业的教师，让人事半功倍；不专业的老师，事倍功半，损人也不利己。

教师，应该是一个越做越年轻的职业，因为越是专业，就越是胸有成竹、心中有数；越是靠近事情的本质规律去做事，一定就会越显游刃有余。我很喜欢用《庄子》里的《庖丁解牛》篇来做学生的学习指导（每届接新学生的第一课），移过来谈教师的专业成长，是一样的道理。“所见无非牛者”，是无法做出专业的事情来的；“目无全牛”的境界，才是对事情深入分析之后的洞若观火的境界，真正明白事情的本质（其结构，其机理，其关系，其规律）。而后，才可能（也就能）“游刃有余”。游刃有余的人，动刀甚微，就能轻轻松松地让一头牛“謋然已解，如土委地”，所谓踌躇满志，就是这么得来的。这样的人，是专业的人，是可以越干越年轻的人。这么说来，如果你觉得越来越累、越来越难，那可能就是走偏了专业的道路，是时候停下脚步，研究研究了。善于反思的老师，才可能站上自己的肩膀。

我知道有不少老师都会有这样的怨言：第一，教书的工作，日复一日，年复一年，很容易就疲倦了；第二，现在的学生，一拨不如一拨，也不知道这社会是咋了。不知道你有没有类似的感受。其实，这两个问题，都是同一个根源，那就是我们教师自己，对自己的工作没有改进，没有更新，没有与时俱进；是我们教师自己没有进步，没有成长，没有跟上时代。每天的太阳照旧东升西落，但每一个日子的过法是可以不一样的，你可以将它过得永远新鲜。这就是“学会思考，敢于尝试，善于反思，勇于开拓”的意义。倘若我们自己就甘于（甚至是巴不得可以）一个教案用一生，一个做法做到底，那结果不仅误了学生，也误了自己。有老师感慨“我的青春都献给了课堂”，那言外之意就是你现在和将来的工作，就得奉献你的老态龙钟了？我们为什么不能在日新月异的工作中，永葆青春呢？

我们总结和反思的成果，都会成为我们开启下一阶段工作的新的起点。这个新起点，一定是有着比原来更高的高度的，一定会促使我们的工作越来越靠近专业的方向，可以越做越好，越做越年轻。

（七）好好穿衣服

王永涛：前面的几个路径都好理解，与语文、与语文教学切切相关。后面的几条，我就有些疑惑了。首先是艺术修养，语文教师为什么一定需要“拥抱艺术，有自己的社团生活”呢？

黄　春：有句话说：“中国的扫盲教育，扫光了文盲，扫出了美盲。”我以为，文盲诚然可怜和可悲，但美盲更加可怕。大量美盲的出现和恐怖的美盲现象，有其复杂的社会原因，然而，学校教育的美育缺失，也是难辞其咎的。我们的学校教育里，你看看一张张课程表，虽然也不乏艺术课程，音乐啦，美术啦，但是开了这些课不等于进行了美学教育。甚至我还可以说，为数不少的艺术课教师，本身就承担不了美学教育的任务。因为，技术和美，是两回事；会技术（唱呀跳呀画呀）不等于真正懂得审美。很多学生在音乐课和美术课里宁愿偷偷地做数学题，宁可无视和放弃眼前本该美美的艺术盛宴，情愿把自己埋进枯燥无味的数字公式里头。这种现象，从我小时候上学起就这样，直到今天，也少有改观。

越来越多的学生，不愿意到学校里去，因为“学校太不好玩”。学校的课程不好玩，课堂不好玩，课下也不好玩。除此之外，连学校的那副样子，长得就不好看，也更是不好玩。火柴盒一样，厂房一样，甚至是监狱一样，这样的校园，遍地都是；空间和形状，颜色与质地，就更是毫无讲究。不讲究还好，起码落得个自然自在，可怕的就是“瞎讲究”和“乱讲究”。我见到太多的校园，被刷成了屎粪一样的黄色，被贴上了村厕常用的瓷砖；我见到太多的校长，是那么乐于往墙上贴字贴画，在空地上立各种奇奇怪怪的石头和雕塑；我也见到太多的教室，被班主任布置得花花绿绿，杂七杂八恨不得把整个世界都装进来搞得像个杂货店的仓库。只要你走进这样的校园，它就会让你感觉到一种文盲土豪硬要假装文化人的霸气、杀气、俗气。为什么？我们教师，我们教育者自己，少了些艺术修养，少了些审美能力，情趣不高，品位不高。我们天天喊美育美育，可我们自己往往连衣服都穿不好看。我知道，绝大多数的学校都有学生的艺术社团。但我也知道，很少有学校的老师会成立一个像模像样的艺术社团；大部分学校的学生社团，都要外聘师资。我倒不是说，每一位做老师的，都必须同时是某项艺术的行家。我是提倡，教师应该有必要的艺术修养（当然如果还能拥有一两项艺术的技艺就更好啦），从而拥有必要的审美修养，尤其是语文教师。什么是我所说的艺术修养和审美修养呢？比如：一个人对于色彩的敏感性，一个人对于空间的情绪体验感，一个人对于声音质量的基本判断，等等。但凡有一些这方面的基础，我们做老师的时候，就可能不会做出太美盲的事情来。

我简单举几个例子和现象。我们很多学校（不乏名校）的学生校服，是不是太过难看？我们知道学生有多么不想穿校服吗？我们很多学校是不是有老师上课时居然带着个腰挂扩音器？那种三流导游用的劣质扩音器所发出来的吱吱嘎嘎的噪声，学生的耳朵有多难受，我们知道吗？几乎所有的学生都能说唱就唱说跳就跳（起码半推半就也能勉强来一段），而我们老师自己呢？几个会唱？几个会跳？我还见过太多这样的老师，他上课的时候会说这样的话："同学们，不好意思，老师的字写得不好，你们要写好一点，别跟老师一样啊。"那不是一般的不好，是极其的丑；你叫学生不要跟老师一样，请问你让他跟谁一样去？我也见过太多的老师，他做的教学课件（PPT）就像是一床床的五花被面。这个世界，只见过父母把孩子送进这个钢琴班那个舞蹈班的，你见过哪个父母把自己关进哪个艺术辅导培训班的吗？老师呢？我们只要求别人，从不要求自己。

王永涛：您说的，还真是一个残忍的现实。语文，跟艺术一样，讲究美感，是与艺术挨得最近的一门非艺术门类的学科，语文教师还真是要有点艺术修养。

黄　春：我说的重要意义，还不仅仅只是提高学生的艺术修养。我更想说的是，教师一旦有了足够的艺术修养，就能反过来帮助教师更好地理解教育和实施教育。艺术修养的培育，要远远大于某项具体艺术门类的技能训练，它是基于技能而超越技能的对于美的体验。这种体验所获得的经验，能够提升人对于世界的观察力和感知力，从而提升人对世界的认识和改造的能力。艺术，对于发展人的智商和情商，发展人的动手与实践能力，都是极好的路径。最好的教育，一定是基于最好的艺术和审美教育而产生的。教育和教学，本身就是基于生命科学与学科科学之上的一种专门艺术。教育方法和教学方法的有效性和先进性，很大程度上就表现为教育教学的艺术性。因为，艺术是最具感染力的，艺术的力量是最容易直指人心的。更何况，艺术，本身就是生活的必需品。做老师的人，是需要经常走进艺术世界的，去听听音乐会，去看看美术展；唱唱歌，跳跳舞，写写字，读读书；摸得到阳光，听得见风雨，会闲坐，会独处。一个不够艺术不懂何为美的人，是没法当好老师的，更没法当好语文老师。

在多年的教师招聘面试的经验中，我忽然发现，我们当老师的，真的需要从好好穿衣服开始。

（八）谁的语文是体育老师教的

王永涛：语文老师要有艺术修养，这个好理解，那“体育”呢？为什么您认为这也是语文老师的成长路径呢？

黄　春：有啊。且不说健康强壮的身体是胜任工作最后的本钱，单就说学生对老师喜爱的缘由，竟往往并不在其学科专业本身，而常常在于“这个老师很会玩儿”。一个每天早晨在操场跑步的语文老师，一个会和学生一起打篮球踢足球的语文老师，一个把自己锻炼得壮壮的帅帅的语文老师，难道不是更能受到学生的欢迎和拥戴吗？当然，更重要的是，学校里的每一位教师，无论他是否任教体育学科，他都要承担起育人的责任，这其中就包括了“体育”。每一位教师，都要成为学生自觉锻炼的榜样。

在传统里，我们似乎一直都将教师的人身形象，定义为女性的、母性的，柔性的、慈性的，文气的、温性的，柔柔弱弱、文文静静，那种书生和书卷气，已经成了我们脑海中固有的教师形象，更别说是语文教师了：花白头发，微驼着背，粗框的老花眼镜，嘶哑的嗓音，蹒跚的步履，咽炎、咳嗽、胃痛、颈椎病、腰椎间盘突出……每次我跟别人介绍说“我是语文老师”的时候，人家都会加上一句“哇，男老师教语文，少啊”。是啊，少啊；男的少，肌肉型男就更少了。为什么不可以呢？是不是更好呢？我一向就很反对，教师就得是“蜡烛”，烧不了几时就成灰了。

王永涛：哈哈，您是不是体育很好呢？

黄　春：哎呀，说起来就是“好汉爱提当年勇”了。年轻的时候，那真是体育健儿一枚，还是全能型的。你别看我个子不大，瘦瘦的样儿，当年被学生喜爱和崇拜，我自己看看好像大部分原因就是我体育好啊，我的语文很可能就是体育老师教的啊。我跑步飞快，是省级运动员的水平，短跑就短跑，长跑就长跑；我打球也好，大球就大球，小球就小球；我力量很好，标枪就标抢，铁饼就铁饼；骑行就骑行，爬山就爬山；沙漠也穿过，冰川也走过，雪山也爬过……很少有学生能够玩得过我。最近我把唯一不会的大众体育项目游泳，也学会啦。基本全能，如假包换。

王永涛：哇，看不出来啊！恕我不敬，我一直认为您就是“文弱书生”。没想到您是个运动健将啊。依我看啊，健康的身体是革命的本钱，老师工作繁重，尤其要学会运动健身，语文老师又是教师队伍里工作任务比较多的，自然是更加需要锻炼身体。

黄　春：唉，这些年不行了。想想我今天为什么会堕落成“文弱书生”，还不是因为之前从来没有人告诉我“语文也可以是由体育老师来教的”啊。你比我年轻，我说与你听，管用。

（九）如果我们只剩下了“油腻”

王永涛：您给出的第九条成长路径是“有情有品，优雅地生活”，在我看来，教师都不算是一个能够让人富裕的职业，老师能过上您说的优雅生活吗？您说的大概是一种什么样的生活呢？

黄　春：世界上还没有任何一个国家的教师职业，是能够给人带来富裕生活的。在眼下的中国，相对于每个地方的经济状况和消费水平，“衣食无忧”大概还是可以的（当然，你不能奢望锦衣玉食啦），尤其是对于中小城市和乡村而言，教师职业，可以算作是一个中等收入的工薪职业。在某些大都市，比如北京、上海，教师的收入的确是相对太低，教师买房是不大可能的。这个特殊现象，我们另当别论。即便如此，我所说的“衣食无忧”也还是基本可行的。况且，我说的“有情有品”，大抵和金钱没有太大的关系，至少不是什么决定性的因素。我们完全可以拥有不需要太多金钱就可以获得的“情”与“品”。比方说，教师应该将自己的衣着打扮收拾得妥帖一些，穿得合适一点儿，讲究一点儿型、款、样儿，这并不难；比方说，教师应该习惯于坐坐书吧，要杯香茶，来本好书；比方说，教师应该有时间有机会把自己送进音乐厅、电影院、戏剧院、博物馆；比方说，教师应该利用寒暑假去走走看看“世界有多大”；健身，插花，品茶，烹食，逛街，交友，发呆……都应该是教师的生活方式，不花钱，不媚俗，有情，有品，就好。你要是问我自己的生活的样子，哈哈，你忘了我们之前聊天的时候我给你转发的那篇《我的无品生活》了吗？大概就那样子，我觉得挺好。

很多年前，刚做老师的时候，我在自己的日记里写有这样一段话：

如果说学习是一次远足，那么，我决不能仅仅只是导游，向导和解说都不够；我也不能仅仅只是沿途风景，展示和迷人都不是我的职责——我必须是旅行者身旁的一涓溪流，让他看着自己的影子去追溯生命的渊源；我也必须是旅行者脚下的一丛蒺藜，让他携带着自己的伤痕去踏平人生的道路。

可惜，学习不是远足，所以我也无法是溪流，也无法是蒺藜；那么，我只有让我的知识，在学生的脑海里奔流成河；我也只有用我的青春，捆绑成一架云梯，让攀登者的头顶没有终点——或许，我还会将我的青春放倒，让探求者的岁月流过我坎坷的肋骨，激荡起知识的浪花。

现在读来，除去当年的些许青涩已经不合时宜之外，其余的也已然不甚契合现在的自己对教育的理解了。我依然是孩子们的伴侣，守望他们的成长；我依然是孩子们的阶梯，帮助他们的成长。但我不再愿意用自己的肋骨，去激起孩子们的欢笑。

教师，应该首先是一个健全的人，完整的人，幸福的人。一位同事在说到自己的未来规划时谈道：我要做一个孝女、一个贤妻、一个慈母。只字未提“优秀的教师”“伟大的灵魂工程师”“勤劳的园丁”，可我却听出了一个女教师应有的追求。我们的学生们当然应该成长为这样的人：对父母孝顺，在家里贤惠，对子女慈爱。所以，我们的教师自己就应该是这样的人。反过来说，教师如此，学生就很可能也这样。这是一种超出了“知识与能力”，超过了“过程与方法”，超越了“情感、态度、价值观”的教育信念：以人育人。无论在何种领域，无论面对何种工作，我们的原则始终应该是“以人为本”。“人”是第一位的，是我们工作的出发点和归宿点，何况我们的教育工作本身面对的就是“人”。因此，曾几何时开始，我把自己的目光从教材中抽离出来，从考试中抽离出来，从教法中抽离出来……我开始关注我眼前的学生，每一个学生；关注他们的昨天，他们的今天，更关注他们的未来。在与被作为一个独立的人的个体的学生的对话交流中，去接触知识，去培养能力，去熏染情感，这样，我们的学生才是知识的主人，能力的主人，情感的主人。而不是像过去那样，我们的学生像奴隶一样背负着所谓的知识、能力、情感沿着考试的道路艰难地攀爬。

我自己过去的教育和教学经历中，总觉得在教师的生命体和学生的生命体之间，隔膜着一个第三者：可能是教材，可能是功利，可能是别的。能不能让教育成为生命体之间的直接对话？我思考了很多年，尝试了很多年，直到今天，我开始隐隐约约地觉得：

一个不能拿自己当教材的人，是不适合做教师的。

一个不能拿自己的情感当课堂情感的人，是不适合做教师的。

一个不能拿自己的人生方式当教育方式的人，是不适合做教师的。

因为倘不如此，他的教育和教学一定是生硬的，是做作的，是矫情的，是形式主义的。即便他也能得心应手，那也只是“唯手熟尔”。

我不愿意做一个“唯手熟尔”的工匠，我更愿意“唯心”一点，“唯己”一点——在我依然自信的时候。

想起来这应该是十年前的日记了。这番显得非常青涩的话所想说的，也就是“生活”之于教师、之于教学、之于教育的意义。

王永涛：您的意思是不是语文老师要足够热爱生活，最好能有一些高雅的爱好，有丰富的生活经历？您觉得这样的生活方式对一个语文老师会有怎样的影响？

黄　春：教育即生活，生活即教育。不管这话说的是不是完全科学，但起码在某个维度上来看总是合情合理的。不会生活的老师，如何做生活的教育？生活贫乏的老师，如何做出教育的丰富性？生活肤浅的老师，如何让他的教育做得深刻？

我用一种比较文学化的语言，描述这种生活状态：有情，有品，优雅。如果换作更学术更直接的语言，也就是：丰富、深刻、崇高。教师要广泛涉猎社会生活的方方面面，要充分洞察各种各样的人性，要能透过现象看到本质从而对生活具备深刻的思考，要具有良好的世界观、人生观、价值观，要脱离低级趣味，要满怀阳光，要像一个小太阳一样能够照亮和温暖他身边的小宇宙。当然，所谓生活阅历，有直接的，也有间接的；可以是亲身经验的，也可以是间接感受的；可以是自己的，也可以是别人的。总之，心存之处皆故乡，用过心，动过情，一切都是自己的。这些，对于所有的老师，都是必需之功；而语文老师，又是必需之必需。因为我们的语文学科，离生活最近，离人性最近。

王永涛：教师生活优雅，对教师个人而言，对生活而言那自然好，可这为什么会成为教师专业成长的重要路径？

黄　春：有了优雅的教师，才会有优雅的学生。优雅，是在人与人之间感染出来的。会生活的教师，才会做出符合生活常理的教育来。语文教师尤其如此，书斋式的教育，只会生产出一批批的孔乙己。在这一点上，其实，年轻老师比老教师做得更好。人在还年轻的时候，尤其是未婚和新婚的时候，会很自觉地在乎自我形象，在乎生活情趣，在乎生命品质。而随着年龄增大，人到中年，四十来岁的时候，无论男女，就自觉不自觉地开始“忘我”了。也难怪，人到中年，难呀！我们只记得自己是母亲，有个二胎需要喂奶，还有个老大需要送补习班；我们只记得自己是儿子，这边是父亲住了院，那边又是岳母不开心。即使始终还记得自己是名教师，那也是只记得左手还有一堆作业没有批完，右手还有明天的课没有备。哪里还顾得上穿什么衣服，看什么戏剧，喝普洱还是毛尖儿啊。优雅，意味着缓慢、充实、从容、淡定、有序……这其中，我最看重有序。我见过身边那些优雅的同事，他们忙而不乱、难而不惧、愁而不怨，真是羡慕得不得了。心中有序，手头有序，这是需要修炼的。教师的工作，多、繁、杂、难、碎，还因大部分工作都会循环往复而显得陈旧、老套，更需要教师自身在专业上多下功夫，将一件件旧事、琐事和难事，做得有环节、有逻辑，有轻重缓急，即做得“有序”。这之后，优雅可得。

语文老师的情感、思想、品位、境界，一定会传递到他学生的阅读和写作里，一定会映射到他学生的学习和生活里，一定会滋养到他学生的人生和未来。如果我们只剩下了“油腻”，那么，我们的学生，向我们学习什么呢?

（十）和他们一样，去做好事

王永涛：您给出的成长十大路径最后一条是“常怀一颗感恩的心，走进人群，参与志愿劳动和公益服务并学会感动自己”，您为什么会觉得公益服务、志愿劳动这类事情，是教师成长的重要路径呢?

黄　春：还真是有来由的。你听我讲一个故事。刚到北京四中教书的时候，接手高二班主任。有一次学生团支部开会，他们在研究志愿服务的工作，我就去旁听。从开始坐到会议结束，团支书终究也没请我这班主任讲两句。后来，他们在一次班会课里做志愿服务工作汇报总结，最后一个环节照例是请班主任讲话。这事儿，也难不倒我，我就讲啊，讲啊，讲完了五分钟。然而，和我平常讲语文课、开讲座所不同的是，这次，没有掌声。事后我和团支书闲聊，谈及此事，她很努力地善意地对我说：“老师，你自己并没做过志愿服务，对吧？我们听得出来，空洞，套话。”

王永涛：哈哈哈，学生的评价是否正中要害？您当时什么感受?

黄　春：是啊，那简直就是直插心脏的啊。你知道，这种尴尬，对于一位老师来说，有多严重。那是我今生教师生涯里受到的最严重的一次打击，当头一棒，还是当众一棒啊！从那以后，我便开始当志愿者，做公益服务，那是我人生中一个非常重要的转折点。我去给马拉松长跑活动做路引，我去街道社区和大妈们一起当安全监督员，捡过垃圾指过路，捐过款捐过物也出过力；我去过老少边穷的很多地方，去做社会调查，去义务支教，去给学生上课，去做教师培训。这些年来，除了西藏和新疆，我几乎走遍了全国的经济贫困地区和教育欠发达地区的中小学校。从这之后，我才真正体会到“志愿”“公益”的意义；我才知道我当年给学生志愿服务总结会上所做的那次讲话，是多么错误和幼稚。做志愿者和做公益，从来都不是什么“帮助别人，服务社会”，而都是在“教化自己”。从那之后的许多年来，我每年都要在学校的游学活动中设计一门“社会实践课程”，带学生去乡村，去贫穷落后地区，做社会调查，去体验另一种生活，去结交另一群朋友。于此，洗涤自我，获得新生。

记得有一个高三学生，他当时已经被美国著名大学录取。乡村社会实践之后，他主动放弃了世界名校的录取通知书，决定暂停学业一年（也就是我们常听说的 Gap Year）。他说：“我还没有真正了解中国，我不急着去看世界。”还有一个学生，他将自己的高考志愿从“清华大学”改成了“中国农业大学”。他说：“我要做一个真正了解农业、熟悉农村、理解农民的人。”你说，和这样的学生在一起，身为他们的老师，我们唯一能做和要做的只有一件事情：和他们一样，去做好事。

王永涛：所以，您觉得老师得有实践经验，才可能指导学生的实践，是吧？可是，学生学习生活中，涉及的领域很多，老师确实未必都能涉猎啊。但您仍然觉得志愿服务是老师要去做的，是教师的重要成长路径，这是为什么呢？

黄　春：学生要做的事情、学生都会的东西，老师未必都要亲自做过，未必都要有所体验。但是，课标里明文规定的学习内容，作为教师那是必须有所经历的；学生通常都要经历的成长课程和学习活动，教师也是必须有所体验的。

语文老师让学生朗诵、演讲、辩论、写小说、演戏剧、办刊物……而我们自己却从来没做过，你说合适吗？我们自己当年上中小学时没有经历过也就罢了，那可能都是时代的局限或是教育的欠缺。那今天做老师了，我们和学生站在了同一个教育环境和成长环境里了，我们难道还不赶紧补上这些课？自己没做过的事情，没有亲身的体验，真的是无法去指导学生的，有时候学生真的是都“懒得带你玩儿”。我们看到太多的教育，老师总是冠冕堂皇地说着自己都没做过的事情，自己都没体会过的情感，自己都没印证过的道理。这就和语文教师自己不写作还有板有眼地教学生如何如何写作，是一个道理。语文教学中的情感、态度、价值观，它首先必须是老师自己的情感、态度、价值观，然后才可能成为学生的情感、态度、价值观。在教育有效流动的过程中，教师这个桥梁，是万万回避不了的。一旦绕开了这个桥梁，教育就会变成假大空的东西，就会显出狰狞的面目。

王永涛：谢谢您为我详细解读了您所说的教师专业成长的十大路径。整个儿听下来，感觉似乎和我平常接受的那些教师专业培训大不一样。其他专家们都无不是在教我怎么读教材，怎么备课，怎么组织课堂，怎么使用信息技术；都在给我讲教育学、心理学、社会学；都在帮我理解建构主义、现代主义……我怎么觉得您要培养的，不是一个专业的教师，而是一个完整的人呢？

黄　春：很高兴你能有这样的“错觉”，哈哈。我记得我在设计开办“教师学校”的时候，我也曾听到老师们的议论：“培训，培训，教育局要培训，教研中心要培训，进修学校要培训，这里讲，那里听，到处学，还不是那点儿东西……”结果呢，当我把我的课程和盘托出的时候，老师们惊讶了，高兴了。在“教师学校”里，校长安排的课程，并非全在对老师进行职业训练，而更像是教老师如何生活。这就对了。教师的专业成长，必须首先建立在教师作为一个“人”的自我成长的基础上。不是一个好人，怎么可能成为一个好老师呢？换句话说，一个能把自己过好的人，怎么会教不好学生呢？我们再回头看看我所说的十大路径：一个喜欢读书的“博”人，一个能说会道的“趣”人，一个行走世界的“大”人；一个了解课堂的“能”人，一个懂得本学科的“专”人，一个善于反思研究的“高”人；一个能唱能画的“美”人，一个能跑会跳的“强”人，一个脱离了低级趣味的“雅”人，一个心怀天下的“善”人，做你的语文老师，你心里美吗?

我曾经给很多学校做过教师培训，老师们关心的问题，往往就是教材啦、教法啦、学法啦，都希望我能给出几个具体可借的招数或是秘笈。针对此类需求，我多半是打个太极给柔推回去，然后告诉老师们："我即教材""我即教法""我即学法"。老师自己，就是一本教材，供学生阅读、研读的教材；就是示范，供学生观摩、模仿的示范。语文老师，自己往讲台上一站，就应该是一本最好的教材。老师自己，就是教法：你开讲，学生就爱听；你提问，学生就爱答；你组织活动，学生就爱参与；你留作业，学生就爱完成；你出的试题，学生就爱作答。除此，还有更好的教法吗？老师自己，就是学法：你不读书，学生就不读书；你老做题，学生就老做题；你自己的学习状态，就是学生的学习状态；你怎么学习，学生就怎么学习；你怎么进步，学生就怎么进步。此为大道；其他，都是"术"。

王永涛：我懂了，语文教学是在育人，语文学习跟生活方式、生命成长密切相关。老师必须要懂得怎么为人，怎么生活，才可能知道如何引导、影响学生，才可能做出优秀的语文教学来。非常感谢黄校长。

黄　春：先有教师的发展，后可能有学生的发展。先有优秀的教师，后有可能优秀的学生。如有不断进步的教师，定有不断进步的学生。你我共勉！

后记

聊着聊着就醒了

一

这些天来，我将手机里和黄春校长的微信聊天记录，一句一段地复制粘贴到Word文档里，归了归类别，顺了顺思路，调了调结构，删去那些客套之辞，改了改因着急而打错的字，最后电脑显示二十多万字。想到九个月前才和黄春校长成为微信好友，仍觉得这一切有点不可思议。

我知道黄春校长的时候，他已是北京四中房山校区的校长，而我只是一名普通的初中语文教师。2018年5月，深圳大鹏新区派出干部老师前往北京四中房山校区跟岗学习，我有幸名列其中。不过很可惜，我错过了与黄校长见面的机会，但着实被他所打造的“北四分”震撼到了。匠心独运的校园，位于楼道的校长办公室，楼顶的庄稼地，图书馆的温馨留言，开放的校园讲坛，独具特色的学生活动，处处彰显着教育的艺术。从那时候起，我就对极具教育情怀、教育智慧、教育创造力的黄春校长充满敬意！

对黄校长（尽管我关注更多的还是语文教学，尽管黄校长一再说他更喜欢被称作黄老师，但我还是喜欢叫他“校长”）的进一步了解，是通过网络。翻阅黄春校长的博客，看到更多的是他作为一名语文教师的经历，这让同为语文老师的我敬佩不已！他曾同时任教过四个高三毕业班的语文课，他所创办的北京四中校刊《流石》多次荣获全国优秀校刊特等奖，他所创立的“流石文学奖”已然成为北京四中一年一度的文学盛典，他带领学生一起编写教材《中学生诗词文修养》，和学生一起出版作文集《笔尖上的成长》，他带领学生去到农村开展乡土游学和社会实践，等等，这些都深深地吸引着我。我接着翻阅他写的书，在网上看他的演讲视频，我发现他的语文教学理念跟我内心深处对语文教学的梦想竟如此契合。

我想要更全面、深入地了解黄春校长的教学思想，借此提高自己的专业能力，于是我顾不得冒失，添加了黄春校长的微信。我以为黄校长多半不会理睬素未谋面的我，我也不知道是哪句话打动了他，他不仅添加了我的微信，还跟我说“有朋自远方来，不亦乐乎”。接着，我就跟黄春校长说了想向他请教语文教学的念头，没想到黄校长说，他也愿意借此机会梳理一下自己的教学。我的天哪！这意味着我将可以完整、有序地了解黄春校长的教学思想，将能直接地获取他的教学经验，我当时的心情真的是比中大奖还开心。就这样，我们开始了这段围绕如何教语文的“异地聊”，我们就这样成了黄春校长所说的“办公室的邻桌”。

二

聊天的过程，有时候很顺利，有时候很生涩，这是一个很有意思的过程。

黄春校长很擅长激励别人。在聊天的过程中，黄校长时不时会甩来几个表情包逗我开心。我的自卑、怠惰，都被他的表情包一一化解了。我和黄校长至今未见面，到网上去搜查黄春校长的照片，他总是穿着中山装或西服，再配上标准的微笑，所以，我一直认为黄校长是个“正经八百”的人。谁知道，黄校长比我时尚多了，网络用语、表情包用得炉火纯青！

黄春校长总是那么谦和。我跟黄校长比，自然是才疏学浅。在聊天的过程中，难免会出现杂乱无序、大而无当、小而不精等各种问题，弄得要回答我问题的他很是为难。这时候，黄校长总会果断地提出自己的建议，但每一次都不忘问一句“你觉得呢”，不论这句话出现过多少次，每一次，我都很感动。

还有，我急着想要提高自己的教学水平，所以总爱拿自己的教学实践向黄春校长请教，我生怕黄校长觉得我的做法幼稚、低端，但黄校长每一次耐心听我讲完后，一定是先鼓励我、肯定我，再给我针对性的指导和建议。我想这些只有一个谦和的人才做得到吧！

三

在这九个月的时间里，我和黄春校长就语文教学的方方面面进行了交流，黄校长的教学思想给我很多震撼，也带来很多启发。

黄校长的教学始终将“学生的学”放在最重要的位置。黄校长一说到自己的教学，总说要感谢自己的学生，总离不了“教学相长”。他对教学方法的衡量和思考，也多从学生的角度出发。他说语文学习一定要好玩，写作教学要让学生自由表达，考试要学什么考什么，老师要鼓励学生读自己喜欢的书，非现场的习得是学生的主动学习等等，这些教学理念与方法都是以学生的学为中心，尊重学生学习感受，重视学生学习规律的一种必然结果。黄校长说，他带的学生学得不累，但是还能学得不错。实际上，他的学生不仅学得不错，还学得兴趣盎然，轻松惬意，有滋有味！很难想象，一位不重视学生学习感受的老师，能够带领学生愉快学习。我们到底是为教而教，还是为学生而教、为学而教，这一点决定了我们教学的价值取向、方法导向。

黄校长对语文的学科本质有着清晰而深刻的认识。语文学科之所以难教，其中一个原因是，每一位语文老师都要对“语文教什么”“语文怎么教”的问题进行深入思考，形成自己的独立见解，每一位语文老师都要对语文学科的学科本质有着清晰的认识。但是我自问，从教十一年来，我对语文学科本质的认识还不够，教学中，还有很多多余的、无效的、低效的教学行为，教学还不够精当。我想，黄校长对语文学科深刻的认识一定不仅仅是出于天赋，更是从多年的语文学习经历、教学实践中总结、摸索出来的。对于学科本质的探索和研究，可能是我们语文老师应该不懈努力的方向，否则，哪来的学科自信呢？

语文老师要语文地生活。这一点，黄校长可谓是典范。他藏书丰富，阅读广泛，笔耕不辍，被女儿自觉称为“文人”。我不太了解黄校长生活中的样子，但是从他给老师们提出的“修炼秘笈”里可见，他倡导优雅生活，喜欢行走，热爱运动，这些让我想到一个词——“生活家”。都说“语文即生活，生活即语文”，一位语文老师，如若没有丰富而美好的生活体验，怎么能引导学生发现生活的美、语文的美呢？我常常想，我们教学中，会遇到伟大、美好、壮烈、善良、优美……各种情感，各种境遇，如果我们是一个生活无聊、灵魂无趣的人，我们如何能理解这些，更不能给予学生好的影响和推动了。

我反复回顾我和黄校长的聊天记录，黄校长的教学思想深刻而丰富，我想我一辈子都无法企及黄校长这样的高度。但是这不妨碍我沿着正确的方向，不断修炼自己，完善自己，成为更好的自己，成为更好的语文老师。

四

跟黄春校长交流的这九个月，深深影响了我对教学的看法，也实实在在地改变着我的教学行为，可谓是聊着聊着，就醒了。

老师、学生，课上、课下，课文教学、作文教学，虚拟课堂、人文游学，我们的谈话几乎呈现出了语文教学的全景图，这些都是语文教学的范畴，却又不仅仅在课堂，不仅仅在老师的教，所以，我们为这本书取主名“何止于教”。

我不敢说经过与黄春校长的交流，我的专业能力就得到了提升，但是在认清很多教学理念后，我确实更加有教学自信了。在此非常感谢黄校长这一路耐心的解答与指导，能跟黄校长这么长久深刻地聊语文，恍如做梦一般，真是太幸运了。

教学境界有高有低，这辈子教语文，就要不断学习，不断前行。我很荣幸，在这条语文之路上，能结识黄春校长，能遇到“何止于教”。

王永涛
于深圳

www.ingramcontent.com/pod-product-compliance
Ingram Content Group UK Ltd.
Pitfield, Milton Keynes, MK11 3LW, UK
UKHW062004290726
14090UKWH00022B/1378